S I G

B E L L E S

Collection dirigée

par

Laure de Chantal

À L'ÉCOLE DES ANCIENS

Professeurs, élèves et étudiants

DANS LA MÊME COLLECTION

À PARAÎTRE

À L'ÉCOLE DES ANCIENS

Professeurs, élèves et étudiants

Professeurs, élèves et étudiants

Précédé

d'un entretien avec Jacqueline de Romilly

Textes réunis et présentés

par

Laurent Pernot

LES BELLES LETTRES

2008

OUVRAGES DE LAURENT PERNOT

AUX ÉDITIONS LES BELLES LETTRES

Éloges grecs de Rome. Discours traduits et commentés.

AUX ÉDITIONS KLINCKSIECK

Actualité de la rhétorique, sous la présidence de Marc Fumaroli.

CHEZ D'AUTRES ÉDITEURS

Les Discours siciliens d'Ælius Aristide, Salem, Ayer Company.

La Rhétorique de l'éloge dans le monde gréco-romain,
Paris, Études augustiniennes.

La Rhétorique dans l'Antiquité, Paris, Le Livre de Poche.

L'Ombre du Tigre. Recherches sur la réception de Démosthène,
Naples, D'Auria.

RECUEILS EN COLLABORATION

Rhétoriques de la conversation,
Berkeley - Los Angeles, University of California Press.

L'Invention de l'autobiographie,
Paris, Presses de l'École normale supérieure.

Dire l'évidence, Paris, L'Harmattan.

Du héros païen au saint chrétien, Paris, Études augustiniennes.

Bibliographie analytique de la prière gréco-romaine, Turnhout, Brepols.

Nommer les dieux, Turnhout, Brepols.

© 2008, Société d'édition Les Belles Lettres
95, bd Raspail 75006 Paris

www.lesbelleslettres.com

ISBN: 978-2-251-03004-3

AVANT-PROPOS

La civilisation gréco-romaine fut une civilisation savante, lettrée, dans laquelle l'enseignement et la culture jouaient un grand rôle. Ce fait, déjà important en lui-même, est encore lourd de conséquences pour nous aujourd'hui, dans la mesure où la conception antique de l'éducation a influencé la nôtre. L'éducation classique en Occident doit beaucoup aux Grecs et aux Romains : l'explication de texte, la narration, la dissertation, l'exposé oral, les filières disciplinaires, la musique, l'éducation physique et sportive (*mens sana in corpore sano* !), ou encore le rôle des grands auteurs, l'objectif de culture générale, le souci d'une préparation complète de la personne et du citoyen, tout cela a traversé l'histoire de l'Europe et l'a profondément marquée jusqu'à l'époque contemporaine. Il vaut la peine de s'y arrêter. N'oublions pas, du reste, que dans l'Antiquité seule une minorité étudiait, et que l'éducation était reconnue alors pour ce qu'elle est vraiment, une chance précieuse, tant pour la société que pour l'individu.

Afin de parcourir cet ensemble de phénomènes, on a choisi ici, comme fil d'Ariane, le thème des professeurs. Car l'Antiquité a donné un relief particulier à la figure du professeur, entendue au sens large, avec ses diverses facettes, depuis le précepteur, le maître d'école, l'enseignant de niveau secondaire et supérieur, jusqu'à l'intellectuel à la mode ou au maître à penser, et ceci dans toutes les disciplines. Dans leur variété et leur multiplicité, les professeurs étaient généralement respectés. Souvent, ils ne se contentaient pas d'inculquer un enseignement pratique ou technique, et ils dispensaient une formation plus large, morale et civique. L'éducation se liant aux expériences humaines les plus profondes, apprendre a parfois été, pour les Anciens, apprendre à vivre, apprendre à aimer, apprendre à mourir.

Naturellement, on ne peut pas parler des professeurs sans parler des élèves. Écoliers et étudiants, ceux qui s'empressent au premier rang, ceux qui restent au fond de la salle et même ceux qui se font porter malades, chacun a toute sa place dans ce livre.

Le sujet de l'ouvrage est donc la relation éducative à travers ses acteurs. Les autres aspects, qui y sont liés ou qui en découlent – matières enseignées, méthodes, programmes, évolution des systèmes selon les époques, dispositions législatives et réglementaires, utopies éducatives, conditions socio-économiques, détails matériels… –, sont pris en considération à travers cette problématique principale. Il s'agit bien d'une problématique, car la leçon des sources est complexe et plurielle. L'Antiquité gréco-romaine a célébré beaucoup de beaux exemples de maîtres et d'élèves, mais elle a connu aussi d'âpres discussions, des critiques et des railleries. Dans leur amour pour le savoir et leur souci du développement des enfants, les enseignants antiques ont fait preuve de générosité, de dévouement, d'application, mais aussi de rigueur et de dureté. Certains aspects peuvent choquer aujourd'hui, comme les châtiments corporels, l'utilisation d'esclaves, ou le peu d'espace réservé aux femmes. L'enseignement, on le sait, est un miroir de la société ; il en reflète les valeurs, les aspirations et les tensions.

Conformément au principe des « Signets », ce livre est conçu comme une anthologie de textes grecs et latins parus dans la Collection des Universités de France (CUF), dite « Collection Budé », aux éditions Les Belles Lettres. La richesse de la CUF est telle que les passages éligibles étaient trop nombreux pour un seul volume et qu'il a fallu faire des choix. Sans prétendre à l'exhaustivité, j'ai recherché la variété et la multiplicité des points de vue, à travers cent cinquante-neuf extraits, de soixante-cinq auteurs différents, dont certains sont célèbres et d'autres méritent d'être découverts. Chaque texte apporte un éclairage qui lui est propre, et il faut se garder d'en tirer des généralisations abusives ; car l'Antiquité gréco-romaine est un domaine immense, aussi bien chronologiquement (plus de douze siècles sont couverts ici) que géographiquement et culturellement, à l'intérieur duquel il y a eu, par la force des choses, beaucoup de variations et d'évolutions. Suivant l'usage de la présente collection, le plan n'est pas chronologique, mais thématique, et l'approche ne se veut pas érudite ni systématique. Beaucoup de passages, on le verra, sont étonnamment frais et font écho à des préoccupations d'aujourd'hui.

Quelques extraits ne sont pas tirés de la CUF, mais d'autres collections ou revues, également publiées aux Belles Lettres : respectivement « La Roue à Livres » pour Denys d'Halicarnasse et Élien, « Fragments » pour Fronton, la « Collection de l'Institut F. Courby » pour Libanios (*De l'esclavage*), la « Collection Byzantine » pour Photius et la revue *L'Information littéraire*, 2002, n° 1, pour Ælius Aristide. La présentation et l'orthographe des noms d'auteurs et des titres d'œuvres respectent celles de la source utilisée.

J'exprime ma profonde reconnaissance à Madame Jacqueline de Romilly pour l'entretien ample et chaleureux qu'elle a bien voulu m'accorder le 7 décembre 2007 et dont la transcription ouvre ce volume. Il offre un tour d'horizon de l'éducation antique, à travers la passion et l'expérience d'un très grand Maître d'aujourd'hui, et des réflexions précieuses sur la signification que cette éducation continue de revêtir pour le présent.

Merci, enfin, à Laure de Chantal, directrice de la collection « Signets », pour son accompagnement éditorial et pour toutes ses utiles suggestions.

L'ENSEIGNEMENT, DU PASSÉ AU PRÉSENT
Entretien avec Jacqueline de Romilly

Jacqueline de Romilly, membre de l'Académie française et de l'Académie des inscriptions et belles-lettres, professeur émérite au Collège de France, s'est consacrée à l'enseignement, à la recherche et à l'écriture. Helléniste de réputation mondiale, elle a publié de nombreux travaux qui font autorité sur la littérature et la civilisation de la Grèce antique. Elle est également fondatrice et présidente d'honneur de l'association « Sauvegarde des enseignements littéraires » (SEL), qui milite en faveur de l'enseignement du français, du latin et du grec.

LAURENT PERNOT : *Dans votre œuvre, Madame, vous avez abordé de nombreux thèmes en rapport avec l'éducation antique, et il est une catégorie de professeurs à laquelle vous avez consacré un livre entier : ce sont les sophistes, ces « professionnels de l'intelligence »[1] qui ont exercé dans l'Athènes classique. Quelle est la raison qui vous a portée vers ces personnages, sachant qu'ils ont parfois mauvaise réputation et que le mot même de « sophiste » est loin d'être attrayant en général ?*

JACQUELINE DE ROMILLY : Ils ont eu très mauvaise réputation, en particulier à cause de Platon, qui s'est beaucoup moqué d'eux. Platon estimait – idée fort importante – qu'il fallait enseigner la vérité pure, alors que les sophistes enseignaient l'art d'analyser, de parler, de discuter, de répondre, donc un art qui n'était pas entièrement consacré à la vérité. Il s'agissait de deux positions

---

1. J. de Romilly, *Les Grands Sophistes dans l'Athènes de Périclès*, Paris, de Fallois, 1988 (p. 19 pour l'expression « professionnels de l'intelligence »).

bien différentes. Les grands sophistes concevaient leur art comme destiné à servir la discussion politique ainsi que les plaidoyers de cette démocratie où les gens parlaient eux-mêmes, plaidaient eux-mêmes, comprenaient et jugeaient eux-mêmes ; mais l'art de plaider et de réussir a été vite utilisé par de plus jeunes élèves qui ont mieux correspondu aux critiques de Platon. Quand je dis « les grands sophistes », cette expression désigne principalement les deux premiers, Protagoras (ve siècle av. J.-C.) et Gorgias (v^e-ive siècle av. J.-C.), et il se trouve que jamais Platon n'attaque ces deux grands pour leur doctrine. Il s'en prend aux disciples, en montrant comment, avec eux, l'art tourne mal.

Y aurait-il eu une sorte de décadence entre le maître et l'utilisation de son enseignement faite par les élèves ?

Du moment que l'on vise une réussite pratique, il est un peu nécessaire qu'il se produise une décadence, ou une utilisation de moins en moins justifiée. Oui, je le crois. Mais, quoi qu'il en soit, la position de Platon – ou de Socrate – était résolument opposée à celle des sophistes et elle visait autre chose. D'ailleurs, le mot « sophiste » désigne quelqu'un qui a atteint, ou croit avoir atteint, un certain degré de savoir et de sagesse, tandis que le « philosophe » est celui qui *cherche* le savoir, la sagesse et la vérité. Ce développement correspond au moment où Athènes cesse de se consacrer à la seule réussite politique et où naissent la philosophie et les écrits théoriques, ce qui donnera ensuite toutes les écoles de philosophie et l'extraordinaire succès des maîtres de philosophie grecs et latins.

Face aux sophistes, il y a donc Socrate.

Oui.

Socrate apporte-t-il encore quelque chose aujourd'hui ? Sa manière de mettre en doute, de discuter, de dire que la vérité doit être cherchée et qu'on ne peut la professer d'en haut a-t-elle une actualité pour nous ?

Vous pensez bien que je vais répondre oui ! Je crois que cette attitude est essentielle et qu'elle est le principe même d'une activité intellectuelle réfléchie. Socrate arrête les jeunes gens et dit à chacun : « Tu fais cela, mais pourquoi ? Que veux-tu faire, quel est ton but ? » Ses interlocuteurs ne se posaient pas la question. Socrate a joué un rôle extraordinaire. Il n'était pas professeur comme les sophistes, en ce sens qu'il ne faisait pas payer ses leçons et qu'il se contentait d'aller comme cela par les rues, parlant aux gens. Mais il a fondé une conception capitale pour l'enseignement et pour la réflexion. Il est frappant de constater – les mots, ici encore, sont révélateurs – que nous parlons d'une philosophie « présocratique », avec l'idée que Socrate a véritablement marqué un tournant. Il fut le premier à s'interroger, non sur le monde, la naissance du monde, la cosmogonie, etc., mais sur les problèmes posés par notre activité, à nous, humains, dans la cité, dans nos métiers et dans la conduite de notre vie. Cela est essentiel et joue, ou devrait jouer, un rôle dans l'enseignement de toute discipline aujourd'hui. Lorsqu'on reçoit des jeunes gens qui n'ont pas beaucoup réfléchi aux choses, il s'agit de dire : « Attention ! Pourquoi faites-vous cela ? Que voulez-vous ? Quel est le but ? À quoi votre action est-elle liée ? » C'est la prise de conscience des problèmes humains.

Au-delà d'un enseignement qui veut seulement donner une formation technique et visant un but immédiat, il s'agit de prendre de la hauteur ?

L'enseignement des sophistes était avant tout d'ordre intellectuel et technique. Il était aussi – reconnaissons-le – un peu moral, parce que les sophistes avaient le souci de la politique. Mais ce souci portait avant tout sur une réussite pratique dans la vie politique, plutôt que sur le sens, le Bien et sur l'effort à faire pour atteindre le Bien quelles que soient les données. Socrate, quant à lui, était engagé dans la cité ; il refusa de la quitter en s'enfuyant lorsqu'elle l'eut condamné, et il avait le respect des lois, comme le montre la « prosopopée des lois » dans le *Criton* (50a-54d) ; mais tout cela était au niveau des principes.

Les lecteurs sont souvent étonnés de la manière dont Socrate dialogue. L'échange entre Socrate et son interlocuteur revêt, dans nombre de passages, une forme spéciale, qui amuse les élèves lorsqu'ils font leurs premières versions grecques : face aux questions de Socrate, l'interlocuteur répond par des formes variées de « Oui », « Assurément », « Et comment ! »... Beaucoup de lecteurs se demandent si l'on a le droit de parler de dialogue, s'il s'agit d'un dialogue ou d'un faux dialogue.

Ce faux dialogue, moi, il m'enchante, car il signifie qu'on ne franchit pas le moindre pas sans s'assurer d'un accord à ce sujet, qu'il existe une succession logique qui demande accord du début à la fin. En général, l'interlocuteur de Socrate est pris dans une espèce de nécessité qui le déroute. L'ordre des raisons le conduit à découvrir des vérités qu'il ne pensait nullement devoir approuver. Pour cela, il faut que chaque petite étape soit marquée. De cette manière de procéder, il peut rester quelque chose dans tout enseignement. Tandis que le cours magistral est dans la manière des sophistes, si l'on veut, l'enseignement comporte aussi l'interrogation, le soin de répondre à chaque surprise d'un élève, le souci de franchir doucement chacune des étapes qui se suivent et qui s'enchaînent logiquement.

Comme un chemin parcouru en commun ?

Oui, faussement en commun, parce que l'un sait d'avance où il va. Mais il faut amener l'autre à le découvrir.

À côté des sophistes, à côté de Socrate, il est un autre grand domaine de la civilisation grecque sur lequel vous avez beaucoup écrit : la tragédie.

Certainement, les professeurs ne sont pas liés au genre tragique, car celui-ci a pour origine de grandes forces, des ressorts beaucoup plus simples. Mais, dans la tragédie, toute tirade développe une thèse morale, condamne ou approuve une conduite, fait l'éloge de la paix ou de l'héroïsme à la guerre, examine dans quel cas l'on peut, ou l'on doit, ou l'on ne doit pas faire la guerre, dans quel cas l'on peut, ou l'on doit, ou l'on ne doit pas sacrifier sa famille, et ainsi de suite. Il n'y a pas de professeurs, mais il y a un enseignement très net. Ainsi de l'*Antigone* de Sophocle : on ne peut pas dire que cette pièce contienne une thèse ni le moindre professeur, mais la discussion qui y est conduite, pour savoir s'il faut obéir à telle règle religieuse ou à tel ordre de la cité, et où sera la récompense, est une discussion morale, qui aurait sa place dans un cours de philosophie : or, c'est publiquement et devant toute la cité que cette discussion a lieu.

Et ceci m'amène à une autre réflexion. À Athènes, les professeurs ne constituaient pas une profession ou un corps établi, ou pas uniquement. À Athènes, et, plus largement, chez les Grecs, tous enseignaient à tous. Déjà, chez Homère, Nestor n'est pas plus un professeur qu'un guerrier, un roi, un sage, mais il donne de bons conseils. Ensuite, à l'époque classique, les modes d'enseignement étaient multiples. Grâce au premier enseignement, les enfants apprenaient à lire, à écrire et à réciter des vers. Par les liens d'amoureux à jeune garçon, il faut le dire, ils apprenaient également. Dans le fonctionnement de la démocratie, avec tous ses discours et toutes ses démonstrations, ils apprenaient encore.

Dira-t-on qu'Athènes était la cité de la formation permanente, en quelque sorte, d'une formation omniprésente, parce que la société tout entière était attachée à la transmission du savoir et des valeurs et que chacun acceptait l'idée d'avoir quelque chose à apprendre, non seulement dans un cadre scolaire, mais aussi dans les différentes occasions civiques, discours publics ou représentations théâtrales par exemple ?

Oui, le souci était de chercher le bien, et de le chercher sous une forme simple, universelle, en ne visant pas seulement la formation des jeunes gens, ou celle de telle ou telle catégorie. Toute la littérature grecque, depuis Homère, s'emploie à dire ce qu'il faut admirer, ce qu'il faut blâmer.

Ceci se reflète dans une fameuse formule de Thucydide, par laquelle l'historien fait dire à Périclès, à propos d'Athènes : « Notre cité, dans son ensemble, est pour la Grèce une vivante leçon[2]. »

Je suis ravie que vous me parliez de cette formule, parce que c'est un des points dont je suis contente dans ma traduction. Dans cette phrase, on traduit en général le mot grec *paideusis* par « école ». Mais ce mot, avec sa terminaison en *-sis*, désigne une activité. C'est pourquoi j'ai traduit, et je m'y tiens encore, par « une vivante leçon », afin de rendre l'idée d'une activité qui se répand. La littérature et la culture grecques avaient une tendance à l'universel qui explique leur extraordinaire diffusion dans le temps et dans l'espace.

Pour passer au second volet de cet entretien, je rappellerai que, parallèlement à votre œuvre d'helléniste, vous avez déployé une très grande activité pour promouvoir une juste conception de l'enseignement, peut-on dire, face à des ignorances ou à des dérives. Vous avez publié des livres qui ont eu un large retentissement, et dont l'un porte le mot « professeurs »

---

2. Thucydide, *La Guerre du Péloponnèse, Livre II*. Texte établi et traduit par J. de Romilly, Paris, Les Belles Lettres, Collection des Universités de France (CUF), 1962, chap. XLI, § 1.

dans son titre[3]. Vous avez fondé l'association « Sauvegarde des enseignements littéraires » (SEL)…

… Pas toute seule.

À la tête de cette association, vous avez mené une activité inlassable, avec des succès… je dirais: des succès toujours recommencés…

… Et toujours démolis !

Pourquoi toute cette activité ? Pourquoi défendez-vous l'idée d'un enseignement littéraire qui serait formateur dans la société d'aujourd'hui ?

Répondons tout simplement. Premièrement, par expérience. J'ai enseigné toute ma vie. J'étais bien partie, car je suis fille, petite-fille et arrière-petite-fille de professeur : fille par mon père, petite-fille et arrière-petite-fille par ma mère, de professeurs d'anglais, de lettres, de philosophie. J'ai enseigné, donc, et j'ai adoré enseigner. Et, surtout, j'ai eu une joie constante à observer, quand j'enseignais, que la formation de l'esprit par l'enseignement littéraire est un phénomène concret, que l'on reconnaît à la fin de l'année, et plus tard quand on les revoit, les jeunes gens qui ont été nourris de cette formation, qui en ont profité, qui se sont posé des questions, qui ont éprouvé soudain un coup de cœur pour tel texte ou pour telle forme d'héroïsme. Les élèves à qui l'on enseigne, quel que soit leur âge, sont beaucoup plus malléables qu'on ne croit. Et quand je dis « malléables », il ne s'agit pas leur imposer quoi que ce soit, il s'agit de les former. Dans le domaine du grec, cette formation est

---

3. J. de Romilly, *Nous autres professeurs*, Paris, 1969, et *L'Enseignement en détresse*, Paris, 1984 (ouvrages réimprimés en un volume sous le titre *Écrits sur l'enseignement*, Paris, de Fallois, 1991) ; *Lettre aux parents sur les choix scolaires*, Paris, de Fallois, 1994; *Actualité de la démocratie athénienne*, Paris, Bourin, 2006.

large et multiple. On n'enseigne pas « les valeurs grecques », car il n'y a pas de valeurs grecques univoques. Les sophistes et Platon étaient radicalement différents, nous venons de le voir ; certains textes sont pour la démocratie et d'autres sont contre ; les stoïciens s'opposent aux épicuriens, etc. Il n'y a pas *une* pensée grecque, il y a une attitude consistant à chercher sous forme universelle ce qui concerne l'homme, et à le dire au moyen de formes concrètes, de personnages, et en une langue claire et simple. C'est cela qui est transmis aux élèves, et cela se transmet tellement bien qu'ils réagissent, qu'ils sont émus, qu'ils se posent des questions.

Donc, par expérience, j'ai su que l'enseignement était merveilleux. Et j'ajouterai : par contre-expérience. On a progressivement abandonné les études grecques dans l'organisation de l'enseignement, en grande partie parce qu'elles avaient constitué l'éducation de la haute bourgeoisie, des classes supérieures, et qu'on s'est dit : Tout cela, c'est le passé, les hellénistes sont des gens « rétro ». On s'en est détourné. Or, que voit-on ? c'est combien, aujourd'hui, elles manquent. Mon action n'est pas conduite pour l'intérêt du grec – qu'est-ce que cela veut dire, l'intérêt du grec ? –, mais pour l'intérêt de la formation des jeunes gens et des jeunes filles, dont on voit, en ce moment même, qu'ils sont déroutés, incertains, marqués par le matérialisme et privés des chocs, des illuminations qui font aimer un héros ou qui amènent à se demander ce qu'il faut faire et pourquoi.

Vous portez un constat pessimiste sur l'état actuel de l'enseignement en France ?

Sur l'état actuel, oui. Il y a encore de très bons élèves et étudiants, de très bons professeurs, mais je porte un jugement sévère sur l'organisation des études. Après le latin et le grec, maintenant, le français souffre aussi, même la langue française. En Europe, la crise est partout ; mais les éléments de sursaut et de retour sont partout aussi. Je me penche surtout sur l'enseignement secondaire, n'étant pas très inquiète pour l'enseignement supérieur, dans lequel, avec une certaine lucidité, on y arrivera toujours.

Que faut-il dire à des parents qui hésitent à faire étudier le latin ou le grec à leurs enfants ?

Il faut leur faire comprendre que l'enseignement n'est pas seulement une acquisition de savoirs pratiques qu'on peut revendre à la sortie, mais qu'il est une formation de l'esprit, de l'homme, de son jugement, et que le but n'est nullement d'amener les élèves à se servir du grec, du latin ou de telle notion historique plus tard. Grâce à l'enseignement littéraire, les élèves se forment, se posent des questions, se donnent un bagage de symboles et de présences figurées représentant les diverses façons d'agir, de s'émouvoir, et de percevoir la beauté. Ils se donnent tout cela au moment d'aborder la vie, et peuvent se spécialiser dans d'autres domaines ensuite.

La vraie objection, à l'heure actuelle, n'est plus la question des classes sociales, qui est dépassée, mais la concurrence avec les langues vivantes. Il faut des langues vivantes, et il est difficile de demander à un enfant d'étudier deux langues vivantes et deux langues anciennes. Aussi voudrais-je insister sur le fait que le latin et le grec sont à la racine de quantité de langues vivantes, et qu'il est possible d'apprendre plus aisément des langues vivantes quand on a été formé au latin et au grec. Il s'agit donc de répartir les enseignements suivant les âges et les horaires, en se rappelant qu'il est plus facile d'apprendre une seconde langue vivante quand on a étudié un peu de latin et de grec que d'apprendre un peu de latin et de grec quand on a étudié une seconde langue vivante.

En plus des langues étrangères, et même avant, il y a la langue française, sur laquelle vous vous penchez à l'Académie française, et qui occupe une place croissante dans vos écrits, où les mots, la magie des mots, jouent un rôle important[4].

Je ne dissocie pas le latin et le grec du français. J'allais dire : c'est la même langue. L'étude du latin et du grec aide à mieux apprendre le français, qu'il s'agisse de l'étude des temps, de l'orthographe, du sens, des étymologies (cela amuse beaucoup les enfants, les étymologies !). À preuve, l'exemple de ce professeur de lycée, Augustin d'Humières, qui fait étudier le latin et le grec dans un établissement dit défavorisé[5]. Je l'ai rencontré : il a un grand succès. Il a fait jouer des pièces grecques dans les banlieues, et il fait aussi revenir ses anciens élèves, qui ont bien réussi, pour qu'ils expliquent comment cet apprentissage leur a servi. Le latin et le grec, pour moi, ne sont pas tournés vers le passé, mais nourrissent l'avenir.

À vous entendre, cela paraît si évident qu'on se demande pourquoi il y a des résistances. Certainement, il n'est pas question d'imposer le latin et le grec à tous les élèves, mais il est difficile de comprendre que ces langues soient menacées même en tant qu'options.

Le problème du métier à la sortie, du gagne-pain, est décisif. Il est de fait que les débouchés directs et immédiats sont rares : il y a plus de professions scientifiques que de professions littéraires, plus d'interprètes et de traducteurs de langues vivantes que de langues anciennes. En apparence, pour qui n'a pas l'expérience de ces choses, l'enseignement du latin et du grec donne l'impres-

---

4. Voir notamment J. de Romilly, *Dans le jardin des mots*, Paris, de Fallois, 2007.
5. Voir l'article de M. Van Renterghem, « Homère et Shakespeare en banlieue », *Le Monde*, 16 février 2007.

sion de ne servir à rien du point de vue pratique. Mais ma position, c'est qu'il sert indirectement dans tous les métiers et quoi qu'on doive faire ensuite. Un de mes anciens élèves est devenu codirecteur d'une des plus grosses entreprises industrielles du pays. Et, si un tel cas est rare, tout jeune homme ou toute jeune fille qui postule pour un emploi, qui rédige une lettre de motivation, qui se présente à un entretien, a besoin de savoir s'expliquer, de s'exprimer clairement et de trouver les arguments pour convaincre. Depuis le premier curriculum – qui est d'ailleurs un mot latin – jusqu'à la gestion d'une grande entreprise, il s'agit de pouvoir dominer son sujet, définir son but, expliquer et argumenter : les enseignements littéraires sont extrêmement utiles pour cela.

Si vous le voulez bien, Madame, nous pourrions évoquer à présent votre expérience personnelle de l'enseignement. Avant d'être un très grand professeur, vous avez été vous-même élève, c'est la loi naturelle. Quels sont les maîtres qui vous ont particulièrement marquée ?

Quand j'étais élève au lycée, nous avions, pour les langues anciennes, des professeurs masculins. J'ai appartenu à la première génération de jeunes filles qui ont eu le droit d'étudier le grec ; auparavant, cela n'existait pas. C'étaient donc des professeurs hommes qui venaient au lycée de filles pour le latin et le grec, et c'était un événement. À cette époque, j'ai eu pour professeur M. Cayrou, qui devint Inspecteur général par la suite. Il était sec, méthodique et précis, et nous enseignait la grammaire. C'étaient la règle ceci, la règle cela, qui n'avaient rien de révélations intellectuelles ; mais nous apprenions bien et nous nous amusions bien.

Ensuite, en faculté, il y a eu Paul Mazon. Il avait une belle voix et il avait le sens de la présence du texte. Il lisait les œuvres, les analysait, en faisait sortir pour nous des choses que nous n'avions pas vues, et nous étions enthousiasmés. Je fus son élève fidèle. Comme je travaillais sur

Thucydide, il m'a dirigée vers Louis Bodin, qui était un homme infiniment respectable et son ami, mais je suis restée en contact avec lui. J'ai été son élève à la Sorbonne et, puis-je dire, dans la vie. Il a été témoin à mon mariage. J'ai le souvenir que, plus tard, quand il était directeur de la Fondation Thiers, Paul Mazon me faisait venir pour relire sa traduction de Sophocle[6]. Je n'habitais pas loin. J'arrivais à deux heures ou deux heures et demie – comme vous –, et il me lisait sa traduction par environ cent vers à la fois. Moi, je suivais sur le texte grec. Et c'était un effort d'attention ! Puis il s'arrêtait. Il demandait : « Qu'est-ce que vous avez remarqué ? Qu'est-ce qui vous a gênée ? Avez-vous des questions à poser ? » Et nous discutions sur le texte. Lorsque nous avions fini, vers cinq heures, j'étais morte de fatigue, mais j'étais éblouie. Cela a été pour moi une grande chance.

Une autre rencontre qui a compté fut celle de Pierre Chantraine. Je n'ai pas vraiment suivi son enseignement, mais ai été plutôt amie avec lui, lectrice de ses publications, et je lui dois beaucoup. Je lui ai succédé à l'Académie des inscriptions. Vous parliez de mon goût pour les mots : c'est entièrement à lui que je le dois. Je consulte encore souvent, autant que je le puis, son *Dictionnaire*[7]. Certains de ses articles consacrés à des

6. Sophocle, *Tragédies*. Texte établi par A. Dain et traduit par P. Mazon, Paris, Les Belles Lettres, Collection des Universités de France, 3 vol., 1955-1960. Paul Mazon a encore édité et traduit, dans la CUF, les œuvres d'Eschyle et d'Hésiode, ainsi que l'*Iliade* d'Homère. Louis Bodin, quant à lui, est l'auteur des *Extraits des orateurs attiques*, qui ont formé des générations d'élèves et d'étudiants (Paris, Classiques Hachette, 1910, nb. rééd.) ; il donna avec Paul Mazon les *Extraits d'Aristophane et Ménandre*, également dans les Classiques Hachette, et participa à l'édition de Platon (*Gorgias, Ménon*) et de Thucydide dans la CUF.

7. P. Chantraine, *Dictionnaire étymologique de la langue grecque. Histoire des mots*, terminé par O. Masson, J.-L. Perpillou, J. Taillardat, sous la direction de M. Lejeune, Paris, Klincksieck, 1968-1980 ; nouv. éd. avec un *Supplément*, sous la direction de A. Blanc, C. de Lamberterie, J.-L. Perpillou, Paris, Klincksieck, 1999. Pour la CUF, Pierre Chantraine a édité des œuvres d'Arrien et de Xénophon et collaboré à l'*Iliade* de P. Mazon.

étymologies, et qui étaient d'une superbe précision scientifique, révélaient l'évolution des mots en fonction de la société, les surprises que les mots réservent. Je crois que de ce point de vue Chantraine a marqué toute notre génération.

Après avoir suivi les leçons des maîtres, vous avez enseigné à votre tour, dans les établissements les plus prestigieux.

Et dans les autres aussi ! J'ai enseigné partout, autant qu'il est possible. Si je n'ai pas véritablement enseigné dans le primaire, je suis allée y faire des interventions à de nombreuses reprises. À partir de la sixième, j'ai enseigné dans toutes les classes. J'ai été professeur en khâgne, en université – en province et à Paris –, au Collège de France. J'ai encore enseigné dans les écoles normales d'instituteurs, à l'École normale supérieure de garçons et à l'École normale supérieure de jeunes filles, ce qui n'était pas la même chose, et j'ai fait passer les concours des Écoles normales supérieures et de l'agrégation. Tout, tout, tout !

Est-ce qu'en tant que femme, dans un milieu où il y avait beaucoup de professeurs masculins, vous enseigniez d'une manière différente ?

Je crois que cela ne fait aucune différence. La différence, c'est qu'il y a de bons et de mauvais professeurs, des professeurs qui y croient et d'autres qui n'y croient pas.

Après avoir évoqué tout à l'heure les difficultés, la nécessité de lutter pour l'enseignement du grec, il faut dire aussi que le métier de professeur procure de grandes joies. Qui a eu la chance de suivre vos cours sait que vous communiquiez aux auditeurs, avec le savoir, votre force, votre enthousiasme. Vous souvenez-vous particulièrement de moments de bonheur goûtés à enseigner ?

Non, je ne peux pas dire qu'il y ait eu de grands moments, car il y avait des moments tout le temps ! Naturellement, il y a des cours moins réussis, parce que le professeur n'est pas en forme, ou que les élèves sont fatigués. Mais, en règle générale, une des choses que je trouve les plus belles dans le métier de professeur, c'est qu'en entrant dans la classe on laisse dehors toute la vie, tous les problèmes. On a l'âge de ses élèves, c'est-à-dire l'âge de découvrir et de s'émerveiller.

Pour clore cet entretien, en manière d'exhortation finale, auriez-vous un conseil à donner aux pouvoirs publics à propos de l'enseignement ?

Il faut leur rappeler – ce que nous faisons d'ailleurs, mais il faut être encore plus nombreux à le faire à tous les niveaux –, il faut leur rappeler que l'enseignement n'est pas seulement la vente d'un produit pour une profession, mais une formation utile pour toutes les professions. Et une formation exceptionnellement utile. Aussi, il ne faut pas choisir ce domaine pour faire des économies.

Faut-il que les professeurs, de temps en temps, sachent faire rire ?

S'ils ne le font pas malgré eux !

CARTES

La Méditerranée antique (1 cm = 280 km)

© Les Belles Lettres

Le monde grec égéen (1 cm = 98 km)

© Les Belles Lettres

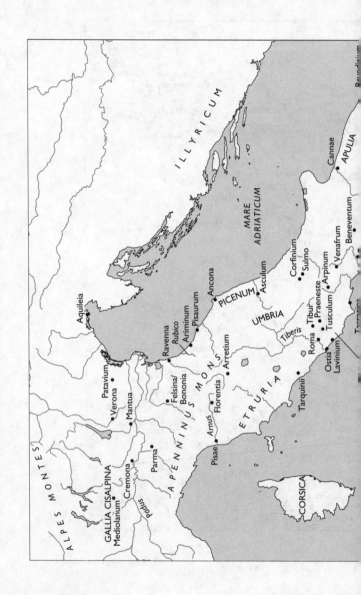

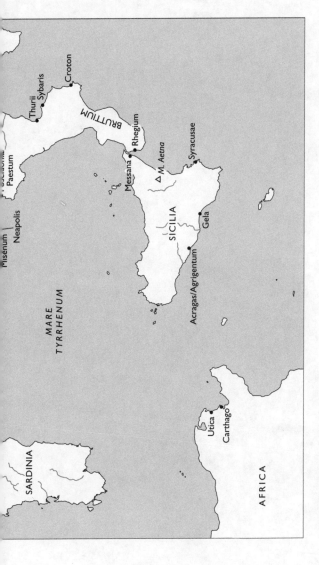

L'Italie antique (1 cm = 93 km)

© Les Belles Lettres

I

LES PROFESSEURS

COMMENT ON DEVIENT PROFESSEUR

Dans l'Antiquité, nombreuses étaient les voies qui conduisaient aux métiers de l'enseignement, et il n'existait pas un parcours de formation unique pour les professeurs. Les uns étaient engagés par une famille à titre privé. D'autres ouvraient une école, privée également, ou succédaient au chef d'une école existante. D'autres encore accédaient à un emploi public financé par la ville ou par l'État, la procédure de choix pouvant prendre la forme d'un concours de recrutement et donnant lieu à une vive compétition. Sous l'Empire, par exemple, pour obtenir une chaire à Athènes ou à Milan, chaque candidat devait prononcer un discours en public, sur un sujet donné, et les autorités jugeaient.

HOMÈRE
VIIIᵉ s. av. J.-C.

CICÉRON
Iᵉʳ s. av. J.-C.

SAINT AUGUSTIN
IVᵉ - Vᵉ s. ap. J.-C.

Libanios

*Après avoir été un adolescent paresseux, Libanios s'en-
flamme pour les études, ce qui le conduira à embrasser plus tard
le métier de professeur de rhétorique (« sophiste »). L'appel de la
culture intellectuelle est si fort que le jeune homme renonce aux
passe-temps et aux spectacles qu'affectionnaient les garçons de
son âge, y compris les combats de gladiateurs.*

UNE VOCATION DE SOPHISTE

J'atteignais mes quinze ans, quand je fus saisi d'un
amour violent pour les études de rhétorique. Les charmes de la campagne furent alors délaissés, les colombes
vendues, dont l'élevage risque d'asservir l'esprit d'un
jeune homme, les courses de chevaux rejetées avec
mépris ainsi que toutes les choses de la scène, et, ce qui
frappa le plus jeunes et vieux, je me détournai du spectacle de ces combats de gladiateurs où tombaient et
triomphaient des hommes que l'on tiendrait volontiers
pour des disciples des Trois-Cents des Thermopyles.
C'était mon oncle maternel qui assumait cette liturgie[1]
et il m'invita au spectacle, mais je n'en restai pas moins
attaché à mes livres. On raconte que longtemps à
l'avance il avait deviné en moi le futur sophiste, ce qui
s'est en effet réalisé.

Autobiographie, 5

1. C'est-à-dire la responsabilité d'organiser les combats de gladiateurs. Les « Trois-Cents » sont les Spartiates commandés par Léonidas
qui combattirent jusqu'à la mort, au défilé des Thermopyles, pour
retarder l'avance perse (480 av. J.-C.).

Marinus

Syrianus, chef de l'école de philosophie néoplatonicienne d'Athènes, ayant repéré le jeune Proclus, lui dispensa un enseignement complet, afin de faire de lui son successeur. Dans la terminologie de l'auteur, cet enseignement est comparé à une initiation à des mystères religieux (« mystagogie »), dont le point culminant est l'« époptie », ou vision sacrée. Proclus prit la tête de l'école et devint célèbre; à sa mort, c'est Marinus, son biographe, qui lui succéda.

LA FORMATION MÉTHODIQUE D'UN PHILOSOPHE

Syrianus, quand il eut pris Proclus en main, non seulement l'aidait plus grandement dans ses études, mais encore le reçut désormais dans sa maison et lui fit partager sa vie philosophique, parce qu'il avait trouvé en lui un élève et un successeur tel que, depuis longtemps, il en cherchait un, c'est-à-dire qui fût capable de recueillir son immense savoir et ses doctrines relatives aux dieux.

Quoi qu'il en soit, en moins de deux années complètes, Syrianus lut avec lui tous les traités d'Aristote, ceux de logique, de morale, de politique, de physique, et celui qui les dépasse tous, sur la science théologique. Puis, quand il eut été bien introduit par ces ouvrages, comme par des sortes de sacrifices préparatoires et de petits mystères, il l'amena peu à peu à la mystagogie de Platon, le faisant avancer d'une manière ordonnée et « non », comme le dit l'Oracle, « en sautant les étapes », et il lui fit obtenir l'époptie dans les initiations réellement divines de ce philosophe par les yeux non troublés de son âme et le sommet immaculé de son intellect. Proclus, donc, à force de veilles et de zèle de jour comme de nuit, mettait au net sous forme résumée et en usant de critique les leçons qu'il avait entendues, et fit en peu de temps de si grands progrès qu'à l'âge de vingt-sept ans il avait composé bon nombre d'ouvrages, et en particulier le *Commentaire sur le* Timée *de Platon*, qui est véritablement élégant et rempli de science. Ce genre de vie perfectionna davantage encore son caractère moral, car désormais il acquit les vertus avec un discernement scientifique.

Proclus ou Sur le bonheur, 12-13

ÉDUCATEURS LÉGENDAIRES

Les dieux et les héros n'ont pas la science infuse. Ils ont besoin d'être nourris, élevés, guidés; puis, à leur tour, ils deviennent des maîtres pour les hommes, auxquels ils insufflent des révélations soudaines ou distillent une éducation progressive. Ces dons à l'humanité sont l'effet de leur bienfaisance et la marque de leur supériorité. Les mythes et les traditions légendaires reflètent ainsi, à leur manière, le rôle crucial de la notion d'apprentissage dans la pensée antique. Des traces en subsistent en français, avec l'utilisation comme noms communs des mots « mentor » et « égérie ».

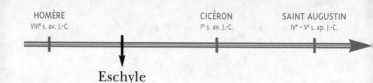

HOMÈRE
VIIIᵉ s. av. J.-C.

CICÉRON
Iᵉʳ s. av. J.-C.

SAINT AUGUSTIN
IVᵉ - Vᵉ s. ap. J.-C.

Eschyle

Fils d'un des dieux primitifs (les Titans), Prométhée a enseigné aux hommes la civilisation. Il leur a appris à construire des maisons, à observer les astres, à compter et à lire, à domestiquer les animaux, à naviguer sur la mer. Mais, emporté par sa générosité, il a trompé Zeus, le grand dieu, afin de mieux aider les hommes, et pour cette raison il est cruellement puni, enchaîné à un rocher cependant qu'un aigle lui dévore le foie. Par une tragique ironie, l'inventeur des arts et des sciences est réduit à l'impuissance, et le bienfaiteur est châtié comme un coupable. Cependant, la suite du mythe verra la libération du professeur martyr.

PROMÉTHÉE, UN INVENTEUR
AU SERVICE DE L'HUMANITÉ

Écoutez les misères des mortels, et comment des enfants qu'ils étaient j'ai fait des êtres de raison, doués de pensée. Je veux le conter ici, non pour dénigrer les humains, mais pour vous montrer la bonté dont leur ont témoigné mes dons. Au début, ils voyaient sans voir, ils écoutaient sans entendre, et, pareils aux formes des songes, ils vivaient leur longue existence dans le désordre et la confusion. Ils ignoraient les maisons de briques ensoleillées, ils ignoraient le travail du bois ; ils vivaient sous terre, comme les fourmis agiles, au fond de grottes closes au soleil. Pour eux, il n'était point de signe sûr ni de l'hiver ni du printemps fleuri ni de l'été fertile ; ils faisaient tout sans recourir à la raison, jusqu'au moment où je leur appris la science ardue des levers et des couchers des astres. Puis ce fut le tour de celle du nombre, la première de toutes, que j'inventai pour eux, ainsi que celle des lettres assemblées, mémoire de toute chose, labeur qui enfante les arts. Le premier aussi, je liai sous le joug des bêtes soumises soit au harnais, soit à un cavalier, pour prendre aux gros travaux la place des mortels, et je menai au char les chevaux dociles aux rênes, dont se pare le faste opulent. Nul autre que moi non plus n'inventa ces véhicules aux ailes de toile qui permettent au marin de courir les mers. – Et l'infortuné qui a pour les mortels trouvé telles inventions ne possède pas aujourd'hui le secret qui le délivrerait lui-même de sa misère présente !

Prométhée enchaîné, 442-471

9

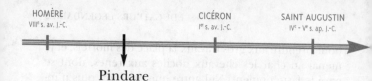

HOMÈRE
VIIIᵉ s. av. J.-C.

CICÉRON
Iᵉʳ s. av. J.-C.

SAINT AUGUSTIN
IVᵉ - Vᵉ s. ap. J.-C.

Pindare

Chiron est un centaure, une de ces créatures hybrides qui, selon la mythologie, avaient le visage et le buste d'un homme et le bas du corps d'un cheval. Savant et bienfaisant, il a instruit de nombreux héros, leur enseignant la chasse et la guerre, et aussi la musique ou la médecine. C'est lui qui a formé Asclépios (Esculape chez les Romains), le dieu guérisseur.

CHIRON, ÉDUCATEUR DES HÉROS

Cependant, le blond Achille, tandis qu'il habitait la demeure de Philyre, enfant encore, avait pour jeux de grands exploits; sans cesse, faisant voler comme le vent le javelot armé d'un fer court, il combattait les lions farouches, leur donnait la mort et abattait les sangliers. Puis il rapportait au centaure, fils de Cronos, leurs cadavres encore haletants, dès l'âge de six ans, et tout le temps qui suivit. Artémis l'admirait, ainsi que l'audacieuse Athéna, tandis qu'il tuait les daims, sans l'aide de chiens ni de filets trompeurs; car il les dépassait à la course. Et je sais encore ceci, que la tradition nous raconte: en sa sagesse profonde, Chiron avait nourri, dans son antre rocheux, Jason, et après lui Asclépios, auquel il enseigna l'emploi des remèdes appliqués d'une main légère. En un autre temps, il maria la fille de Nérée, Thétis aux bras splendides, et il élevait son fils Achille, cet enfant sublime, en développant, par les exercices appropriés, tous les instincts de son grand cœur, afin que, conduit sous les murs de Troie, où résonne le fracas des lances, par le souffle des brises marines, il affrontât le cri de guerre des Lyciens, des Phrygiens et des Dardaniens, et qu'engageant la bataille avec les Éthiopiens porteurs de javelots, il s'obstinât à vouloir que ne revînt plus en son pays leur chef, l'impétueux cousin d'Hélénos, Memnon.

Néméennes, III, 43-63

HOMÈRE
VIIIe s. av. J.-C.

CICÉRON
Ier s. av. J.-C.

SAINT AUGUSTIN
IVe - Ve s. ap. J.-C.

Homère

L'éducation d'Achille fut pour les Anciens un sujet inépuisable, car elle illustre le fait que tous, sans exception, ont besoin d'apprendre: ce prince a été enfant, ce héros bouillant s'est plié aux leçons, ce guerrier a cultivé non seulement son corps, mais aussi son esprit. Ici, Homère donne la parole à l'un des maîtres d'Achille, Phénix, que Pélée (le père d'Achille) avait chargé d'instruire son fils. Cherchant à apaiser la colère d'Achille, le vieux précepteur rappelle avec tendresse et réalisme les soins dont il a entouré autrefois son élève.

PHÉNIX, PRÉCEPTEUR D'ACHILLE

Si vraiment tu te mets en tête de repartir, illustre Achille, si à tout prix tu te refuses à défendre nos fines nefs contre le feu destructeur, tant la colère a envahi ton âme, comment pourrais-je, moi, rester seul ici, sans toi, mon enfant? C'est pour toi que m'a fait partir Pélée, le vieux meneur de chars, au moment où, toi-même, il te faisait partir de Phthie, pour rejoindre Agamemnon. Tu n'étais qu'un enfant, et tu ne savais rien encore ni du combat qui n'épargne personne ni des conseils où se font remarquer les hommes. Et c'est pour tout cela qu'il m'avait dépêché: je devais t'apprendre à être en même temps un bon diseur d'avis, un bon faiseur d'exploits. [...]

Et c'est moi qui ainsi t'ai fait ce que tu es, Achille pareil aux dieux, en t'aimant de tout mon cœur. Aussi bien tu ne voulais pas toi-même de la compagnie d'un autre, qu'il s'agît ou de se rendre à un festin ou de manger à la maison: il fallait alors que je te prisse sur mes genoux, pour te couper ta viande, t'en gaver, t'approcher le vin des lèvres. Et que de fois tu as trempé le devant de ma tunique, en le recrachant, ce vin! Les enfants donnent bien du mal. Ah! que, pour toi, j'ai souffert et pâti, songeant toujours que les dieux ne voulaient pas laisser venir

11

au monde un enfant né de moi ! Et c'est toi alors, Achille
pareil aux dieux, c'est toi dont je voulais faire le fils qui,
un jour, écarterait de moi le malheur outrageux. Allons !
Achille, dompte ton cœur superbe.

Iliade, IX, 434-443, 485-496

Dans l'épopée, les dieux prennent volontiers l'apparence
d'un mortel pour entrer en contact avec les hommes. C'est ainsi
que la déesse Athéna emprunte les traits de Mentor, vieil ami
d'Ulysse, pour accompagner Télémaque (le fils d'Ulysse) dans
ses voyages en quête de renseignements sur son père disparu. Elle
guide le jeune homme et l'encourage adroitement. Fénelon, dans
son Télémaque *(1699), a donné un grand développement au*
personnage de Mentor, dont il a fait un modèle de gouverneur
du prince et de pédagogue mystique.

MENTOR, UN GUIDE DIVIN

ATHÉNA. – Télémaque, à présent, tu ne dois plus avoir
la moindre fausse honte. Il s'agit de ton père. Tu n'as
franchi la mer qu'afin de t'enquérir du sort qu'il a subi,
du pays qui le cache. Donc, va droit à Nestor, le dresseur
de chevaux, et sachons la pensée qu'il enferme en son
cœur ! il faut lui demander de te parler sans feinte ; ne
crains pas de mensonge ; il est toute sagesse.

Posément, Télémaque la regarda et dit :

TÉLÉMAQUE. – Mentor, tu veux que j'aille et que, moi,
je l'aborde ? L'habileté des mots, tu sais, n'est pas mon
fait ! et c'est le rouge au front qu'un homme de mon âge
interroge un ancien.

Athéna, la déesse aux yeux pers, répliqua :

ATHÉNA. – Mais des mots, Télémaque, il t'en viendra
du cœur, et quelque bon génie te soufflera le reste ; car
les dieux, que je sache, ne t'ont pas empêché de naître
et de grandir.

Odyssée, III, 14-28

HOMÈRE
VIIIᵉ s. av. J.-C.

CICÉRON
Iᵉʳ s. av. J.-C.

SAINT AUGUSTIN
IVᵉ - Vᵉ s. ap. J.-C.

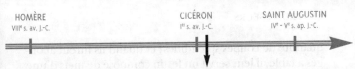

Denys d'Halicarnasse

*À en croire la tradition, Numa, le deuxième des rois de
Rome, aurait vécu à la fin du VIIIᵉ et au début du VIIᵉ siècle av.
J.-C. Il a laissé le souvenir d'un souverain particulièrement
pieux, auteur d'une réorganisation de la religion romaine.
Comment s'étonner qu'on lui ait prêté pour conseillère une
déesse des sources, Égérie? Lui-même accréditait cette thèse.*

ÉGÉRIE, INSPIRATRICE DU ROI NUMA

Les Romains prétendent que Numa n'a jamais mené
d'expéditions militaires, mais qu'en homme pieux et
juste il a consacré toute la durée de son règne à la paix
et doté la cité des institutions les plus remarquables. Ils
rapportent à son sujet une foule de récits extraordinai-
res, en attribuant sa sagesse humaine à des inspirations
divines. Ils racontent en effet dans leurs légendes qu'une
nymphe, une certaine Égérie, lui rendait fréquemment
visite et lui enseignait en chaque occasion la science de
régner. D'autres disent que ce n'était pas une nymphe,
mais une des Muses. Voici du reste une histoire qui,
assure-t-on, se déroula sous les yeux de tous: au début,
les gens étaient incrédules, comme il est naturel, et
tenaient ses affirmations concernant la déesse pour une
invention. Numa voulut convaincre les incrédules, par
un témoignage évident, de ses relations avec cette divinité et, sur les instructions de cette dernière, il procéda
ainsi: il fit venir dans la maison où il habitait d'ordinaire
un grand nombre de Romains, tous gens de bien, et
montra aux arrivants son intérieur, pourvu d'équipe-
ments fort simples et démuni en particulier de tout ce
qui était nécessaire pour recevoir de nombreux convives.
Puis il les renvoya en les invitant à dîner pour le soir
même. Lorsqu'ils arrivèrent à l'heure fixée, il leur fit
voir de luxueuses couches, des tables chargées d'une

13

quantité de coupes splendides; et quand ils furent allongés à table, il leur servit un festin composé de mets d'une variété telle que, même en beaucoup de temps, un homme de l'époque aurait eu de la peine à le préparer. À voir tout cela, les Romains furent frappés de stupeur et, à partir de ce moment, ils acquirent la ferme conviction qu'une déesse fréquentait bien Numa.

Mais ceux qui excluent du récit historique tout ce qui est fabuleux prétendent que les affirmations concernant Égérie étaient une invention de Numa. Il voulait ainsi s'attacher plus facilement des esprits remplis de crainte devant le divin et leur faire accepter avec empressement, comme introduites par les dieux, les lois qu'il établirait.

Les Antiquités romaines, II, 60-61

HOMÈRE
VIIIe s. av. J.-C.

CICÉRON
Ier s. av. J.-C.

SAINT AUGUSTIN
IVe - Ve s. ap. J.-C.

Ammien Marcellin

Zoroastre, ou Zarathoustra, prophète et réformateur religieux de l'Iran ancien (VIIe - VIe siècle av. J.-C.), aurait été initié en Inde par les brahmanes. Puis, à son tour, il aurait transmis sa sagesse aux mages perses, en leur faisant découvrir les secrets de l'Univers.

ZOROASTRE
ENTRE LES BRAHMANES ET LES MAGES

En pénétrant fort hardiment dans les régions écartées de l'Inde supérieure, il était parvenu à certaine solitude boisée, dont l'esprit sublime des brahmanes goûte pleinement les séjours tranquilles et silencieux. Initié par leur enseignement – dans la mesure où il put le comprendre – aux lois mathématiques du mouvement de l'univers et des astres, et aux rites purs des cérémonies sacrées, il inculqua à l'intelligence des mages quelques-unes des connaissances qu'il avait acquises, et ceux-ci les transmettent chacun de père en fils aux âges ultérieurs, ainsi que l'art de prédire l'avenir.

Histoires, XXIII, 6, 33

HOMÈRE
VIIIᵉ s. av. J.-C.

CICÉRON
Iᵉʳ s. av. J.-C.

SAINT AUGUSTIN
IVᵉ - Vᵉ s. ap. J.-C.

Hermès Trismégiste

Récit d'une révélation reçue au cours d'un songe extatique. L'Intellect Suprême (en grec Nous) apparaît à Hermès pour lui expliquer la nature du monde, des dieux et des hommes ainsi que la voie du Salut. À la fin, Hermès, dûment instruit, se mettra en devoir de faire connaître aux hommes la doctrine « hermétique » qui lui a été enseignée.

RÉVÉLATION THÉOLOGIQUE

Un jour que j'avais commencé de réfléchir sur les êtres et que ma pensée s'en était allée planer dans les hauteurs tandis que mes sens corporels avaient été mis en ligature, comme il arrive à ceux qu'accable un lourd sommeil par le fait d'un excès de nourriture ou d'une grande fatigue du corps, il me sembla que se présentait à moi un être d'une taille immense, au-delà de toute mesure définissable, qui m'appela par mon nom et me dit : « Que veux-tu entendre et voir, et par la pensée apprendre et connaître ? » Et moi je dis : « Mais toi, qui es-tu ? – Moi, dit-il, je suis Poimandrès, le *Nous* de la Souveraineté absolue. Je sais ce que tu veux, et je suis avec toi partout. » Et moi je dis : « Je veux être instruit sur les êtres, comprendre leur nature, connaître Dieu. Oh, dis-je, comme je désire entendre ! » Il me répond à son tour : « Garde bien dans ton intellect tout ce que tu veux apprendre, et, moi, je t'instruirai. »

Corpus hermeticum, I, 1-3

HOMÈRE
VIII* s. av. J.-C.

CICÉRON
I*ʳ s. av. J.-C.

SAINT AUGUSTIN
IV* - V* s. ap. J.-C.

Héraclite

L'auteur des Allégories d'Homère, *qui est inconnu par ailleurs, ne doit pas être confondu avec son homonyme, le célèbre philosophe Héraclite d'Éphèse. Les* Allégories d'Homère *sont consacrées à l'interprétation de passages de l'*Iliade *et de l'*Odyssée *et visent à démontrer qu'un savoir profond et total se cache dans ces poèmes. C'est pourquoi Homère mérite d'être lu et relu par tous, tout le temps de leur vie. Effectivement, Homère constituait pour les Grecs la base de l'enseignement, au point qu'on disait qu'il avait « éduqué la Grèce » (Platon,* La République, *X, 606 e).*

HOMÈRE POUR LA VIE

Dès l'âge le plus tendre, à l'esprit naïf de l'enfant qui fait ses premières études, on donne Homère pour nourrice : c'est tout juste si, dès le maillot, on ne fait pas sucer à nos âmes le lait de ses vers. Nous l'avons tous auprès de nous à nos débuts et pendant les années où l'homme peu à peu se forme ; il s'épanouit durant notre âge mûr ; pas une fois jusqu'à la vieillesse, il ne nous inspire le moindre dégoût : à peine l'avons-nous quitté que de nouveau nous avons soif de lui. On peut dire que son commerce ne prend fin qu'avec la vie.

Allégories d'Homère, 1

17

LES PRÉCEPTEURS

Le mot grec *paidagôgos*, transcrit en latin *paedagogus*, qui a donné notre « pédagogue », désigne au sens strict l'esclave qui conduisait les enfants à l'école et les en ramenait. Il veillait sur eux dans la rue et pendant la classe, prenait soin d'eux à la maison, leur faisait répéter leurs leçons. Grande était son influence sur le développement intellectuel et moral ; quand il était homme de valeur, ce compagnon des premières années laissait un souvenir cher aux enfants dont il avait la charge. Dans les textes qui suivent, les traducteurs ont utilisé tantôt « pédagogue », tantôt « précepteur », pour rendre le mot *paidagôgos / paedagogus*.

HOMÈRE
VIIIᵉ s. av. J.-C.

CICÉRON
Iᵉʳ s. av. J.-C.

SAINT AUGUSTIN
IVᵉ - Vᵉ s. ap. J.-C.

Plutarque

Les Anciens étaient fort soucieux des mauvaises influences et des vices qui menaçaient les élèves. C'est pourquoi Plutarque souligne, en moraliste, qu'il ne suffit pas que l'esclave retenu soit sérieux et parle le grec correctement, et qu'il doit aussi avoir des mœurs irréprochables.

COMMENT CHOISIR UN PÉDAGOGUE

Mais quand les enfants atteignent l'âge d'être placés sous l'autorité des pédagogues, c'est le moment d'apporter le plus grand soin à la désignation de ceux-ci, afin de ne pas livrer par mégarde les enfants à des esclaves barbares ou qui changent continuellement de maître. Car, dans les faits, ce qui arrive est souvent franchement ridicule : c'est parmi les esclaves de qualité que l'on désigne ceux qui vont cultiver la terre ou diriger des navires, assurer l'intendance, tenir un commerce, prêter à usure ; mais si l'on trouve un esclave porté à boire, gourmand, inutilisable pour aucune activité, à celui-là on va remettre ses fils. Le parfait pédagogue doit, au contraire, avoir la nature de Phénix, le pédagogue d'Achille. Et j'en arrive maintenant à formuler la recommandation la plus importante, la recommandation essentielle : il faut rechercher pour les enfants des maîtres qui soient irréprochables dans leurs vies, inattaquables dans leurs mœurs, supérieurs par leur expérience.

Œuvres morales. De l'éducation des enfants, 4a-b

Quintilien

Les pédagogues ne sont pas toujours modestes ! Cas de ceux qui, surestimant leurs propres capacités, sortent de leur rôle et veulent être des maîtres, alors qu'il leur manque la formation nécessaire.

L'INDISPENSABLE MODESTIE

Pour les pédagogues, j'ajouterai que mon souhait primordial est qu'ils soient vraiment instruits ou qu'ils aient conscience qu'ils ne le sont pas. Rien n'est pis que ces gens qui, étant allés un peu plus loin que les premiers éléments, ont l'illusion de croire qu'ils détiennent la science. En effet, ils s'indignent à l'idée de renoncer au rôle d'enseignant, et, comme s'ils avaient une sorte de titre à l'autorité, dont s'enfle ordinairement la vanité de ces sortes de gens, ils se montrent impérieux et parfois brutaux dans l'enseignement de leur sottise.

Institution oratoire, I, 1, 8

21

HOMÈRE
VIIIe s. av. J.-C.

CICÉRON
Ier s. av. J.-C.

SAINT AUGUSTIN
IVe - Ve s. ap. J.-C.

Sophocle

Oreste rentre à Mycènes, où son père, Agamemnon, fut autrefois assassiné par sa mère, la propre épouse d'Agamemnon, Clytemnestre, et par l'amant de celle-ci, Égisthe. Revenu pour venger son père, Oreste est accompagné de son ami Pylade, présence muette, et de son pédagogue. Le pédagogue a sauvé Oreste au moment de l'assassinat d'Agamemnon en le recueillant et en le mettant hors de danger. À présent, il continue d'aider son maître en lui décrivant les lieux et en s'offrant pour le seconder dans sa vengeance – ce qui adviendra effectivement. Dans un contexte de violence effroyable, Sophocle dessine pourtant la figure attachante d'un serviteur fidèle et chenu.

LE PRÉCEPTEUR D'ORESTE

Sur l'acropole de Mycènes, d'où l'on découvre toute la plaine d'Argolide. L'aube se lève. Oreste, Pylade et le précepteur débouchent soudain devant le palais d'Agamemnon.

Le Précepteur. – Enfant d'Agamemnon, le chef qui commanda nos armées devant Troie, tu peux toi-même voir enfin ces lieux qui toujours ont fait ton envie. La voilà, cette antique Argolide vers qui tu soupirais, ce pourpris de la vierge, fille d'Inachos, taraudée par le taon. Voilà la Place Lycienne, vouée au dieu tueur de loups ; et là, à gauche, le temple illustre d'Héra. Ici même, ce qui est sous tes yeux, dis-toi que c'est l'opulente Mycènes et ce palais sanglant des Pélopides où jadis, t'arrachant aux assassins d'un père, je te reçus des mains de l'un des tiens – de ta propre sœur – et t'emportai, te gardai, te nourris jusqu'à l'âge où tu es, pour que tu fusses un jour le vengeur de ce père. Et maintenant, Oreste, et toi aussi, Pylade, le plus aimé des hôtes, que devez-vous faire ? il faut en décider, et vite. Déjà l'éclat lumineux du soleil éveille, bien distincts, les chants des oiseaux qui saluent l'aurore, et la sombre nuit étoilée lui a abandonné la place. Avant que personne sorte du palais, mettez-vous d'accord : nous allons prendre une route où cesse l'heure d'hésiter et où il n'y a plus qu'à agir.

ORESTE. – Ô le plus cher des serviteurs, quelles marques éclatantes tu me donnes donc de ta loyauté envers moi ! Comme un cheval de race, même déjà vieux, ne perd rien de sa fougue et dresse encore l'oreille à l'heure des combats, ainsi on te voit tout ensemble m'inciter à la lutte et te montrer des premiers à me suivre. Je veux donc que tu saches ce que j'ai décidé. Prête à mon plan une oreille attentive ; redresse-moi, si je manque le but. Le jour où j'ai recouru à l'oracle de Pythô, afin de savoir comment je pourrais, pour un père, tirer juste vengeance de ses assassins, Phœbos m'a répondu ce que tu vas entendre : je dois, « seul, sans bouclier, sans armée, par la ruse, en dissimulant, pourvoir au juste sacrifice qui est réservé à mon bras ». Puisque tel est l'oracle que j'ai entendu, va, et, dès que l'occasion t'aura permis d'entrer dans ce palais, sache ce qui s'y passe ; puis, quand tu le sauras, rapporte-le-moi très exactement. Il n'est pas à craindre qu'on te reconnaisse, à l'âge où tu es, après un si long temps, ni même que l'on te soupçonne sous ce poil fleuri.

Électre, 1-43

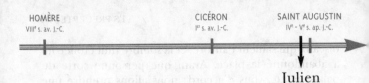

HOMÈRE
VIIIᵉ s. av. J.-C.

CICÉRON
Iᵉʳ s. av. J.-C.

SAINT AUGUSTIN
IVᵉ - Vᵉ s. ap. J.-C.

Julien

Étant impopulaire à Antioche, pour des raisons religieuses et politiques, l'empereur Julien choisit de s'adresser aux autorités de la ville afin de répondre aux accusations. Sur un ton âpre et ironique, il feint de s'accabler lui-même et de demander l'indulgence – afin de faire valoir en réalité son point de vue. Au nombre de ses prétendus défauts, qui se retournent en qualités, figure l'éducation reçue, vers l'âge de sept à dix ans, de son pédagogue bien-aimé Mardonios. Julien lui doit de solides principes moraux ainsi que le goût des livres.

UN BARBARE EXEMPLAIRE

Il convient donc d'être indulgent pour moi : je vous abandonne, en effet, celui que vous aurez bien raison de honnir à ma place, mon exécrable précepteur. C'est lui qui, à cette date, faisait déjà mon tourment en m'enseignant à marcher droit ; lui qui, aujourd'hui encore, me vaut votre inimitié pour avoir produit dans mon âme et, pour ainsi dire, imprimé ces principes que, pour ma part, je n'acceptais pas alors, mais que, dans la meilleure intention du monde, il s'appliquait de son mieux à déposer en moi : il appelait, ce me semble, la rusticité dignité, tempérance la rudesse, force d'âme la résistance aux passions et le refus d'aspirer au bonheur par cette voie. Or apprenez bien ce qu'il me disait souvent, ce précepteur, j'en atteste Zeus et les Muses, quand j'étais encore tout enfant : « Ne te laisse pas entraîner par tous ces camarades qui se ruent au théâtre à t'éprendre de ce genre de spectacle. Les courses de chevaux t'attirent ? Chez Homère, il y en a une qui est dépeinte à la perfection. Prends ce livre et lis-le jusqu'au bout. On te parle de danseurs pantomimes ? Laisse-les donc : il existe une danse plus virile chez les jeunes Phéaciens. Tu as Phémios pour citharède et pour chanteur Démodocos. Et il y a aussi chez Homère des arbres, dont la description est plus plaisante à l'oreille que l'image réelle à la vue :

> *À Délos j'ai pu voir, près l'autel d'Apollon,*
> *Le fût neuf d'un palmier élancé comme toi.*

De même, l'île de Calypso et ses grands bois, l'antre de Circé et le jardin d'Alcinoos : non, sache-le bien, tu ne verras jamais rien de plus charmant que cela. »

Voulez-vous que je vous dise également le nom de ce précepteur et de quelle race il était pour tenir ce langage ? C'était un barbare, j'en atteste dieux et déesses ; il était scythe et il portait le même nom que celui qui engagea Xerxès à partir en campagne contre la Grèce. C'était aussi – et ce terme si répandu et révéré il y a vingt mois est prononcé, à l'heure actuelle, comme une insulte, un outrage – c'était, dis-je, un eunuque. Il avait été élevé sous le patronage de mon grand-père pour diriger l'éducation de ma mère grâce aux poèmes d'Homère et d'Hésiode. Mais comme, après m'avoir mis au monde, moi son premier et seul enfant, celle-ci, quelques mois plus tard, était morte, soustraite, dans la fleur de son adolescence, à maintes épreuves par la Vierge sans mère[1], à sept ans passés je fus remis à ce précepteur. Depuis lors, me faisant accroire ces vérités, il m'a conduit à l'école par le droit chemin. Et comme, les autres chemins, il se refusait à les connaître et ne me permettait pas de les suivre, c'est lui qui m'a valu d'être détesté de vous tous.

Le Misopogon, 21-22

---

1. La déesse Athéna.

HOMÈRE
VIIIe s. av. J.-C.

CICÉRON
Ier s. av. J.-C.

SAINT AUGUSTIN
IVe - Ve s. ap. J.-C.

Grégoire de Nazianze

Ennemi acharné de l'empereur Julien, Grégoire de Nazianze n'en partageait pas moins avec lui l'amour de la culture. Son Mardonios à lui fut un certain Cartérios, dont il évoque la mémoire, avec émotion, dans cette épigramme funéraire.

SOUVENIR DE CARTÉRIOS

Pourquoi, en m'abandonnant bien malheureux sur la Terre, ô le plus cher de mes amis, es-tu parti si rapidement, glorieux Cartérios? Pourquoi t'en es-tu allé, toi qui tenais en main le gouvernail de ma jeunesse lorsqu'en pays étranger j'apprenais à rythmer des paroles, toi qui m'as fait vivre d'une existence immatérielle? Oui, le Christ souverain t'était vraiment plus cher que tout, lui que maintenant tu possèdes.

Anthologie grecque, VIII, 142

GRAMMAIRIENS ET RHÉTEURS

La filière reine de l'éducation antique était la filière littéraire, divisée en deux niveaux. Les « grammairiens », qui correspondaient aux actuels professeurs du secondaire, enseignaient la grammaire et la littérature ; ils apprenaient aux élèves à expliquer et à réciter les textes des auteurs, à en tirer un bagage de culture et de morale, et ils leur faisaient pratiquer des exercices de rédaction. Les « rhéteurs », correspondant aux professeurs du supérieur, enseignaient la rhétorique, c'est-à-dire la maîtrise du discours oral et écrit, en donnant aux étudiants des leçons théoriques et pratiques sur l'art de trouver les idées, de dégager une ligne d'argumentation, de construire un plan, de soigner le style, de mémoriser une intervention, de se présenter et de parler en public. Cette formation généraliste ouvrait de nombreuses carrières, et en particulier les responsabilités politiques et administratives. Les autres formations, considérées comme plus spécialisées, comprenaient notamment les sciences, le droit, la médecine et la philosophie.

HOMÈRE
VIIIᵉ s. av. J.-C.

CICÉRON
Iᵉʳ s. av. J.-C.

SAINT AUGUSTIN
IVᵉ - Vᵉ s. ap. J.-C.

Suétone

Biographie d'un « grammairien » accompli, Verrius Flaccus. Il se distingua par une innovation pédagogique en créant dans son école des concours sanctionnés par une remise de prix. L'empereur Auguste, l'ayant remarqué, s'assura ses services en le faisant venir au palais impérial pour qu'il s'occupe de ses petits-enfants, alors adolescents. Les « fastes » de Verrius Flaccus étaient un calendrier comportant des explications érudites sur les fêtes et sur les noms de mois ; il semble que des fragments en aient été retrouvés sur le site même de Préneste, près de Rome.

LE GRAMMAIRIEN VERRIUS FLACCUS

M. Verrius Flaccus, un affranchi, se distingua surtout par sa manière d'enseigner ; en effet, pour tenir en éveil l'esprit de ses élèves, il aimait à mettre en compétition ceux qui avaient le même âge en leur présentant, avec le sujet de leur composition, le prix que remporterait le vainqueur ; il s'agissait de quelque livre ancien, joli ou assez rare. C'est pourquoi Auguste le choisit pour être le précepteur de ses petits-enfants, et il se transporta au Palatium avec toute son école, sous la condition de ne plus accepter désormais de nouvel élève ; il enseigna dans l'*atrium* de la maison de Catulus, qui faisait alors partie du Palatium, et reçut cent mille sesterces par an. Il mourut à un âge avancé sous Tibère. Il a sa statue à Préneste, dans la partie supérieure du forum, près de l'hémicycle dont la paroi de marbre porte gravés les *fastes* de la ville qu'il avait ordonnés et fait placer là pour le public.

Grammairiens et rhéteurs, 17

HOMÈRE
VIII° s. av. J.-C.

CICÉRON
I° s. av. J.-C.

SAINT AUGUSTIN
IV° - V° s. ap. J.-C.

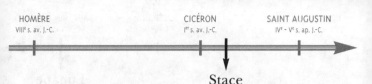

Stace

*Après avoir enseigné la littérature grecque à Naples, le père de
Stace ouvrit à Rome une école dont son fils loue l'efficacité en termes
imagés. Certains élèves sont devenus des autorités sacerdotales, et doivent au père de Stace la compréhension des rites dont ils ont la surveillance. D'autres ont fait de belles carrières politiques et gouvernent
des provinces. D'autres encore occupent de hauts postes dans l'armée.*

LES DÉBOUCHÉS MULTIPLES
D'UNE ÉCOLE ROMAINE

Tu instruis les rejetons de Romulus et ceux qui seront
des chefs, et tu les diriges avec fermeté dans le chemin tracé
par leurs pères. Sous ta direction a grandi l'observateur dar-
danien du feu mystérieux, qui tient secret le sanctuaire où
se dissimule le larcin de Diomède ; c'est de toi qu'il a dans
son enfance appris le rite ; tu as montré aux Saliens éprou-
vés la façon de porter leurs armes et aux augures infaillibles
les prévisions à tirer du ciel ; à celui qui a le droit de dérou-
ler le livre des chants chalcidiques, pourquoi la chevelure
du flamine phrygien se cache ; et les Luperques court-vêtus
ont eu grand-peur de tes coups. Et maintenant, de cette
troupe, l'un peut-être dicte les lois aux peuples d'Orient,
l'autre gouverne l'Hibérie ; un autre oppose, à la Jonction,
une barrière au Perse Achéménide ; ceux-ci régissent les
riches nations de l'Asie, ceux-là les terres du Pont ; les uns,
de leurs faisceaux pacifiques, corrigent les débats des tribunaux ; les autres, dans les camps, montent une garde loyale :
c'est toi qui es la source de leur mérite. Pour façonner de
jeunes esprits, avec toi n'auraient pu rivaliser ni Nestor, ni
Phénix, gouverneur d'un élève indomptable, ni celui qui
par des chants différents adoucissait le cœur de l'Éacide
porté à écouter les trompettes perçantes et les clairons, le
centaure Chiron.

Silves, V, 3, 176-194

Eunape

« Grammairien » de niveau supérieur, Longin enseignait non seulement la littérature et la philologie, mais aussi la rhétorique et la philosophie, et il publia sur ces matières de nombreux traités, commentaires et lexiques. Il fut le maître du grand philosophe néoplatonicien Porphyre. Doté d'une érudition prodigieuse, Longin avait assimilé de très nombreux livres, et il les faisait vivre en transmettant leur contenu à ses élèves par ses cours : c'est cette attitude de générosité qu'Eunape caractérise par une belle formule, qui fut reprise par la postérité : « bibliothèque vivante ».

LONGIN, BIBLIOTHÈQUE VIVANTE

Porphyre reçut une éducation en rapport avec la condition de sa famille. Il fit des progrès si rapides et si grands qu'il devint l'auditeur de Longin et fit en très peu de temps honneur à son maître. Longin, à cette époque, était une bibliothèque vivante, un « musée » ambulant ; et on s'en remettait à lui de porter un jugement sur les auteurs anciens. Plusieurs autres avant lui avaient exercé pareille autorité de critique, le plus célèbre d'entre eux ayant été Denys de Carie[1]. Dans sa ville de Syrie, Porphyre s'était d'abord appelé Malchos, ce qui veut dire « roi ». Mais Longin l'a appelé Porphyre, faisant ainsi référence au vêtement qui est le signe de la royauté. Auprès de Longin, Porphyre fut formé à la plus haute culture et, comme son maître, il s'éleva à une connaissance parfaite pour tout ce qui touche à la grammaire et à la rhétorique ; mais il ne se porta pas exclusivement à ce genre d'étude, puisqu'il s'imprégna de toutes les disciplines philosophiques. Longin, en effet, fut, et de beaucoup, le premier de ses contemporains dans tous les

1. Denys d'Halicarnasse.

domaines ; il circule de lui de nombreux ouvrages et ce qui circule soulève l'admiration. Si quelqu'un condamnait un auteur ancien, son opinion n'arrivait pas à prévaloir avant qu'elle ait été pleinement confirmée par un jugement de Longin.

Vies des philosophes et des sophistes, 4, 1
(= Longin, *Fragments*, 5)

HOMÈRE
VIIIᵉ s. av. J.-C.

CICÉRON
Iᵉʳ s. av. J.-C.

SAINT AUGUSTIN
IVᵉ - Vᵉ s. ap. J.-C.

Fronton

Fronton est le maître de rhétorique du prince Marc, âgé de dix-huit ans, le futur empereur Marc Aurèle. Cratia, épouse de Fronton, est allée visiter Domitia Lucilla, la mère de Marc, et elle est revenue en apportant avec elle les devoirs faits par le prince – devoirs qui avaient pour sujet des « maximes », énoncés brefs et riches de sens. Fronton, avec adresse, complimente son impérial élève pour mieux l'encourager à persévérer.

DEVOIR PAR CORRESPONDANCE

À mon souverain,

Cratia m'est revenue la nuit dernière. Mais pour moi fut comparable au retour de Cratia la tournure remarquable de tes maximes ; assurément, celle que j'ai reçue aujourd'hui est presque parfaitement tournée, à tel point qu'il est possible de la placer dans un ouvrage de Salluste sans qu'elle dépare ni ne jure. Je deviens heureux, joyeux, en bonne santé, je rajeunis en somme lorsque tu progresses ainsi. Ce que je demanderai de toi est pénible ; mais ce qui, je m'en souviens, m'aida aussi moi-même, il m'est impossible de ne pas te le demander à toi également. Comme tu l'as fait pour cette brève maxime, deux fois, trois fois tu dois tourner la même. Les plus longues aussi, dès lors, tourne-les deux fois, trois fois, avec vigueur et audace. Toutes tes audaces, tu les mèneras à bien grâce à ton esprit remarquable, mais aussi grâce à ton travail : tu as choisi une tâche certes ardue, mais elle est belle, nouvelle et ouverte à peu de gens. Il t'est grandement utile, pour composer des discours, d'extraire quotidiennement des passages, soit du *Jugurtha*, soit du *Catilina*. Si les dieux sont propices, lorsque tu reviendras à Rome, j'exigerai encore de toi des écrits journaliers. Salue ma souveraine, ta mère.

Correspondance, À Marc Aurèle, III, 12

HOMÈRE
VIIIᵉ s. av. J.-C.

CICÉRON
Iᵉʳ s. av. J.-C.

SAINT AUGUSTIN
IVᵉ - Vᵉ s. ap. J.-C.

Pline le Jeune

La lettre de recommandation est un genre souvent pratiqué dans l'Antiquité. En l'occurrence, Pline le Jeune écrit à une amie dont le fils a étudié jusque-là à domicile et doit désormais entrer dans une école de rhétorique. Le professeur proposé pour accueillir ce jeune homme de noble extraction présente toutes les garanties souhaitables, tant pour la compétence intellectuelle que pour la rigueur morale.

LETTRE DE RECOMMANDATION
EN FAVEUR DU RHÉTEUR GÉNITOR

Maintenant les études de l'enfant doivent franchir votre seuil, maintenant il faut découvrir un maître de rhétorique latine dont l'école se recommande par l'austérité, la retenue, et surtout la bonne conduite. Car notre enfant, outre tant d'autres dons de la nature et du sort, a une remarquable beauté physique et, à l'âge dangereux qu'il traverse, il faut lui trouver non pas seulement un maître, mais un gardien et un guide.

Il me semble pouvoir attirer votre attention sur Julius Génitor. Je lui suis attaché (cependant ma clairvoyance n'est pas diminuée par l'affection que précisément m'a inspirée cette clairvoyance) ; c'est un homme d'un caractère sérieux et digne, un peu sévère et rigide pour le laisser-aller du temps actuel. Sur la valeur de son talent, vous aurez de nombreux témoignages, car une parole éloquente se découvre et se constate au premier abord, tandis que l'existence privée a des secrets profonds et d'insondables mystères. Sur ce point, recevez-moi pour caution de Génitor. Rien de ce que cet homme apprendra à votre fils ne sera sans profit, rien de ce qu'il lui enseignera n'aurait été bon à ignorer ; aussi souvent que vous et moi, ce maître lui rappellera de quels titres de noblesse il porte le fardeau, de quels

33

noms, de quels grands noms il soutient le poids. Ainsi donc, avec l'aide des dieux, confiez-le à un maître dont il apprendra d'abord la bonne conduite, et ensuite l'éloquence, qui, sans la bonne conduite, est un enseignement fâcheux. Adieu.

Lettres, III, 3

HOMÈRE
VIIIe s. av. J.-C.

CICÉRON
Ier s. av. J.-C.

SAINT AUGUSTIN
IVe - Ve s. ap. J.-C.

Libanios

Le rayonnement d'un enseignant de rhétorique se mesure au nombre de ses étudiants, à leur enthousiasme, à leurs progrès. Dans certains cas exceptionnels, le professeur devient une célébrité et une attraction de sa ville. Ainsi, dans la période heureuse de la trentaine où il exerça à Nicomédie (en Bithynie, au nord de la Turquie actuelle), Libanios fit de cette ville une rivale de sa voisine Constantinople, où la culture intellectuelle, selon lui, n'était pas aussi bien représentée. Nicomédie aurait même supplanté Athènes comme destination universitaire, en attirant à elle le flot des étudiants.

UN ENSEIGNANT À SUCCÈS

Ces années surpassent les autres périodes de ma vie, et les surpassent en tout: par la santé du corps et le bien-être de l'âme, par la fréquence de mes conférences et l'enthousiasme que chacune suscita, par les files d'étudiants et les progrès des étudiants, par les travaux de mes nuits et les fatigues de mes jours, par les honneurs, la bienveillance et l'affection dont j'étais l'objet. Si l'on demandait aux gens ce qui faisait la plus grande fierté de leur ville, on s'entendait répondre que c'était de m'y voir exercer mon activité. Cette ville, parvenue à un tel degré de grandeur et de beauté, et possédant tous les autres biens que procurent la terre et la mer, dans l'énumération de ce qui faisait son orgueil, eût mentionné mes œuvres avant toutes choses. Car, à la prospérité de la ville voisine, Constantinople, elle opposait le fait que l'une florissait par les plaisirs de la scène, elle-même par la profusion de la culture; l'une ne savait même pas conserver ce qu'elle avait de bien, elle-même savait se procurer le bien qu'elle n'avait pas. J'étais comme un homme couché près de sources d'eaux transparentes et sous des arbres chargés des délices les plus variées, cou-

35

ronné des fleurs d'un banquet continuel, comme cet Égyptien qui avait trouvé le moyen d'allonger le temps si bref de sa vie[1]. Mais mon plaisir, ce n'était ni de manger ni de boire, mais de voir magnifiquement prospérer mon éloquence et d'entendre Athènes accuser à grands cris la Bithynie, comme les paysans font entre eux quand on a détourné un ancien canal de son cours antérieur. C'est que le courant des étudiants qui allaient là-bas et qui datait de loin, de l'époque où commença le commerce de l'éloquence, ce courant était arrêté par cette province qui le gardait pour elle, en les persuadant de ne pas aller au loin chercher une méchante marchandise, alors que sur place elle était meilleure.

Autobiographie, 51-53

---

1. Un oracle ayant annoncé au pharaon Mykérinos qu'il lui restait six années à vivre, celui-ci entreprit de se donner du bon temps jour et nuit sans relâche, afin de faire mentir la prédiction : de ses six années, il faisait douze, en transformant ses nuits en autant de jours (Hérodote, *Histoires*, II, 133).

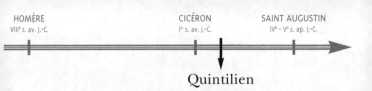

HOMÈRE
VIIIᵉ s. av. J.-C.

CICÉRON
Iᵉʳ s. av. J.-C.

SAINT AUGUSTIN
IVᵉ - Vᵉ s. ap. J.-C.

Quintilien

Il faut savoir prendre sa retraite. Celui qui est avocat renoncera à plaider avant que ses forces ne le trahissent, pour « rallier le port avec un navire intact ». Commencera pour lui une nouvelle vie, qu'il pourra employer à écrire, à donner des consultations juridiques, ou à enseigner en recevant des jeunes gens à son domicile.

RECONVERSION APRÈS LA RETRAITE

Selon l'usage des anciens, sa maison sera fréquentée par les jeunes gens de grande distinction, qui lui demanderont, comme à un oracle, le chemin du véritable art oratoire. Et lui, il les formera comme un père de l'éloquence, et, semblable à un vieux pilote, il leur enseignera les rivages et les ports, les signes des tempêtes et les manœuvres rationnelles en cas de vents favorables et de vents contraires, guidé non seulement par le sens ordinaire de l'humain, mais aussi par un véritable amour de son œuvre : en effet, on ne consentirait pas à voir décliner l'art où l'on a été supérieur. Et qu'y a-t-il de plus honorable que d'enseigner ce que l'on sait très bien ?

Institution oratoire, XII, 11, 5-6

LES PROFESSEURS DE SPORT

Le sport jouait un rôle très important dans la civilisation grecque (moins à Rome). C'est de la Grèce que nous viennent les mots « athlétisme », « gymnastique », ou encore les Jeux olympiques. Des scènes sportives ont été souvent représentées par les peintres de vases ou par les sculpteurs. Les athlètes grecs s'exerçaient nus, le corps frictionné d'huile. Les sports pratiqués comprenaient la course à pied, le saut, le lancer, la lutte, la boxe, les courses de char, les jeux de balle. Partout avaient lieu des compétitions, ouvertes aux hommes et, dans une moindre mesure, aux femmes. C'est pourquoi il était indispensable d'offrir une éducation physique à la jeunesse. Les maîtres d'éducation physique s'appelaient « pédotribes ». Ils préparaient la voie aux entraîneurs qui exerçaient les champions.

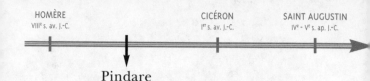

HOMÈRE
VIIIᵉ s. av. J.-C.

CICÉRON
Iᵉʳ s. av. J.-C.

SAINT AUGUSTIN
IVᵉ - Vᵉ s. ap. J.-C.

Pindare

*Après avoir remporté des victoires dans les concours d'ado-
lescents et les concours d'adultes (le pancrace était une forme de
combat très violente, qui admettait à la fois les prises de lutte et
les coups de poing et de pied), Mélésias est devenu entraîneur, et
son élève Alcimédon vient de se distinguer dans l'épreuve olym-
pique de lutte, dans la catégorie des juniors. C'est l'occasion
pour Pindare de tirer une leçon générale : le meilleur professeur
est celui qui a fait ses preuves en excellant lui-même dans la discipline qu'il enseigne.*

UN CHAMPION, ENTRAÎNEUR DE CHAMPIONS

Quand j'aurai rappelé la gloire qu'ont value à Mélésias
les concours d'adolescents, que la jalousie ne me frappe
pas de sa pierre dure ! Non, car je veux dire aussi qu'il eut
le même succès à Némée et qu'ensuite, au concours des
hommes, il obtint la victoire du pancrace. Il est facile
d'enseigner quand on sait. Ne pas commencer par
apprendre est absurde ; qui n'a pas l'expérience a l'esprit
bien léger. Celui qui la possède est capable de montrer,
plus avant que les autres, la méthode et les pratiques effi-
caces pour entraîner l'homme destiné à remporter aux
Jeux sacrés la gloire tant désirée. Aujourd'hui, Mélésias a
vu Alcimédon lui apporter sa trentième victoire.

Olympiques, VIII, 54-66

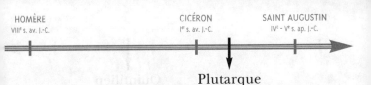

HOMÈRE
VIIIe s. av. J.-C.

CICÉRON
Ier s. av. J.-C.

SAINT AUGUSTIN
IVe - Ve s. ap. J.-C.

Plutarque

On peut craindre, avec Platon (La République, VII, 537 b), que l'abus des exercices physiques, en provoquant la fatigue, ne nuise au travail intellectuel. Aussi le moraliste recommande-t-il la modération en ce domaine. Loin du culte de la performance, il veut que l'éducation physique vise seulement l'équilibre et la bonne santé.

UTILITÉ DES MAÎTRES DE GYMNASTIQUE

Il n'est pas bon non plus de mépriser les exercices physiques : il faut au contraire envoyer les enfants chez le maître de gymnastique pour les exercer convenablement à ces sports, tout à la fois pour la grâce et aussi en vue de la vigueur du corps, car une belle vieillesse repose sur la bonne constitution que l'on a dans l'enfance et, partant, comme on doit profiter du beau temps pour préparer de quoi affronter le mauvais, de même c'est dans la jeunesse qu'il convient de faire provision de discipline et de tempérance, comme d'un viatique pour la vieillesse. Mais il faut que les enfants soient ménagers de la fatigue physique, pour ne pas reculer, épuisés, devant les soins que requiert l'instruction. Car, selon Platon, sommeil et lassitude sont les ennemis des études.

Œuvres morales. De l'éducation des enfants, 8b-c

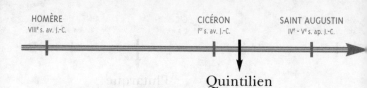

HOMÈRE
VIIIᵉ s. av. J.-C.

CICÉRON
Iᵉʳ s. av. J.-C.

SAINT AUGUSTIN
IVᵉ - Vᵉ s. ap. J.-C.

Quintilien

En bon Romain, Quintilien se défie des entraîneurs sportifs, qu'il n'est pas loin de considérer comme des ivrognes (les athlètes buvaient du vin, car il était censé donner de la force) et comme des balourds. Mais il ne faut pas négliger pour autant le corps du futur orateur. On lui donnera des leçons de maintien, afin que son « action oratoire » (c'est-à-dire les attitudes, les gestes et les jeux de physionomie) soit de bonne qualité quand il parlera en public.

LEÇONS DE MAINTIEN

Je pense qu'il n'y a pas lieu de blâmer ceux qui ont consacré un peu de temps aussi aux exercices de la palestre. Je ne parle pas de ceux qui passent une partie de leur existence à se frotter d'huile, et l'autre à boire du vin, et qui, n'ayant cure que de leur corps, ont abruti leur esprit ; je voudrais en effet que ces gens-là soient tenus tout à fait à l'écart du garçon que nous sommes en train de former ; mais on désigne sous le même nom les maîtres qui forment les gestes et les mouvements, qui veillent à ce que les bras soient d'aplomb, que les mains n'aient pas des façons gauches, paysannes, que le port ne soit pas inesthétique, la démarche malhabile, la tête et le regard de travers par rapport à l'inclinaison du corps. Personne ne saurait nier que tout cela ne fasse partie de l'action oratoire, ni séparer l'action oratoire de l'orateur lui-même : assurément, il n'est pas déshonorant d'apprendre ce qu'il faut faire, d'autant surtout que cette « chironomie », qui est, comme son nom l'indique, la loi du geste, remonte aux temps héroïques, a été appréciée par les Grecs les plus éminents et par Socrate lui-même, mise également par Platon au nombre des qualités du citoyen, et qu'elle n'a pas été omise par Chrysippe dans les préceptes de pédagogie qu'il a rassemblés.

Institution oratoire, I, 11, 15-17

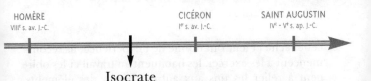

HOMÈRE
VIIIe s. av. J.-C.

CICÉRON
Ier s. av. J.-C.

SAINT AUGUSTIN
IVe - Ve s. ap. J.-C.

Isocrate

Contrairement à ce qu'on pourrait croire, le pédotribe, qui s'occupe du corps, et le philosophe, qui s'occupe de l'âme, utilisent des méthodes parallèles et comparables. En effet, leur enseignement repose sur les trois mêmes piliers, qui constituent la triade fondamentale de tout processus éducatif : les cours théoriques, les exercices pratiques, et – dernier élément, sans lequel tout le reste est inopérant – les dispositions naturelles de l'élève.

PARALLÈLE DU PÉDOTRIBE ET DU PHILOSOPHE

On s'accorde à reconnaître que notre nature est un composé du corps et de l'âme ; et, de ces deux éléments, nul ne pourrait nier que, par essence, c'est l'âme qui est la plus propre à diriger et qui a le plus de valeur ; car son office est de réfléchir sur les affaires privées et publiques, celui du corps d'exécuter les décisions de l'âme. Cela étant, certaines gens qui vivaient bien avant nous et qui voyaient que beaucoup de méthodes existaient pour les autres genres d'activité, mais que, relativement au corps et à l'âme, rien de tel n'avait été organisé, trouvèrent deux disciplines qu'ils nous ont transmises : à l'égard des corps, l'art du pédotribe, dont la gymnastique fait partie ; à l'égard des âmes, la philosophie, sur laquelle va porter mon discours ; disciplines parallèles, analogues et en accord l'une avec l'autre, par lesquelles ceux qui y excellent donnent aux âmes plus de raison et aux corps plus de capacité d'action, sans séparer beaucoup l'un de l'autre ces deux genres d'éducation et en employant des préceptes, des exercices et des procédés analogues. Ainsi, lorsqu'ils ont pris en main leurs élèves, les pédotribes leur enseignent les attitudes que l'on a inventées pour l'exercice physique ; ceux qui s'occupent de philosophie font à leurs disciples un exposé complet des thèmes généraux qu'utilise le discours. Quand ils ont achevé

43

cette tâche et leur ont donné de l'expérience, ils recommencent à les exercer, les habituent au travail et les obligent à relier les uns aux autres chacun des éléments qu'ils ont appris, afin qu'ils les possèdent de façon plus sûre et que leurs opinions s'appliquent mieux aux événements. En effet, embrasser tous ceux-ci par une connaissance véritable, cela est impossible, car, en toute circonstance, les événements échappent à la science ; mais les gens les plus attentifs, ceux qui sont capables d'examiner ce qui se produit généralement, les saisissent dans la plupart des cas. Avec une discipline et une éducation de cette sorte, les deux groupes de professeurs peuvent amener leurs élèves à être supérieurs à ce qu'ils étaient et à tenir mieux, les uns leur intelligence, les autres les attitudes du corps ; mais ni les uns ni les autres ne possèdent la science qui permettrait aux uns de rendre athlètes, aux autres de rendre orateurs puissants les gens qu'ils voudraient. Ils peuvent y contribuer pour une part, mais en général ces talents appartiennent à ceux qui se distinguent à la fois par les dispositions naturelles et par l'éducation.

Sur l'échange, 180-185

LES PROFESSEURS DE MUSIQUE

Comme le sport, la musique faisait partie de l'éducation grecque, ce qui a parfois étonné les Romains. L'honnête homme devait avoir appris à chanter et à jouer de la lyre ou de la flûte. L'instruction musicale était étroitement liée à l'instruction littéraire, étant donné que, dans l'Antiquité, la poésie était chantée ou psalmodiée : les leçons de musique donnaient donc la capacité de chanter par cœur, avec accompagnement instrumental, les œuvres des poètes anciens. Il existait aussi des écoles spécialisées, pour qui voulait s'initier aux instruments les plus difficiles et parvenir à un niveau professionnel. Les manifestations musicales étant très nombreuses, les besoins en artistes étaient importants, pour les concerts, publics ou privés, les cérémonies, les fêtes et les concours.

Plutarque

En général, les maîtres proposaient la meilleure musique possible, afin de susciter l'imitation. Mais deux célèbres flûtistes thébains recouraient à une pédagogie originale, en ne craignant pas de faire écouter aux élèves de mauvais musiciens, pour leur former le goût a contrario. *Plutarque s'appuie sur cet exemple pour justifier sa propre démarche, qui consiste à proposer au lecteur, avec Démétrios Poliorcète – grand homme de guerre, mais pourri de vices –, la biographie d'un anti-héros.*

« VOILÀ COMMENT IL FAUT JOUER... ET COMMENT IL NE FAUT PAS JOUER »

Ce n'est point, par Zeus ! que nous voulions charmer et distraire nos lecteurs par la variété de nos récits, mais nous imitons Isménias de Thèbes montrant à ses élèves de bons et de mauvais flûtistes et ayant coutume de leur dire : « Voilà comme il faut jouer », puis « Voilà comme il ne faut pas jouer. » Quant à Antigénidas, il déclarait aussi que les jeunes gens entendent avec plus de plaisir les bons joueurs de flûte s'ils ont également quelque expérience des mauvais. Je crois de même que nous serons des spectateurs et des imitateurs plus zélés des vies les meilleures si nous n'ignorons pas non plus celles qui sont mauvaises et méritent d'être blâmées.

Vies. Démétrios, 1

Comme les autres enfants grecs, Alcibiade[1] *reçut des leçons de musique dans sa jeunesse. Mais cet adolescent impulsif et comblé, déjà conscient de sa supériorité, insolent et n'ayant pas*

---

1. Célèbre homme d'État athénien (450-404 av. J.-C.).

peur du scandale, rejeta la flûte, qu'il jugeait dommageable à
sa beauté et à son talent oratoire. En agissant ainsi, il préten-
dait même suivre l'exemple des dieux. Le mot traduit par
« flûte » (aulos) *désigne proprement un instrument à anche,*
généralement à double anche, voisin du hautbois actuel, ou du
chalumeau ; c'est la pression qu'il fallait exercer sur les anches,
pour faire passer l'air avec force, qui déformait les joues.

ALCIBIADE REFUSE D'APPRENDRE LA FLÛTE

Arrivé à l'âge des études, il écoutait assez bien la plupart de ses maîtres, sauf qu'il refusait de jouer de la
flûte, considérant cet instrument comme méprisable et
indigne d'un homme libre. L'usage du plectre et de la
lyre, disait-il, ne gâte rien à la figure et à l'aspect qui
conviennent à un homme libre ; mais quand un homme
souffle dans une flûte avec sa bouche, ses familiers eux-
mêmes ont grand-peine à reconnaître ses traits. En
outre, quand on joue de la lyre, on peut en même temps
parler ou chanter ; mais la flûte, en occupant et obs-
truant la bouche, ôte au musicien la voix et la parole.
« Laissons donc la flûte, poursuivait-il, aux enfants des
Thébains ; car ils ne savent pas converser ; mais, nous,
Athéniens, nous avons, comme le disent nos pères,
Athéna pour fondatrice et Apollon pour auteur de
notre race : or l'une a jeté la flûte loin d'elle, et l'autre
a écorché le flûtiste Marsyas. » Par de tels propos mi-
plaisants, mi-sérieux, Alcibiade se détourna de cette
étude, et en détacha aussi ses camarades, car le bruit ne
tarda pas à se répandre parmi les enfants qu'Alcibiade
avait horreur, et avec raison, du jeu de la flûte et raillait
ceux qui l'apprennent. C'est ainsi que cet instrument
fut tout à fait exclu des études libérales et complètement déconsidéré.

Vies. Alcibiade, 2

Damon n'était pas seulement un musicien, mais aussi un théoricien et un savant, respecté de grands penseurs comme Platon (le philosophe) et Isocrate. Son influence semble s'être exercée sur Périclès à plusieurs titres, comme maître de musique, mais aussi comme conseiller politique ; et il en pâtit, car la mesure de bannissement qui le frappa visait, à travers lui, son puissant élève. La musique, pour les Anciens, comportait une dimension scientifique et philosophique.

DAMON, MUSICIEN ET THÉORICIEN POLITIQUE

On dit généralement qu'il eut pour maître de musique Damon, dont on assure qu'il faut prononcer le nom avec la première syllabe brève ; mais, d'après Aristote, c'est auprès de Pythoclidès que Périclès apprit la musique. Quant à Damon, qui était un homme éminent par son savoir, il semble avoir voulu dérober sa capacité à la foule en se couvrant du nom de musicien. Il assistait Périclès, athlète de la politique, pour le frotter d'huile et lui enseigner la lutte. Cependant, on s'aperçut que la lyre de Damon n'était pour lui qu'un prétexte. Soupçonné de graves intrigues et de manœuvres en faveur de la tyrannie, il fut banni par ostracisme et donna matière aux attaques des poètes comiques. Ainsi, Platon[2] a mis en scène un personnage qui lui pose cette question :

> *Dis-moi donc tout d'abord, je te prie, car c'est toi*
> *Le Chiron qui, dit-on, éleva Périclès…*

Vies. Périclès, 4

---

2. Platon, auteur de comédies, homonyme du philosophe.

II

LA VIE À L'ÉCOLE

RYTHMES SCOLAIRES

L'emploi du temps des écoliers antiques paraît avoir été assez lourd, car la journée commençait tôt et l'apprentissage était lent et progressif. Pour se reposer, il restait les jours de fête, qui étaient irrégulièrement répartis, mais nombreux.

HOMÈRE
VIIIᵉ s. av. J.-C.

CICÉRON
Iᵉʳ s. av. J.-C.

SAINT AUGUSTIN
IVᵉ - Vᵉ s. ap. J.-C.

Aristote

Dans l'État idéal, même les jeux sont réglementés. Aristote considère qu'il ne faut pas contraindre les enfants à étudier trop tôt et qu'il convient de les laisser jouer pendant les premières années ; mais, une fois admis ce principe, il veut une stricte surveillance, pour que les jeux pratiqués soient moraux et formateurs. Ce sera l'affaire des « pédonomes », ces magistrats chargés de l'éducation de la jeunesse, qui existaient effectivement dans la réalité des cités grecques, et dont le rôle était reconnu comme essentiel.

FAISONS JOUER LES PETITS ENFANTS

Jusqu'à ce qu'il ait cinq ans – période pendant laquelle il n'est pas encore bon de pousser l'enfant vers quelque étude que ce soit, ni à des tâches contraignantes, afin de ne pas gêner sa croissance –, on doit cependant maintenir assez de mouvement pour ne pas laisser le corps inactif ; et il faut y arriver grâce à diverses activités, et, en particulier, par le jeu. Mais les jeux eux-mêmes ne doivent être ni indignes d'hommes libres, ni fatigants, ni turbulents. Quant au genre d'histoires et légendes que les enfants de cet âge doivent entendre, que ce soit là le souci des magistrats appelés « inspecteurs de l'éducation » *(pédonomes)*. Toutes ces activités doivent préparer la voie aux occupations futures ; c'est pourquoi les jeux doivent être, pour la plupart, des imitations des tâches sérieuses de l'avenir. Les grands cris des enfants et leurs pleurs bruyants, c'est à tort que les interdisent ceux qui les prohibent dans leurs lois, car ils sont utiles pour la croissance ; c'est, en quelque sorte, une gymnastique pour le corps : retenir son souffle donne de la force à qui fait des travaux pénibles, et c'est aussi le cas des petits enfants dans de telles tensions.

Politique, VII, 17, 4-6

HOMÈRE
VIIIᵉ s. av. J.-C.

CICÉRON
Iᵉʳ s. av. J.-C.

SAINT AUGUSTIN
IVᵉ - Vᵉ s. ap. J.-C.

Martial

La classe a commencé avant le lever du jour, et déjà il s'échappe de l'école deux sortes de vacarme, qui donnent lieu à des comparaisons hyperboliques : la voix du maître couvrirait les clameurs de l'amphithéâtre lors des combats de gladiateurs, et le bruit des coups administrés aux élèves évoque le choc du marteau, manié par un ouvrier qui fabrique la statue équestre en bronze d'un avocat réputé.

AVANT MÊME LE LEVER DU JOUR

Qu'avons-nous besoin de toi, scélérat de maître d'école, tête maudite des garçons et des filles ? Les coqs à la crête dressée n'ont pas encore rompu le silence nocturne ; et voici qu'on entend déjà le tonnerre de ta voix qui se fâche et de tes coups ! Aussi bruyant est l'écho du bronze que l'on martèle sur l'enclume, lorsqu'un ouvrier rive un avocat à la croupe de son cheval, moins violente est la clameur furieuse dont s'emplit l'immense amphithéâtre lorsque la foule de ses partisans applaudit un petit bouclier victorieux. Le voisinage ne demande pas à dormir toute la nuit : veiller est peu de chose, mais veiller perpétuellement est un supplice. Renvoie tes élèves. Veux-tu, grand criard, que, ce qu'on te donne pour beugler, nous te le donnions pour te taire ?

Épigrammes, IX, 68

Encore les coups ! Ils sont infligés au moyen du martinet, aux lanières de cuir, ou, dans les cas moins graves, au moyen de la férule, sorte de baguette. Martial, avec bonhomie, souhaite aux enfants un répit, de la fin juillet à la mi-octobre.

LES VACANCES D'ÉTÉ

Maître d'école, laisse respirer cette naïve jeunesse : puisses-tu en récompense avoir pour auditeurs bien des adolescents aux cheveux bouclés et voir leur essaim, gracieusement groupé autour de ta table, te chérir : que nul maître d'arithmétique, nul agile professeur de sténographie ne soit entouré d'un cercle plus nombreux ! La blanche lumière du jour s'embrase des feux du Lion et le brûlant Juillet mûrit la moisson qu'il grille. Laisse le cuir de Scythie, découpé en lanières qui font frissonner – ce cuir qui servit au supplice de Marsyas de Celaenae – ainsi que les fâcheuses férules, sceptres des pédagogues, chômer et dormir jusqu'aux ides d'octobre : en été, si les enfants se portent bien, ils apprennent suffisamment.

Épigrammes, X, 62

HOMÈRE
VIIIᵉ s. av. J.-C.

CICÉRON
Iᵉʳ s. av. J.-C.

SAINT AUGUSTIN
IVᵉ - Vᵉ s. ap. J.-C.

Marinus

Proclus, dont a été décrite la formation méthodique (p. 5-6), était un travailleur acharné. Il partageait ses journées entre les cours, l'écriture (sept cents lignes représentent une vingtaine de pages imprimées d'aujourd'hui) et les colloques entre spécialistes, et il prenait sur ses nuits pour faire ses dévotions. On notera l'osmose existant entre ses leçons et ses publications, deux activités complémentaires pour cet enseignant-chercheur avant la lettre.

JOURNÉE CHARGÉE
D'UN ENSEIGNANT-CHERCHEUR

Dans ses cours, il traitait chaque point en détail avec autant de capacité que de clarté, et les rassemblait tous dans ses écrits. Immense était en effet son ardeur au travail : le même jour, il donnait cinq classes d'exégèse, parfois même plus, écrivait le plus souvent environ sept cents lignes, puis allait s'entretenir avec les autres philosophes, et, le soir, donnait encore d'autres leçons qui, elles, n'étaient pas mises par écrit ; et tout cela, en plus de ses longues veilles de nuit, consacrées au culte, et de ses prosternations devant le soleil, à son lever, à son midi et à son coucher.

Proclus ou Sur le bonheur, 22

CONTRAINTE
ET CHÂTIMENTS CORPORELS

Il faut reconnaître que l'école antique était très sévère au regard des normes en vigueur dans beaucoup de pays d'aujourd'hui. Elle était exigeante pour les enseignants, qui n'avaient généralement pas de situation assurée et devaient lutter pour préserver leur réputation et leur gagne-pain, et plus exigeante encore pour les élèves. Dans la civilisation gréco-romaine, l'école était associée à la notion de coercition, de réprimande, de correction. Les châtiments corporels étaient régulièrement appliqués.

HOMÈRE
VIIIe s. av. J.-C.

CICÉRON
Ier s. av. J.-C.

SAINT AUGUSTIN
IVe - Ve s. ap. J.-C.

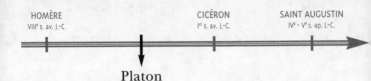

Platon

Ce n'est pas parce qu'un enfant est de naissance libre qu'il doit échapper à toute contrainte : au contraire, dans l'intérêt même de son développement, il a besoin d'être bridé et guidé de diverses manières. L'utopie platonicienne, sur ce point, ne s'écarte pas beaucoup de la réalité de l'époque.

LES ENFANTS DOIVENT ÊTRE ENCADRÉS

Dès que revient la lumière du jour, il faut que les enfants se rendent à l'école. Ni brebis, en effet, ni autre bétail ne sauraient vivre sans berger ; pas davantage les enfants sans pédagogue ou les esclaves sans maître. Mais, de tous les animaux, c'est l'enfant qui est le plus difficile à manier ; par l'excellence même de cette source de raison qui est en lui, non encore disciplinée, c'est une bête rusée, astucieuse, la plus insolente de toutes. Aussi doit-on le lier de multiples brides, pour ainsi dire ; d'abord, quand il quitte nourrice et maman, en l'encadrant de pédagogues qui régentent la puérilité de son bas âge ; puis de maîtres qui l'instruisent en toutes sortes de disciplines et de sciences, comme il convient à un homme libre.

Les Lois, VII, 808d-e

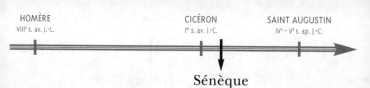

HOMÈRE
VIIIᵉ s. av. J.-C.

CICÉRON
Iᵉʳ s. av. J.-C.

SAINT AUGUSTIN
IVᵉ - Vᵉ s. ap. J.-C.

Sénèque

Avons-nous le droit de ne pas nous considérer comme débiteurs, si quelqu'un a fait preuve de générosité à notre égard sans que nous le lui ayons demandé ? Avons-nous le droit de dire : « Je n'en veux pas ! Qu'il garde cela pour lui ! » ? Mais non : à preuve, les contraintes imposées aux enfants et aux jeunes gens, dont ceux-ci doivent savoir gré à leurs parents et à leurs maîtres. Car c'était pour leur bien.

EFFETS SALUTAIRES DE LA CONTRAINTE

Ne vois-tu pas comme à l'âge tendre les enfants sont soumis de force par les parents à de salutaires épreuves ? Tandis qu'ils pleurent et se débattent, leurs corps sont méticuleusement tenus au chaud, et de peur que leurs membres, par l'effet d'une liberté prématurée, ne se déforment, on ménage la rectitude de leur développement en les tenant serrés, et puis les belles-lettres leur sont inculquées, au besoin par l'intimidation s'ils résistent ; finalement, l'entreprenante jeunesse est pliée à la frugalité, à la pudeur, à la moralité, en cas de docilité insuffisante par la force. Sont-ils des jeunes gens et déjà maîtres de leurs actes, même alors, s'ils repoussent les remèdes par crainte ou par indiscipline, on use avec eux de violence et de rigueur. Et voilà comment, entre tous les bienfaits de nos parents, les plus grands sont ceux que nous en reçûmes sans le savoir ou sans le vouloir.

Des bienfaits, VI, 24

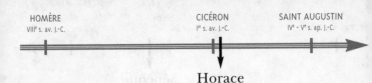

HOMÈRE
VIIIᵉ s. av. J.-C.

CICÉRON
Iᵉʳ s. av. J.-C.

SAINT AUGUSTIN
IVᵉ - Vᵉ s. ap. J.-C.

Horace

Le « grammairien » Orbilius, enseignant non dépourvu de mérite au demeurant, est resté célèbre dans l'histoire de l'éducation antique à cause d'Horace, qui l'a immortalisé en Père Fouettard. D'autres témoignages confirment le caractère impitoyable du personnage. Le poète qu'Orbilius faisait réciter était Livius Andronicus, un archaïque, choix qu'Horace n'approuve pas non plus.

LE BRUTAL ORBILIUS

À vrai dire, je ne poursuis pas de mon hostilité et ne prétends point qu'il faille détruire les poésies de Livius, qu'Orbilius, grand ami du fouet, me dictait, je m'en souviens, dans mon enfance ; mais qu'on les trouve châtiées, belles, aussi voisines que possible de la perfection, voilà ce qui m'étonne.

Épîtres, II, 1, 69-72

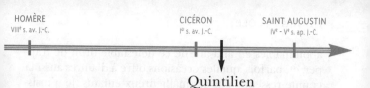

HOMÈRE
VIIIᵉ s. av. J.-C.

CICÉRON
Iᵉʳ s. av. J.-C.

SAINT AUGUSTIN
IVᵉ - Vᵉ s. ap. J.-C.

Quintilien

S'insurgeant contre l'usage régnant, Quintilien dresse un réquisitoire contre les châtiments corporels, qu'il considère comme infamants, inefficaces et superflus. Les coups avilissent et rendent vicieux les enfants qui les reçoivent. Ayant en vue les enfants de naissance libre, l'auteur souligne qu'à les frapper on court le risque de les rabaisser au niveau des esclaves.

IL NE FAUT PAS FRAPPER LES ÉLÈVES

Quant à frapper les élèves, quoiqu'elle soit acceptée et que Chrysippe ne la désapprouve pas, c'est une pratique dont je ne voudrais pas le moins du monde, tout d'abord parce qu'elle est honteuse et faite pour des esclaves et – ce qu'on accordera, s'il s'agissait d'un autre âge – vraiment injurieuse ; de plus, si un enfant a l'esprit assez dépourvu de noblesse pour qu'une réprimande ne le corrige pas, il s'endurcira même aux coups comme les pires des esclaves ; enfin, il n'y aura même pas besoin d'une telle punition s'il y a près de l'enfant un surveillant assidu de ses études. Aujourd'hui, c'est généralement la négligence des pédagogues que l'on semble reprendre ; on ne force pas les enfants à bien faire, mais, n'ont-ils pas bien fait, on les punit. Enfin, si vous contraignez le petit enfant par des coups, que faire à l'égard du jeune homme, envers qui l'on ne peut user d'une telle forme d'intimidation et qui doit acquérir des connaissances plus importantes ? Ajoutez que les élèves ainsi frappés sont souvent portés, par ressentiment ou par peur, à des actions vilaines à dire et qui seront bientôt pour eux un motif de confusion ; la honte brise l'âme et l'abat, et invite à fuir et à détester le grand jour. Si le soin apporté au choix des surveillants et des précepteurs a été insuffisant du point de vue moral, je rougis de dire à quelles actions déshonorantes se portent des hommes

61

abominables en abusant de ce détestable droit de frapper, et, parfois, quelles occasions offre à d'autres aussi la crainte ressentie par ces malheureux enfants. Je n'insisterai pas sur ce point: ce qui se laisse deviner est déjà trop. Qu'il me suffise donc de dire que, sur cet âge qui est faible et qui est exposé à l'outrage, on ne doit concéder à personne trop de liberté.

Institution oratoire, I, 3, 14-17

LA VIOLENCE ET LES RISQUES
À L'ÉCOLE

Dans un monde qui était brutal et dangereux, l'école ne pouvait rester à l'abri des guerres, des violences et des accidents. Tout n'allait donc pas sans heurt, loin de là. Un cas particulier, et pittoresque, est celui des villes universitaires de l'Antiquité tardive, dans lesquelles les étudiants se groupaient en corporation autour d'un maître et n'hésitaient pas à racoler par la force les nouveaux arrivants ou à faire le coup de poing avec les corporations rivales. Certains étudiants du Bas-Empire font penser aux Goliards, ces étudiants vagabonds, paillards et subversifs qui susciteront l'émoi dans le Paris du XIIe siècle.

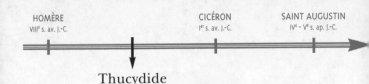

HOMÈRE
VIIIe s. av. J.-C.

CICÉRON
Ier s. av. J.-C.

SAINT AUGUSTIN
IVe - Ve s. ap. J.-C.

Thucydide

En 413 avant J.-C., pendant la guerre qui oppose Athènes et Sparte, un corps de mercenaires thraces, renvoyés chez eux par les Athéniens qui n'ont plus besoin de leurs services, ravage la petite ville de Mycalessos, en Béotie. L'émotion perce à travers le récit de l'historien.

MASSACRE DANS UNE ÉCOLE

Les Thraces, quand ils croient n'avoir rien à craindre, sont avides de sang, à l'égal des races barbares les plus sanguinaires. Dans la circonstance, parmi des actes de désordre sans nombre, des scènes de meurtre de toutes sortes, il arriva qu'ils se jetèrent sur une école, la plus importante du pays, et, comme les enfants venaient justement de rentrer, ils les abattirent jusqu'au dernier. Ce fut là pour la cité tout entière un événement passant les pires désastres, plus imprévu à la fois et plus tragique qu'aucun autre.

La Guerre du Péloponnèse, VII, 29

HOMÈRE
VIIIe s. av. J.-C.

CICÉRON
Ier s. av. J.-C.

SAINT AUGUSTIN
IVe - Ve s. ap. J.-C.

Libanios

Libanios est convaincu que la Fortune l'a protégé au cours de son existence; et notamment, en l'empêchant de s'inscrire auprès du professeur de son choix, elle lui a évité de devenir le chef d'une corporation d'étudiants et lui a épargné bien des déportements. Ce qui nous vaut un tableau coloré des parties de plaisir et des rixes violentes qui composaient l'ordinaire d'une certaine bohème estudiantine.

BAGARRES D'ÉTUDIANTS

Depuis mon enfance, messieurs, j'ai entendu raconter les combats que se livrent en pleine Athènes les équipes d'étudiants, les matraques, les couteaux et les pierres, et les blessures, et les procès qui s'ensuivaient, les plaidoiries et les jugements sur preuves, et que les étudiants sont prêts à tout oser dans leur désir de promouvoir le prestige de leurs patrons. Je les trouvais nobles de courir ces dangers et tout autant dans leur droit que ceux qui prennent les armes pour défendre leur patrie, et je priais les dieux de faire en sorte que je pusse accomplir de tels exploits: courir au Pirée, à Sounion et aux autres ports pour y enlever les étudiants fraîchement débarqués, puis courir encore à Corinthe pour répondre de ces enlèvements devant les tribunaux, donner sans arrêt banquet sur banquet et, mes biens rapidement dissipés, me mettre à la recherche d'un prêteur. Or la déesse Fortune, avec son infinie sagesse coutumière, me détourna du sophiste en faveur duquel je pensais devoir m'exposer ainsi, et elle me conduisit chez un autre, auprès duquel je ne devais connaître que les tourments de la rhétorique. C'est justement ce qui arriva: en effet, considérant pour ma part que l'on m'avait fait injure en me forçant à prêter serment, je décidai de ne rendre aucun des services dont j'ai parlé plus haut. […]

Je fus donc dispensé des sorties, des expéditions et des combats où intervient Arès, ainsi que des affrontements rangés. Et lors même de la grande bataille où tous participent, y compris ceux que l'âge aurait excusés, demeuré seul, tranquille, à l'écart, j'entendais parler des coups que chacun encaissait et restais à l'abri de ceux que l'on échange dans les moments de colère, sans en donner, sans en recevoir et sans intention de faire ni l'un ni l'autre. Un jour, allant au bain, je croisai un Crétois qui en revenait, et je marchais entre deux compagnons. Il frappa l'un d'eux, à plusieurs reprises, brutalement et sans avoir été provoqué : quant à moi, il ne me regarda même pas, mais pourtant on me jugea outragé pour avoir vu sous mes yeux se commettre une telle audace. Ainsi, tous voulaient qu'en ma présence tout le monde se conduisît correctement. Durant mon séjour à Athènes, je ne touchai pas un ballon, je m'abstins tout autant de m'associer aux parties de plaisir et aux expéditions nocturnes contre les maisons des quartiers pauvres. Et je fis bien voir que les têtes de Scylla, je veux dire ces compagnes plus terribles que les Sirènes, les courtisanes qui chantent et qui dépouillent tant de gens, chantaient en vain pour moi.

Autobiographie, 19-22

Cette fois, c'est la déesse Artémis qui a protégé Libanios, en faisant de lui un nouveau « Simonide préservé par les dieux » (suivant la fable de La Fontaine, I, 14). Les cours se déroulaient dans un bâtiment officiel (la salle du Conseil, placée sous le patronage de Zeus, comme il est précisé à la fin) : décor luxueux, habillé de marbre, mais l'entretien des lieux laissait à désirer, négligence qui aurait pu provoquer une catastrophe. La relation de cet accident offre un témoignage concret sur les méthodes d'enseignement de Libanios : tel un professeur universitaire d'aujourd'hui, gérant un emploi du temps surchargé, Libanios profite d'un moment de liberté dégagé par l'annula-

tion d'un cours pour recevoir un de ses élèves, qui attendait cela
depuis quelque temps. L'intéressante mention d'un appariteur
(probablement un esclave), à la fin du deuxième paragraphe,
nous rappelle que l'enseignement antique fonctionnait grâce au
concours de tout un personnel administratif et technique, que
les textes évoquent très rarement (voir aussi p. 162-163 et 218).

UN ACCIDENT ÉVITÉ DE JUSTESSE

Il y a quelques jours, j'invitai mes élèves à venir au
cours. Mais ils ne m'obéirent pas. Il y avait quelque
chose qui freinait leur zèle. Ils ne pouvaient pas dire ce
que c'était, mais cela les retenait fortement. Je disais
quant à moi que cette chose était la paresse ; ils voulaient
profiter encore des avantages de la veille (car la veille
était jour de congé). Mais ils me jurèrent que s'ils voulaient fuir la classe, c'était à cause d'une crainte qui leur
troublait l'esprit. Dans ces conditions, je cédai. En fait, il
s'agissait d'une intervention d'Artémis pour empêcher
la catastrophe qui aurait dû se produire.

En effet, quand les élèves effrayés m'eurent quitté et
que je me retrouvai seul dans cette salle du conseil où
nous sommes maintenant, au bout d'un petit moment se
présente un élève. Il apportait un discours. Je lui avais dit
souvent de venir avec son texte quand les circonstances
le permettraient, car j'avais quelque chose à lui dire sur
son discours. Pensant avoir saisi l'occasion attendue, le
jeune homme était venu. Je me levai donc, me dirigeai
vers la porte et me mis à l'écouter ; nous étions debout
tous les deux. Il avait déjà lu plus de deux cents lignes,
quand je songeai à la maladie de mes pieds, et qu'il
serait bien préférable d'écouter assis. J'allai donc m'asseoir sur mon fauteuil et j'invitai l'élève à en faire autant
sur l'autre siège. Il n'avait pas lu quarante lignes que je
vois tomber de la poussière du dessus de la grande porte
centrale. Puis déferle un énorme flot de pierres, et tout
fut par terre, et la plupart des pierres étaient brisées. À
cette vue je fus frappé de stupeur, et il me serait arrivé

bien pis si j'avais reçu tout le bruit dans les oreilles. Mais je pris mes précautions, et mes mains suffirent à empêcher cela. L'homme chargé de surveiller l'arrivée des élèves, ici présent, entre juste à ce moment. Il fut sauvé par l'ombre des pierres qui tombaient, car il avait regardé en l'air et avait fait un pas en arrière alors qu'il avait déjà un pied à l'intérieur, si bien que la pointe de sa chaussure fut touchée.

La chose qui s'était ainsi écroulée était une corniche que l'on avait posée comme ornement au-dessus du portail. On avait placé une pierre brillante par-dessus la pierre ordinaire. On avait creusé cette dernière pour recevoir l'élément plus précieux, dont une partie seulement reposait sur elle, tandis qu'on avait fait saillir le reste pour le plaisir des yeux. Jusque-là, la pièce qui reliait ces deux éléments avait tenu – c'était un petit morceau de bois – et la corniche était restée en place. Mais, avec le temps, le joint s'était usé, la partie encastrée s'était déboîtée, et on retrouvait par terre un monceau de pierres énormes que personne avant l'accident n'aurait imaginées aussi grosses. Non seulement, en tombant, elles auraient tué les étudiants qui seraient entrés ou sortis, mais même des têtes de chameaux et d'éléphants n'auraient pu éviter d'être écrasées sur le champ. « Mais Artémis nous a elle-même sauvés », comme dirait Homère ; elle a rendu les enfants à leurs parents, et moi, elle m'a manifestement dérobé, grâce au souci de mes pieds, au coup qui me menaçait de si près, et elle n'a pas permis que fût souillé par des morts le temple de Zeus son père. Sans sa protection, combien de lits funèbres seraient venus ici pour emporter la fleur de la cité ?

Artémis, 45-52

TRAVAIL DE SÉMINAIRE

Fondateur et directeur d'une célèbre école de rhétorique à Athènes, Isocrate fut un grand maître, connu dans tout le monde grec. Il vécut très vieux (436-338 av. J.-C.), et jusqu'à la fin de sa vie il se consacra à l'enseignement, ainsi qu'à la rédaction de discours portant sur des sujets de politique générale. Ses derniers ouvrages font état des relations qu'il entretenait avec ses élèves et ses anciens élèves, et de la manière qu'il avait de leur soumettre ses propres productions, au cours de séances de travail en commun, en tenant le plus grand compte de leur avis. Il est probable que de tels échanges ont effectivement eu lieu, même si leur contenu ne correspondait pas nécessairement en tout point à ce qu'en dit Isocrate. Quel que soit leur degré d'exactitude, ces textes donnent un exemple admirable d'ouverture et de libre discussion.

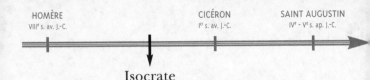

HOMÈRE
VIIIe s. av. J.-C.

CICÉRON
Ier s. av. J.-C.

SAINT AUGUSTIN
IVe - Ve s. ap. J.-C.

Isocrate

À l'intérieur d'un discours de conseil adressé à Philippe II, roi de Macédoine, Isocrate a inséré le récit d'un débat qui s'était élevé entre ses élèves et lui-même sur la pertinence de ce discours. Les élèves objectaient que Philippe n'avait pas besoin de conseils, et Isocrate dut argumenter pour les convaincre du bien-fondé de sa démarche. Si l'auteur a choisi de relater un tel débat dans la version finale de l'ouvrage, c'est parce que cela lui permettait de réfuter une objection possible, tout en flattant Philippe (le fait que le roi n'ait pas besoin de conseils étant le signe de son intelligence politique). À quatre-vingt-dix ans, Isocrate, en pleine possession de ses moyens, use de la mise en abyme et de l'auto-référentialité pour se mettre à couvert et charger son discours de significations supplémentaires.

DÉBAT SUR UN DISCOURS DU MAÎTRE

Je n'hésiterai pas à t'expliquer à quel propos certains de mes disciples m'ont critiqué, car je vois à cela quelque utilité. Comme je leur avais déclaré que j'allais t'envoyer un discours, non pas pour faire admirer mon éloquence, ni pour célébrer les guerres que tu as menées (il y aura d'autres gens pour le faire), mais pour tenter de t'inciter à des exploits qui te conviennent mieux et qui soient plus beaux et plus utiles que ceux que tu es maintenant décidé à accomplir, telle fut leur crainte que la vieillesse ne m'eût enlevé la raison qu'ils osèrent me blâmer, ce qu'ils ne faisaient jamais auparavant. Ils me disaient que je me livrais à une entreprise étrange et trop insensée. « Tu vas envoyer à Philippe un discours contenant des conseils, à cet homme qui, même s'il se jugeait jadis inférieur à quelque autre pour l'intelligence, doit maintenant, à cause de l'importance de ses succès, croire qu'il peut prendre des décisions meilleures que les autres. [...] Ne crois-tu pas que l'auteur de tels exploits taxera de bien grande folie celui qui lui aura envoyé son livre, qu'il jugera que cet homme a bien des illusions sur la puissance des discours et sur ses propres dispositions ? » Quel fut d'abord mon abattement à ces paroles, puis comment je me repris et répondis à chacun de leurs arguments, je le tairai de peur de paraître à certains trop satisfait de la défense habile que je leur ai opposée. Ayant donc réprimandé avec modération, à mon avis, ceux qui avaient osé me faire des reproches, je finis par leur promettre de ne montrer mon discours qu'à eux parmi mes concitoyens et de n'en faire que ce qu'ils décideraient. Après cela ils partirent, je ne sais dans quelles dispositions. Mais peu de jours plus tard, quand le discours fut terminé et leur eut été montré, ils changèrent d'opinion au point d'avoir honte de leur hardiesse passée, de se repentir de toutes leurs paroles, d'avouer qu'ils n'avaient jamais fait erreur aussi grande, d'être plus pressés que moi de t'envoyer ce discours et de dire qu'ils espéraient que non seulement toi et Athènes, mais aussi tous les Grecs me seraient reconnaissants de ce que je disais.

Philippe, 17-23

Même jeu que dans le texte précédent, mais cette fois Isocrate est presque centenaire, et le problème politique sous-jacent est celui des rapports entre Athènes et Sparte. Le récit des échanges qui ont eu lieu avec les élèves et avec un ancien élève est un moyen d'introduire des dissonances et des ambiguïtés, de manière à transformer le discours en une sorte de dialogue, dont la leçon n'est ni simple ni univoque.

CONSULTATION D'UN ANCIEN ÉLÈVE

Je corrigeais mon discours, j'entends la partie déjà lue, en compagnie de trois ou quatre jeunes gens accoutumés à me consacrer leur temps. Lorsque notre lecture fut finie, il nous sembla que le discours se tenait bien et manquait seulement de conclusion; je décidai d'envoyer chercher un de mes anciens élèves, choisi parmi ceux qui avaient participé aux affaires publiques sous l'oligarchie et s'étaient fait une règle de louer les Lacédémoniens; je désirais que, dans le cas où une erreur nous aurait échappé, il pût la voir et nous la déceler. Il répondit à mon appel et lut le discours (à quoi bon, n'est-ce pas, m'attarder sur ce qui se passa dans l'intervalle?). Il ne prit ombrage d'aucune partie de mon travail; il le loua même aussi chaleureusement qu'il était possible et commenta chacun de ses développements avec des idées semblables aux nôtres. Néanmoins, il était évident que ce que j'avais dit à l'adresse des Lacédémoniens ne lui plaisait pas. *[Suit une longue discussion entre Isocrate et son ancien élève, sur la question de savoir si le discours rend suffisamment justice aux mérites des Lacédémoniens et s'il n'est pas trop critique envers eux sur certains points. L'élève exprime ses doutes, Isocrate fait valoir son point de vue.]*

Voilà les propos par lesquels je tins tête à mon interlocuteur, adversaire habile, expérimenté, entraîné à la parole tout autant que mes autres élèves. À vrai dire, les jeunes gens qui avaient assisté à tout cet échange de vues, ne partageaient pas mon impression; ils me félicitaient pour avoir discouru avec plus de flamme juvénile qu'ils ne s'y étaient attendus et pour avoir bien lutté; par contre, ils méprisaient mon interlocuteur; en quoi ils ne voyaient pas juste, mais ils se trompaient sur lui comme sur moi. Il se retira, en effet, plus réfléchi et l'esprit ramené à de plus modestes ambitions, comme il sied à un homme de jugement sain; il avait fait l'expérience du précepte inscrit à Delphes, ayant appris à mieux connaître et sa propre nature et celle des Lacédémoniens. Pour moi, j'étais déçu: sans doute avais-je discuté avec succès, mais j'avais par là même perdu de ma sérénité de jugement; je ressentais une satisfaction orgueilleuse qui ne convient pas à mon âge; j'étais rempli d'une agitation qui n'appartient qu'aux jeunes gens. Ces dispositions d'esprit étaient chez moi visibles ; car, après avoir pris quelque repos, je n'eus de cesse que je n'eusse dicté à mon jeune scribe le discours que, quelques instants avant, je développais avec plaisir et qui allait peu après me causer du souci.

Trois ou quatre jours passèrent ; je le relus et l'examinai attentivement ; ce que j'avais dit de notre pays ne me déplut pas : je m'étais exprimé sur lui en termes nobles et justes. Par contre, ce que j'avais dit des Lacédémoniens me contraria et je ne l'acceptais qu'avec peine ; il me semblait que je ne m'étais pas exprimé à leur égard avec mesure ni dans le même esprit qu'à l'égard des autres peuples ; il y avait dans mes propos du mépris, une amertume excessive, un manque complet de compréhension ; si bien qu'à plusieurs reprises j'eus le désir de l'effacer ou de le brûler ; puis je changeai d'avis, prenant en considération mon âge et le mal que je m'étais donné pour le faire.

Dans un tel trouble et devant tant de revirements, il me sembla que le mieux était d'appeler près de moi ceux de mes élèves qui habitaient la ville et d'examiner avec eux si cet ouvrage devait être détruit ou bien remis à qui voudrait en prendre connaissance, étant entendu que leur opinion, quelle qu'elle fût, serait respectée. Cette décision prise, je ne m'accordai aucun délai ; aussitôt convoqués les élèves dont j'ai parlé, je leur dis pour quel motif ils étaient réunis, puis je leur lus le discours. Je fus couvert de louanges et d'applaudissements et connus le même succès que les vainqueurs dans les lectures publiques. Toutes ces questions réglées, mes invités s'entretenaient entre eux et, manifestement, du texte qui venait de leur être lu. Mais l'élève que nous avions envoyé chercher la première fois pour le consulter, le panégyriste des Lacédémoniens, avec qui j'avais échangé mes vues plus qu'il n'était nécessaire, leur demanda le silence ; les yeux fixés sur moi, il déclara qu'il hésitait sur la conduite à tenir dans les circonstances présentes ; il ne voulait pas mettre en doute mes déclarations, il ne pouvait accorder crédit à toutes. *[Après quoi la discussion entre Isocrate et son ancien élève va encore rebondir, ce qui conduira à un approfondissement de la signification du discours et du jugement à porter sur Athènes et Lacédémone.]*

Panathénaïque, 200-201, 229-234

BRÈVES DE PUPITRE

Les Anciens appréciaient beaucoup les anecdotes, les leçons imagées et les répliques percutantes.

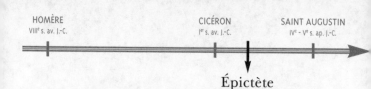

HOMÈRE
VIIIᵉ s. av. J.-C.

CICÉRON
Iᵉʳ s. av. J.-C.

SAINT AUGUSTIN
IVᵉ - Vᵉ s. ap. J.-C.

Épictète

Musonius Rufus, philosophe stoïcien, fut le maître d'Épictète,
qui aime à rappeler ses enseignements et ses bons mots.

ON NE PEUT PAS PRENDRE DU FROMAGE
À L'HAMEÇON

Il n'est point facile de pousser à la philosophie les
jeunes gens mous, pas plus qu'on ne peut prendre du
fromage à l'hameçon. Au contraire, les jeunes gens bien
doués, même si on essaie de les détourner, s'attachent
plus fortement à la raison. Aussi, Rufus, la plupart du
temps, essayait de les détourner, usant de cette épreuve
pour discerner les natures heureusement douées de celles qui ne le sont pas. Il disait, en effet : « Une pierre,
même si on la lance en l'air, retombe sur la terre en
vertu de sa propre nature. Ainsi, le jeune homme bien
doué, plus on le rebute, plus il penche vers l'objet
auquel le porte sa nature. »

Entretiens, III, 6, 9-10

Le Capitole étant le centre névralgique de l'État romain
(et ayant été incendié plusieurs fois), « brûler le Capitole »
était une locution désignant un crime particulièrement
grave.

« JE N'AI TOUT DE MÊME PAS BRÛLÉ
LE CAPITOLE ! »

Pourquoi persistons-nous dans notre paresse, dans
notre insouciance, dans notre indolence, pourquoi chercher des prétextes à esquiver le travail, à éviter de passer
nos veilles à cultiver notre raison ?

– Si pourtant je commets des erreurs en ces matières, ai-je pour cela tué mon père?

– Esclave, mais ton père était-il ici pour que tu pus-
ses le tuer? Qu'as-tu donc fait? La seule faute qui dans le
cas était possible, tu l'as commise. C'est là précisément
ce que je disais moi aussi à Rufus qui me reprochait de
n'avoir pas découvert une omission dans un syllogisme.
« Ce n'est tout de même pas, lui disais-je, comme si
j'avais brûlé le Capitole! » Et lui de me répondre:
« Esclave, dans le cas présent, cette omission, voilà le
Capitole! »

Entretiens, I, 7, 30-32

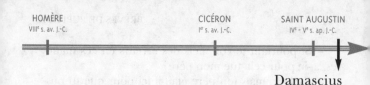

HOMÈRE
VIIIe s. av. J.-C.

CICÉRON
Ier s. av. J.-C.

SAINT AUGUSTIN
IVe - Ve s. ap. J.-C.

Damascius

Voici une réponse qui, quoique formulée sur un ton volontairement neutre, recouvre un différend doctrinal, Isidore étant en désaccord avec son maître Marinus sur l'interprétation de certains aspects de la pensée de Platon.

UN JUGEMENT POLI, MAIS NET

Marinus, le successeur de Proclus, qui enseigna notamment à Isidore l'œuvre d'Aristote, avait écrit un long commentaire sur le *Philèbe* de Platon ; il le fit lire à Isidore pour qu'il jugeât s'il fallait le publier. Isidore le lut et ne dissimula rien de ce qu'il en pensait, sans prononcer toutefois de parole excessive ; il dit simplement que l'œuvre du maître était suffisante. Marinus comprit et brûla son livre.

Vie du philosophe Isidore,
citée par Photius, *Bibliothèque*, 242, 338a

HOMÈRE
VIIIᵉ s. av. J.-C.

CICÉRON
Iᵉʳ s. av. J.-C.

SAINT AUGUSTIN
IVᵉ - Vᵉ s. ap. J.-C.

Élien

Cette anecdote, qui se trouve aussi chez Plutarque, est bien conforme au naturel emporté d'Alcibiade et illustre la place essentielle d'Homère dans l'éducation grecque. Ce maître n'était pas, selon la formule consacrée, doctus cum libro.

INDOCTUS SINE LIBRO

Alcibiade admirait beaucoup Homère. Un jour, il entra dans une école d'enfants et demanda un chant de l'*Iliade*. Comme le maître lui répondait qu'il n'avait rien d'Homère, il lui assena un grand coup de poing et poursuivit son chemin, ayant démontré ainsi que cet homme était un ignorant et qu'il rendait les enfants aussi incultes que lui.

Histoire variée, XIII, 38

Admirable modestie de la part d'un responsable politique. L'histoire ne dit pas pourquoi ce Timésias était détesté à un tel point.

LA VÉRITÉ SORT DE LA BOUCHE DES ENFANTS

Timésias de Clazomènes était un bon gouvernant pour les Clazoméniens ; en effet, il était au nombre des hommes de bien. Pourtant la jalousie, qui triomphe généralement des personnes de ce genre, eut aussi le dessus sur Timésias. Au début, il ne se souciait pas d'être l'objet d'un pareil sentiment, mais ce fut précisément cette jalousie qui, dit-on, le chassa de sa patrie. Il traversait une école. Les enfants, laissés libres par leur maître, jouaient. Une dispute surgit entre deux enfants au sujet d'une ligne, et l'un d'eux prononça le serment suivant :

79

« Puissé-je ainsi écrabouiller le cerveau de Timésias ! » Celui-ci l'entendit ; il comprit qu'il ne pouvait rien contre la jalousie et qu'il était vraiment détesté de ses concitoyens : si les enfants le haïssaient, il pouvait s'imaginer ce que ressentaient les adultes. Il s'exila donc volontairement de sa patrie.

Histoire variée, XII, 9

L'authenticité de l'anecdote qui suit est douteuse, mais, quoi qu'il en soit, on sent poindre chez le jeune Thémistocle la détermination du futur chef du parti démocratique athénien.

PLACE AUX JEUNES !

Alors qu'il était encore un enfant, Thémistocle rentrait un jour de l'école. Comme Pisistrate approchait, le pédagogue dit à Thémistocle de céder un peu de place pour le passage du tyran. L'enfant donna alors une réponse très libre : « Est-ce qu'il n'a pas déjà assez de place pour passer ? » Ainsi se manifestait déjà en Thémistocle un esprit libre et fier.

Histoire variée, III, 21

HOMÈRE
VIIIe s. av. J.-C.

CICÉRON
Ier s. av. J.-C.

SAINT AUGUSTIN
IVe - Ve s. ap. J.-C.

Pseudo-Aurélius Victor

La récitation de l'alphabet grec prend un certain temps (plus de temps que celle de l'alphabet français), car en grec les lettres portent des noms pour la plupart dissyllabiques ou trisyllabiques. Ce délai pouvait permettre au calme de revenir.

RECETTE POUR SE MAÎTRISER

Le professeur de philosophie d'Auguste, ayant constaté que son élève s'emportait aisément, l'engagea, pour l'empêcher de prendre des décisions rigoureuses, à réciter mentalement les vingt-quatre lettres grecques aussitôt que sa colère commençait, afin que cette impulsion momentanée s'apaise dans le bref intervalle pendant lequel son esprit aurait pris une autre direction.

Abrégé des Césars, XLVIII, 15

HOMÈRE
VIIIᵉ s. av. J.-C.

CICÉRON
Iᵉʳ s. av. J.-C.

SAINT AUGUSTIN
IVᵉ- Vᵉ s. ap. J.-C.

Plutarque

À nouveau, une preuve du caractère indomptable d'Alcibiade.

LA MORSURE DE L'AMBITION

Son caractère manifesta, comme il était naturel parmi les grandes affaires où cet homme fut engagé et les vicissitudes de sa fortune, une grande instabilité et de nombreux changements, mais la plus forte des passions nombreuses et violentes que la nature avait mises en lui était le désir de vaincre et de primer, comme on le voit par les traits qu'on rapporte de son enfance.

Un jour qu'il s'exerçait à la lutte, pressé par son adversaire et craignant d'être renversé, il amena jusqu'à sa bouche les bras qui l'étreignaient, et fit mine de les dévorer. L'autre lâcha prise, en s'écriant : « Tu mords comme les femmes, Alcibiade ! – Non, dit-il, comme les lions. »

Vies. Alcibiade, 2

HOMÈRE
VIIIe s. av. J.-C.

CICÉRON
Ier s. av. J.-C.

SAINT AUGUSTIN
IVe - Ve s. ap. J.-C.

Damascius

Tous les professeurs salueront le tour de force du philosophe néoplatonicien Hiéroclès, qui était capable de reprendre le même sujet sans se contredire ni se répéter.

UN PROFESSEUR QUI SE RENOUVELLE

Hiéroclès, qui fut l'ornement de l'école d'Alexandrie par l'élévation de la pensée et la magnificence de son langage, qui allaient de pair avec sa fermeté et sa grandeur, avait une pensée extrêmement féconde ; il se distinguait par l'aisance de son langage et l'abondance avec laquelle il prodiguait les plus beaux mots et les plus belles tournures ; il ne cessait d'étonner ses auditeurs et il rivalisait constamment avec la beauté du style de Platon et la richesse de sa pensée. Ce personnage commentait un jour à son auditoire le *Gorgias* de Platon ; un de ses auditeurs, Théosébius, avait pris note du commentaire. Une autre fois, Hiéroclès, comme cela arrive, reprit le *Gorgias* après un certain temps et le même auditeur copia à nouveau le commentaire ; quand il compara ses premières notes aux dernières, il n'y retrouva pour ainsi dire rien de semblable ; cependant, les unes et les autres – fait étonnant – suivaient d'aussi près que possible le sujet traité par Platon. Voilà qui démontre quel esprit vaste était celui d'Hiéroclès.

Vie du philosophe Isidore,
citée par Photius, *Bibliothèque*, 242, 338b-339a

III

ORGANISER
ET
RÉGLEMENTER

SYSTÈMES ÉDUCATIFS COMPARÉS

La description du système éducatif est un moyen de définir une société et de caractériser son degré d'organisation, de vertu, d'intelligence ou de piété. La comparaison des différents systèmes acquiert ainsi un intérêt anthropologique.

HOMÈRE
VIIIᵉ s. av. J.-C.

CICÉRON
Iᵉʳ s. av. J.-C.

SAINT AUGUSTIN
IVᵉ - Vᵉ s. ap. J.-C.

Platon

L'éducation athénienne traditionnelle unissait la littéra-
ture, la musique et le sport, et l'étude des poètes y tenait un
grand rôle. Protagoras, à qui Platon donne ici la parole, insiste
sur la finalité morale de cette formation, qui selon lui visait à
produire des citoyens non seulement responsables, mais même
vertueux.

LES MAÎTRES TRADITIONNELS À ATHÈNES

Quand on envoie un élève à l'école, on recommande
bien plus au maître la bonne tenue de l'enfant que ses
progrès dans la connaissance des lettres ou de la cithare ;
le maître, de son côté, y donne tous ses soins, et quand
les enfants, sachant leurs lettres, sont en état de comprendre les paroles écrites, il fait lire à la classe, rangée
sur les bancs, les vers des grands poètes, et lui fait
apprendre par cœur ces œuvres remplies de bons
conseils, et aussi de digressions, d'éloges où sont exaltés
les antiques héros, afin que l'enfant, pris d'émulation,
les imite et cherche à se rendre pareil à eux.

Les citharistes, à leur tour, prennent le même soin
d'inspirer la sagesse à l'enfant et de le détourner du
mal : en outre, quand l'élève sait jouer de son instrument, le maître lui fait connaître d'autres belles œuvres,
celles des poètes lyriques, qu'il lui fait exécuter sur la
cithare, obligeant ainsi les âmes des enfants à se pénétrer des rythmes et des mélodies, à se les assimiler de
telle sorte qu'ils en deviennent plus apprivoisés, et que,
sous l'influence du rythme et de l'harmonie, ils se forment à la parole et à l'action, car toute la vie humaine a
besoin d'harmonie et de rythme.

Plus tard encore, on envoie l'enfant chez le pédotribe, afin que son intelligence une fois formée ait à son
service un corps également sain, et qu'il ne soit pas forcé

par sa défaillance physique à reculer devant les devoirs de la guerre et devant les autres formes de l'action. Les plus empressés à suivre cet usage sont ceux qui en ont le plus les moyens ; or ceux-là, ce sont les plus riches : les fils des riches, envoyés dans les écoles plus tôt que les autres, en sortent plus tard.

Protagoras, 325d-326c

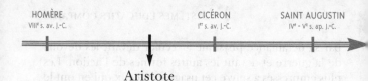

HOMÈRE
VIIIᵉ s. av. J.-C.

CICÉRON
Iᵉʳ s. av. J.-C.

SAINT AUGUSTIN
IVᵉ - Vᵉ s. ap. J.-C.

Aristote

En grec, le mot « éphèbe » signifie « jeune homme » : de là dérive l'institution de l'« éphébie », qui désignait à Athènes un service militaire d'une durée de deux ans, obligatoire pour les jeunes gens ayant atteint dix-huit ans. Groupés par « tribus » (divisions athéniennes du corps civique), ces jeunes gens étaient placés sous le commandement de chefs élus par le peuple. La première année, ils étaient soumis à une préparation militaire, avant d'être envoyés, la seconde année, en garnison dans les forts.

LES INSTRUCTEURS DES ÉPHÈBES

Après que les éphèbes ont subi l'examen (de vérification de leur âge), leurs pères se réunissent par tribus et, après avoir prêté serment, élisent, parmi les membres de la tribu âgés de plus de quarante ans, les trois citoyens qu'ils jugent les plus honorables et les mieux faits pour prendre soin des éphèbes. Sur ces trois, le peuple en élit à main levée un pour chaque tribu comme censeur *(sophroniste)*. Le proviseur *(cosmète)* est élu parmi les autres Athéniens comme chef de tous les éphèbes. Ces chefs, après avoir réuni les éphèbes, commencent par faire avec eux la tournée des sanctuaires, puis se rendent au Pirée où ils tiennent garnison, les uns à Munichie, les autres à l'Acté. Le peuple nomme encore à main levée deux instructeurs *(pédotribes)* et des maîtres spéciaux qui leur apprennent à combattre comme hoplites, à tirer de l'arc, à lancer le javelot, à manœuvrer la catapulte. Il est alloué à chacun des sophronistes une drachme par jour pour sa nourriture, et aux éphèbes quatre oboles par tête. Le sophroniste reçoit l'argent pour les éphèbes de sa tribu et achète ce qu'il faut pour la nourriture commune de tous ; car ils prennent leurs repas par tribu. Il a soin de tout ce qui les concerne. Ils passent ainsi la première année de l'éphébie.

Constitution d'Athènes, XLII, 2-4

HOMÈRE
VIIIᵉ s. av. J.-C.

CICÉRON
Iᵉʳ s. av. J.-C.

SAINT AUGUSTIN
IVᵉ - Vᵉ s. ap. J.-C.

Tacite

À la bonne époque, les jeunes aristocrates romains achevaient leur formation en étant placés au côté d'une haute personnalité de la ville, un homme âgé, qu'ils respectaient, et de qui ils recevaient un enseignement pratique fondé sur l'autorité, la gravité, l'expérience, l'exemple, le sens des hiérarchies, le concret – tout le contraire de l'éducation rhétorique artificielle, selon ses détracteurs, qui a pris le relais ensuite.

L'ANCIENNE ÉDUCATION ORATOIRE ROMAINE

Chez nos ancêtres, le jeune homme qui se destinait à l'éloquence judiciaire et politique, après avoir reçu chez lui un commencement de formation, et l'esprit nourri des bonnes études, était conduit par son père ou ses proches à l'orateur qui occupait le premier rang dans la cité. Il devait s'habituer à fréquenter sa maison, à l'accompagner au-dehors, à entendre tout ce qu'il disait, soit au tribunal, soit dans les assemblées ; c'était au point qu'il assistait même aux plaidoiries par courtes répliques, qu'il était présent aux discussions violentes, et qu'il apprenait pour ainsi dire à combattre au milieu même de la mêlée. Une grande pratique de leur art, beaucoup d'assurance, une grande sûreté de jugement, tels sont les avantages que ce système apportait aux jeunes gens, qui étudiaient dans le plein jour du forum et au milieu des procès mêmes, où l'on ne peut impunément tenir un langage déraisonnable ou déplacé ; car le juge le repousse, l'adversaire le relève, même les amis qui assistent le plaideur en sont froissés. Dans ces conditions, ils s'imprégnaient immédiatement de l'éloquence réelle et pure, et, bien qu'attachés à un seul avocat, ils apprenaient à connaître tous ceux du même temps dans des causes et devant des juridictions très différentes ; de plus, le public même leur offrait l'occasion d'étudier l'extrême

91

diversité de ses goûts, d'où ils concluaient facilement ce qui, dans chaque orateur, était loué ou déplaisait. Il ne leur manquait donc ni un maître, le meilleur et le mieux choisi, qui leur montrait le vrai visage de l'éloquence et non son fantôme, ni des adversaires et des rivaux, qui combattaient avec des épées, non avec des fleurets, ni une salle de cours toujours pleine d'auditeurs toujours nouveaux, les uns mal, les autres bien disposés pour l'orateur, au point que ni les beautés ni les défauts ne passaient inaperçus.

Dialogue des orateurs, 34

Plutarque

À Sparte, l'éducation était bel et bien… spartiate. Dès sept ans, les garçons étaient enlevés à leur famille et pris en main directement par l'État, qui les embrigadait et leur dispensait une formation rigoureuse, de type militaire, dans laquelle les apprentissages intellectuels étaient réduits au strict nécessaire. Les enfants et les jeunes gens faisaient l'objet d'un contrôle étroit de la part des responsables choisis à cet effet et de toute la population.

À SPARTE,
UNE SURVEILLANCE DE TOUS LES INSTANTS

Loin de n'exercer qu'un contrôle superficiel, les hommes d'âge se regardaient tous en quelque manière comme les pères, les surveillants et les chefs de tous les jeunes. Il n'y avait pas un seul instant ni un seul endroit où le jeune homme qui commettait une faute ne trouvât un vieillard pour le réprimander et le punir. Cependant, on désignait, en outre, un « inspecteur de l'éducation » *(pédonome)*, choisi parmi les hommes de mérite, et chaque bande mettait elle-même à sa tête celui des jeunes gens appelés *irènes* qui était le plus raisonnable et le plus courageux. On donne ce nom d'*irènes* à ceux qui sont sortis de la classe des enfants depuis au moins un an, et celui de *mellirènes* aux plus âgés des enfants. Cet *irène*, qui est âgé de vingt ans, commande les enfants de sa bande dans les exercices de combat, et, à l'intérieur, les emploie à la préparation des repas.

Vies. Lycurgue, 17

HOMÈRE
VIIIe s. av. J.-C.

CICÉRON
Ier s. av. J.-C.

SAINT AUGUSTIN
IVe - Ve s. ap. J.-C.

Xénophon

La Perse de Xénophon est plus qu'une idéalisation : une utopie, dans laquelle l'auteur exprime ce qui lui tient à cœur. Ici, il imagine un système présentant des affinités à la fois avec le modèle spartiate (éducation d'État, contrôle et punitions sévères) et avec la morale socratique (rôle essentiel de la justice).

LES MAÎTRES DE JUSTICE EN PERSE

Les enfants qui fréquentent l'école y passent le temps à apprendre la justice. Ils disent eux-mêmes qu'ils y vont pour cela, comme ceux de chez nous y vont pour apprendre à lire et à écrire. Leurs maîtres emploient la plus grande partie du jour à les juger ; car il arrive aussi aux enfants ainsi qu'aux hommes de s'accuser entre eux de larcins, de vols, de brutalité, de tromperie, de calomnie et autres fautes, comme il est naturel qu'ils en commettent. Ceux qu'ils ont reconnus coupables d'une de ces fautes, ils les punissent. Ils châtient aussi ceux qu'ils prennent à accuser injustement. Ils jugent encore pour une faute qui suscite entre les hommes beaucoup de haine, mais très peu de procès : l'ingratitude, et, s'ils viennent à savoir qu'un enfant qui pouvait témoigner sa reconnaissance ne l'a pas fait, ils le punissent sévèrement lui aussi. Ils estiment, en effet, que les ingrats sont plus que personne sujets à négliger les dieux, leurs parents, leur patrie et leurs amis ; il semble d'autre part que la compagne la plus habituelle de l'ingratitude est l'impudence, et, de fait, rien ne mène comme elle à tous les vices.

Cyropédie, I, 2, 6-7

HOMÈRE
VIIIe s. av. J.-C.

CICÉRON
Ier s. av. J.-C.

SAINT AUGUSTIN
IVe - Ve s. ap. J.-C.

César

Sous le regard curieux de César, les druides gaulois appa-raissent comme des philosophes, des théologiens et des devins, à la fois hommes de science et hommes de religion, détenteurs de privilèges, investis de fonctions juridiques et d'une autorité de nature politique. L'éducation de la jeunesse était une de leurs missions principales.

L'ENSEIGNEMENT DES DRUIDES

Les druides s'abstiennent habituellement d'aller à la guerre et ne paient pas d'impôt comme les autres : ils sont dispensés du service militaire et exempts de toute charge. Attirés par de si grands avantages, beaucoup viennent spontanément suivre leurs leçons, beaucoup leur sont envoyés par les familles. On dit qu'auprès d'eux ils apprennent par cœur un nombre considéra-ble de vers. Aussi plus d'un reste-t-il vingt ans à l'école. Ils estiment que la religion ne permet pas de confier à l'écriture la matière de leur enseignement, alors que pour tout le reste en général, pour les comptes publics et privés, ils se servent de l'alphabet grec. Ils me parais-sent avoir établi cet usage pour deux raisons, parce qu'ils ne veulent pas que leur doctrine soit divulguée, ni que, d'autre part, leurs élèves, se fiant à l'écriture, négligent leur mémoire ; car c'est une chose courante : quand on est aidé par des textes écrits, on s'applique moins à retenir par cœur et on laisse se rouiller sa mémoire. Le point essentiel de leur enseignement, c'est que les âmes ne périssent pas, mais qu'après la mort elles passent d'un corps dans un autre ; ils pen-sent que cette croyance est le meilleur stimulant du courage, parce qu'on n'a plus peur de la mort. En outre, ils se livrent à de nombreuses spéculations sur les astres et leurs mouvements, sur les dimensions du

95

monde et celles de la Terre, sur la nature des choses, sur la puissance des dieux et leurs attributions, et ils transmettent ces doctrines à la jeunesse.

La Guerre des Gaules, VI, 14

ÉTHIQUE PÉDAGOGIQUE

Le point de vue éthique était très important dans la pensée gréco-romaine, ce qui a conduit à toutes sortes de réflexions sur les devoirs, respectifs ou partagés, des enseignants, des élèves et des parents. Au projet de formation devaient collaborer tous les acteurs de la communauté éducative, chacun dans son rôle, en vue de l'intérêt de tous et de la société. Beaucoup de leçons sont encore d'actualité.

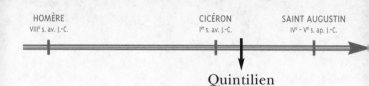

HOMÈRE
VIIIᵉ s. av. J.-C.

CICÉRON
Iᵉʳ s. av. J.-C.

SAINT AUGUSTIN
IVᵉ - Vᵉ s. ap. J.-C.

Quintilien

Bel idéal de professeur, paternel, dévoué, donnant l'exemple. La clé du portrait réside dans la notion d'équilibre, à égale distance entre les extrêmes : ni laxisme, ni sévérité excessive ; ni relâchement, ni morosité ; et ainsi de suite, conformément à une morale du juste milieu.

DOUCEUR ET FERMETÉ

Que le maître adopte donc, avant tout, à l'égard de ses élèves, les sentiments d'un père, et qu'il se considère comme le représentant de ceux qui lui confient leurs enfants. Qu'il soit exempt de vices et qu'il n'en tolère pas. Son sérieux ne sera pas morose, ni son affabilité relâchée, de peur que l'un n'engendre l'antipathie, l'autre le mépris. Il devra parler très souvent de l'honnête et du bien ; plus il aura donné d'orientations, moins il infligera de punitions ; sans jamais s'emporter, ni cependant jamais fermer les yeux sur les fautes sans les reprendre, qu'il soit simple dans son enseignement, résistant au travail, assidu, mais non excessif. Qu'il réponde de bonne grâce aux questions et qu'il interroge même spontanément ceux qui ne questionnent pas. En louant les exposés de ses disciples, qu'il ne soit ni mesquin ni prodigue, car cela engendre, là, le dégoût du travail, ici, l'assurance. En rectifiant les erreurs, il se gardera d'être acerbe et il ne sera pas du tout offensant ; car ce qui écarte, à vrai dire, bien des élèves de l'étude, ce sont des réprimandes qui ont un air d'hostilité. Bien plus, lui-même, il doit chaque jour parler une fois ou, mieux, plusieurs fois, afin que ses auditeurs emportent avec eux ses paroles. Sans doute la lecture fournit-elle en effet assez d'exemples à imiter, mais la parole vivante est, comme on dit, un aliment plus nutritif, surtout quand c'est celle d'un maître, pour qui ses élèves, s'ils sont bien formés, ont et de l'affection et du respect. Or, on ne saurait dire combien nous sommes plus disposés à imiter ceux pour qui nous avons de la faveur.

Institution oratoire, II, 2, 4-8

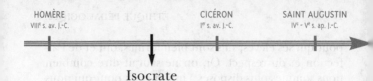

HOMÈRE
VIIIᵉ s. av. J.-C.

CICÉRON
Iᵉʳ s. av. J.-C.

SAINT AUGUSTIN
IVᵉ - Vᵉ s. ap. J.-C.

Isocrate

Un débat faisait rage sur la question de savoir si les professeurs sont responsables des élèves qui tournent mal. Isocrate répond ici par l'affirmative, avec quelque outrance, pour se donner le beau rôle, car il se déclare prêt à endosser les méfaits et à ne pas revendiquer les réussites.

LA FAUTE AUX PROFESSEURS ? OUI...

Je demande, si certains de mes disciples ont fait preuve de vertu envers l'État, envers leurs amis, envers leur famille, que vous leur accordiez des éloges sans m'en témoigner nulle reconnaissance ; mais que, s'il en a existé de malhonnêtes, capables de dénoncer, d'accuser, de convoiter le bien d'autrui, ce soit moi qui en subisse la peine. Or y a-t-il une déclaration moins répréhensible et plus modeste que celle par laquelle je ne revendique nulle action des gens de bien, mais accepte d'être châtié pour les méchants, s'il en existe ?

Sur l'échange, 99-100

HOMÈRE
VIII° s. av. J.-C.

CICÉRON
I°¹ s. av. J.-C.

SAINT AUGUSTIN
IV° - V° s. ap. J.-C.

Platon

En opposition avec le texte précédent, le sophiste Gorgias cherche à dégager sa responsabilité de tout mauvais usage qu'un disciple ferait de son enseignement. Platon, qui prête ces propos à Gorgias, ne les reprend pas à son compte, car il rejette totalement, quant à lui, le concept d'une éducation qui serait moralement neutre. Le personnage de Calliclès, à la fin du dialogue, individu intelligent et sans scrupule, illustre, aux yeux de Platon, les ravages de l'amoralisme.

... OU NON

Ce n'est pas une raison, parce qu'un habitué de la palestre, devenu robuste de corps et bon pugiliste, aura abusé de son avantage pour frapper son père, sa mère, quelqu'un de ses proches ou de ses amis, ce n'est pas une raison pour condamner et exiler des cités les pédotribes et les maîtres d'armes. Ceux-ci en effet ont transmis leur art à des disciples pour qu'il en fût fait usage avec justice contre les ennemis et contre les méchants, pour se défendre et non pour attaquer ; mais il arrive que les disciples détournent à tort vers des fins opposées leur force et leur art. Les maîtres ne sont donc pas coupables et l'art n'encourt de ce chef ni responsabilité ni blâme : toute la faute est à ceux qui en usent mal.

Le même raisonnement s'applique à la rhétorique. L'orateur, sans doute, est capable de parler contre tout adversaire et sur tout sujet de manière à persuader la foule mieux qu'un autre et à obtenir d'elle, en un mot, tout ce qu'il veut. Mais il ne résulte pas de là qu'il doive dépouiller de leur gloire les médecins ni les autres artisans, par la seule raison qu'il le pourrait ; on doit user de la rhétorique avec justice, comme de toutes les armes. Si un homme, devenu habile dans la rhétorique, se sert ensuite de sa puissance et de son art pour faire le mal, ce

101

n'est pas le maître, à mon avis, qui mérite la réprobation et l'exil ; car celui-ci enseignait son art en vue d'un usage légitime, et le disciple en a fait un abus tout contraire. C'est donc celui qui en use mal qui mérite la haine et l'exil et la mort, mais non le maître.

Gorgias, 456d-457c

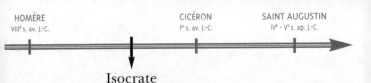

HOMÈRE
VIIIᵉ s. av. J.-C.

CICÉRON
Iᵉʳ s. av. J.-C.

SAINT AUGUSTIN
IVᵉ - Vᵉ s. ap. J.-C.

Isocrate

Sur la base de la triade déjà rencontrée (p. 43) – disposi-
tions naturelles, cours théoriques, exercices pratiques – se des-
sine une répartition des devoirs : les élèves doivent posséder les
dispositions, les professeurs doivent fournir les cours, et les deux
catégories doivent procéder ensemble à la mise en pratique, puis-
que l'enseignement est un cheminement en commun.

OBLIGATIONS RESPECTIVES
DES MAÎTRES ET DES ÉLÈVES

Nous disons que ceux qui excelleront plus tard, soit
dans les discours, soit dans l'action, soit dans tout autre
genre d'occupation, doivent tout d'abord être heureusement doués pour le travail qu'ils ont choisi, puis avoir
reçu l'instruction et la science qui conviennent à cet
objet, en troisième lieu être rompus et familiarisés à leur
usage et à leur pratique ; car c'est par ces moyens qu'en
tout genre d'activité on arrive à être parfait et à surpas-
ser de beaucoup les autres. De tout cela, ce qui convient
aux professeurs et aux élèves, c'est en particulier pour
ces derniers d'apporter à l'étude les qualités naturelles
nécessaires, pour les autres d'être capables d'instruire
ces élèves bien doués, et en commun pour tous c'est
l'exercice qui mène à l'application pratique ; car il faut
que les uns dirigent attentivement leurs disciples et que
ceux-ci observent avec un soin énergique les conseils
qu'on leur donne.

Sur l'échange, 187-188

HOMÈRE
VIIIᵉ s. av. J.-C.

CICÉRON
Iᵉʳ s. av. J.-C.

SAINT AUGUSTIN
IVᵉ - Vᵉ s. ap. J.-C.

Pétrone

*Le jeune héros du roman vient de critiquer la « déclama-
tion », exercice rhétorique consistant en un discours fictif imitant des situations réelles, et souvent dénoncé pour son caractère
artificiel. Agamemnon, le professeur de rhétorique qui lui
répond, ne conteste pas les défauts de cet exercice, mais dit qu'il
est forcé de l'enseigner à cause des parents. Ceux-ci refusent
qu'on dispense à leurs enfants un enseignement gradué et subs-
tantiel, et veulent les voir tout de suite prononcer des discours
(ces discours sont précisément les déclamations). Il s'agit de l'erreur éternelle consistant, pour les parents, à vouloir des résultats
tout de suite, au détriment même des enfants.*

L'ERREUR DES PARENTS TROP PRESSÉS

« Jeune homme, me dit-il, puisque tes propos ne res-
pirent pas le goût du public et que – chose rarissime – tu
aimes le bon sens, je te révélerai les secrets de notre art.
En réalité, dans ces exercices, les maîtres ne sont nullement répréhensibles, obligés qu'ils sont de déraisonner
avec les fous. Car, si leurs leçons n'ont point l'heur de
plaire à nos jeunes gens, ils seront, comme dit Cicéron,
laissés seuls dans leurs écoles. Vois les adulateurs de
comédie : lorsqu'ils quêtent un souper chez les riches, ils
ne songent qu'à dire des choses qui leur paraissent les
plus susceptibles de plaire à leur auditoire, car leur
chasse ne sera fructueuse que s'ils prennent les oreilles à
leurs pièges. Il en est ainsi du maître d'éloquence ; si, tel
un pêcheur, il n'a point garni son hameçon de l'appât
auquel il sait que le fretin mordra, il se morfondra sur
son rocher sans espoir de rien prendre.

Que faut-il en conclure ? C'est aux parents que doit
aller le blâme, eux qui ne veulent pas voir leurs enfants
progresser sous un régime sévère. Tout d'abord, ils sacri-
fient, comme tout le reste, les espérances qu'ils donnent

à leur propre ambition. Puis, dans leur hâte à réaliser leurs vœux, ils lancent dans le barreau ces esprits trop verts ; et cette éloquence, dont ils proclament eux-mêmes la grandeur sans égale, ils veulent la mettre, pour ainsi dire, à la taille de nouveau-nés. S'ils leur laissaient faire des études graduées, de façon que les jeunes gens studieux apprissent à s'imprégner de lectures sérieuses, à régler leur cœur sur les leçons de la philosophie, à corriger leur style d'une plume impitoyable, à écouter longuement les modèles qu'ils voudraient imiter, à se garder d'admirer ce qui séduit l'enfance, bientôt ce grand art du discours reprendrait toute sa noblesse et son autorité. Aujourd'hui, les enfants ne font que jouer à l'école, les jeunes gens se font moquer au barreau, et – chose plus honteuse que tout le reste – de ces études faites à contresens dans le jeune âge, personne ne veut convenir dans la vieillesse. »

Le Satiricon, 3-4

HOMÈRE
VIIIe s. av. J.-C.

CICÉRON
Ier s. av. J.-C.

SAINT AUGUSTIN
IVe - Ve s. ap. J.-C.

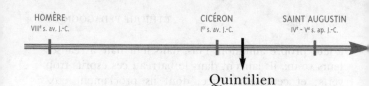

Quintilien

Les élèves se doivent d'être « dociles » au sens étymologique de ce mot (qui vient de docere, *« instruire »): c'est-à-dire enclins à apprendre et prêts à recevoir l'enseignement.*

LE DEVOIR DES ÉLÈVES

Après avoir parlé, assez longuement, des devoirs des maîtres, je n'ai, pour le moment, qu'un seul conseil à donner aux élèves, c'est d'aimer leurs professeurs autant que les études elles-mêmes et de voir en eux des pères, non au sens physique, mais au sens intellectuel. Ce pieux attachement contribuera beaucoup à l'étude, car les élèves les écouteront volontiers, se fieront à leurs conseils et désireront vivement leur ressembler ; ils fréquenteront les classes avec joie et empressement ; corrigés, ils ne s'irriteront pas ; loués, ils éprouveront du plaisir, et ils chercheront à gagner par leur zèle l'affection du maître. Car si le devoir du maître est d'enseigner, celui des élèves est de se montrer dociles ; autrement, l'un ne suffit pas sans l'autre ; la naissance d'un homme résulte du concours des deux parents et l'on aurait jeté en vain des semences à la volée si le sillon, préalablement ameubli, ne les réchauffait : de même, l'éloquence ne peut atteindre harmonieusement à sa maturité sans la cordiale entente de celui qui donne l'enseignement et de celui qui le reçoit.

Institution oratoire, II, 9

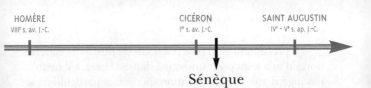

HOMÈRE
VIIIe s. av. J.-C.

CICÉRON
Ier s. av. J.-C.

SAINT AUGUSTIN
IVe - Ve s. ap. J.-C.

Sénèque

La comparaison du précepteur et du médecin est doublement justifiée, parce qu'il s'agit dans les deux cas de soigner (soit les maladies du corps, soit l'ignorance, maladie de l'âme) et parce que, comme la médecine, l'enseignement constituait souvent dans l'Antiquité une profession libérale. Les honoraires paient le service rendu, et la gratitude vient par surcroît, s'il y a eu traitement personnalisé. La sécheresse du raisonnement n'empêche pas Sénèque de définir avec finesse les liens d'affection qui se nouent entre un élève et un maître. Entre mille exemples, on rappellera la lettre que Camus écrivit à son instituteur au lendemain du prix Nobel : « Quand j'en ai appris la nouvelle, ma première pensée, après ma mère, a été pour vous. Sans vous, sans cette main affectueuse que vous avez tendue au petit enfant pauvre que j'étais, sans votre enseignement, et votre exemple, rien de tout cela ne serait arrivé[1]. »

GRATITUDE DUE AUX BONS MAÎTRES

Pourquoi au médecin comme au précepteur suis-je redevable d'un surplus, au lieu d'être quitte envers eux pour un simple salaire ? Parce que de médecin ou de précepteur ils sont transformés en amis, et que nous devenons leurs obligés, non pour les ressources de leur art, qu'ils nous vendent, mais pour la bonté et le caractère affectueux des sentiments qu'ils nous témoignent. C'est pourquoi, avec le médecin, s'il ne fait que tâter mon pouls, et s'il me compte parmi ceux qu'il voit dans sa tournée hâtive, sans éprouver le moindre sentiment lorsqu'il me prescrit ce qu'il faut faire ou éviter, je ne suis point en reste, parce qu'il me voit non comme un ami, mais comme un client.

1. Lettre à Louis Germain, 19 novembre 1957.

107

Le précepteur non plus n'a point de titre à ma vénéra-
tion s'il m'a tenu pour une unité dans sa classe, s'il ne m'a
pas jugé digne de son attention spéciale et particulière, si
jamais il ne m'a adressé une pensée ; et puisqu'il répan-
dait sa science pour tous indistinctement, je ne l'ai pas
apprise, mais recueillie au passage. Quelle est donc la raison pour laquelle nous devons beaucoup à ces hommes ?
Ce n'est pas que la valeur de ce qu'ils nous ont vendu
dépasse le prix auquel nous l'avons acheté, mais ils ont
fait quelque chose pour nous personnellement. Tel a
connu l'espoir et l'inquiétude plus qu'il n'est besoin à un
médecin ; c'est pour moi, non pour sa réputation profes-
sionnelle qu'il tremblait ; il ne s'est pas borné à m'indi-
quer les remèdes : il les appliquait aussi de sa main ; au
nombre des personnes anxieuses il était assis à mon che-
vet ; aux heures critiques il ne manquait pas d'être là ;
aucune corvée ne lui pesait, aucune ne le rebutait ; il n'entendait pas mes gémissements sans émotion ; dans la foule
nombreuse des clients qui l'appelaient à eux, j'étais l'objet préféré de ses soins ; il n'avait de temps pour les autres
qu'autant que l'état de ma santé lui en laissait : celui-là, ce
n'est pas comme médecin, mais comme ami qu'il m'a fait
son obligé. L'autre, à force de répéter les mêmes choses,
a enduré la fatigue et l'ennui ; outre la leçon du maître
qui s'adresse à tous, il a fait pénétrer en moi certaines
notions goutte à goutte et me les a transmises ; par ses
exhortations il a relevé mes bonnes dispositions morales ;
et tantôt ses louanges me donnaient du cœur, tantôt ses
remontrances dissipaient ma paresse ; puis, mes facultés
naturelles ignorées et engourdies, il a su, en quelque
sorte, les prendre pour les tirer au grand jour ; et ce qu'il
savait, il ne me l'a pas dispensé chichement pour être plus
longtemps indispensable : il était au contraire impatient
de me le verser, si c'eût été possible, tout en une fois. Je
ne suis qu'un ingrat si cet homme, entre mes plus chères
affections, n'occupe pas une place de choix.

Des bienfaits, VI, 16

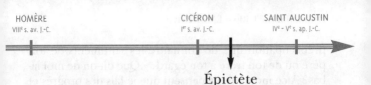

HOMÈRE
VIIIe s. av. J.-C.

CICÉRON
Ier s. av. J.-C.

SAINT AUGUSTIN
IVe- Ve s. ap. J.-C.

Épictète

Envoyé par ses parents à Nicopolis (en Épire, région actuelle des Balkans) pour suivre les leçons d'Épictète, l'étudiant de philosophie aurait intérêt à faire retour sur lui-même. Il y a malheureusement un vif contraste entre les préoccupations morales qui devraient l'inspirer et les soucis terre à terre qui l'obsèdent en réalité.

EXAMEN DE CONSCIENCE D'UN ÉTUDIANT

Vivant parmi de tels hommes, ainsi désorientés et ne sachant ni ce qu'ils disent, ni ce qu'il y a ou ce qu'il n'y a pas de mal en eux, ou la cause de ce mal, ou comment ils s'en délivreront, il est bon, je crois, d'arrêter constamment sa pensée sur les réflexions suivantes : « Ne suis-je pas par hasard moi-même l'un d'entre eux ? Quelle idée dois-je avoir de moi-même ? Comment est-ce que je me conduis ? Est-ce vraiment comme un sage ? Est-ce vraiment comme un homme qui se possède ? Puis-je dire, moi aussi, que j'ai été préparé à toute éventualité ? Ai-je, comme il convient à un homme qui ne sait rien, la conscience que je ne sais rien ? Vais-je à mon maître comme aux oracles, prêt à obéir ? Ou moi aussi, plein de morve, ne vais-je à l'école que pour apprendre l'histoire des doctrines et pour comprendre les livres que je ne comprenais pas auparavant, et, le cas échéant, pour les expliquer aux autres ? » Homme, chez toi, tu as boxé avec ton petit esclave, tu as mis le désordre dans ta maison, tu as jeté le trouble parmi tes voisins, et tu viens à moi avec des mines solennelles comme un philosophe, et après t'être assis, tu juges comment j'ai expliqué mon texte, comment – que vais-je dire ? – j'ai bavardé sur tout ce qui me passait par la tête. Tu es venu rempli d'envie, humilié parce qu'on ne t'a rien envoyé de chez toi et, pendant toute la leçon, tu es assis, n'ayant d'autre préoccupation que de connaître les sentiments de ton père ou de ton frère à ton égard : « Que dit-on de moi là-bas ? À ce moment, ils pensent que je fais des progrès et ils disent : "Il reviendra sachant tout." Je voudrais bien évidemment rentrer chez moi sachant tout, mais cela demande beaucoup de peine et personne ne m'envoie rien, et à Nicopolis les bains sont sales ; je suis mal là où j'habite, mal ici. »

Entretiens, II, 21, 8-14

Galien

Les problèmes de plagiat et de non-respect de la propriété intellectuelle existaient déjà dans l'Antiquité, ainsi que le montrent les agissements de disciples indélicats, ou de leurs héritiers, qui se sont appropriés les notes du maître et les ont diffusées sous leur propre nom comme s'ils en étaient eux-mêmes les auteurs.

DIFFUSION NON CONTRÔLÉE
DU TEXTE DES COURS

Pour ce qui est de la raison qui amena de nombreuses personnes à donner lecture de mes ouvrages comme étant les leurs propres, toi-même tu la connais, mon excellent Bassus. Je les donnais en effet à des amis ou des disciples, sans titre, dans la pensée qu'ils n'étaient aucunement destinés à la publication, mais à ceux-là mêmes qui avaient formulé la demande de conserver des notes sur les cours qu'ils avaient écoutés. Certains étant morts, ceux qui par la suite entrèrent en possession de mes livres, furent séduits par eux et en donnèrent lecture comme étant les leurs propres, d'autres également, de leur vivant, en vendirent des copies, pour leur honte, afin de tromper les gens, car ils étaient dans le besoin, d'autres les copièrent, livre après livre, les modifièrent et les exhibèrent pour s'en vanter, d'autres enfin, les ayant reçus de ceux qui les possédaient, s'en revinrent dans leur patrie et les massacrèrent clandestinement chacun à leur façon pour donner des conférences. Mais avec le temps tous furent pris en flagrant délit de plagiat.

Sur ses propres livres. Prologue, 6-8

111

L'ÉTAT ET LES PROFESSEURS

À l'origine, l'enseignement était une activité privée, financée par les honoraires que les élèves versaient aux maîtres, et relevant du droit commercial. Dans bien des cas, comme on l'a déjà vu plus haut, il en resta ainsi tout au long de l'Antiquité. Cependant, au fil du temps, les autorités politiques tendirent à manifester un intérêt croissant pour l'éducation, dont l'importance était reconnue, puisque aussi bien il s'agissait de former les futurs citoyens. Ainsi apparurent, en divers endroits, des législations scolaires à l'échelle des cités, des écoles publiques, des fondations, des institutions d'encadrement de la jeunesse, des chaires municipales, des chaires impériales, des exemptions fiscales pour les professeurs, et jusqu'à l'organisation d'une véritable université d'État au ve siècle après J.-C. à Constantinople.

HOMÈRE
VIIIᵉ s. av. J.-C.

CICÉRON
Iᵉʳ s. av. J.-C.

SAINT AUGUSTIN
IVᵉ - Vᵉ s. ap. J.-C.

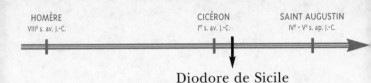

Diodore de Sicile

*Législateur de la ville grecque de Thourioi, en Italie du Sud,
au Vᵉ siècle avant J.-C., Charondas aurait institué l'instruction
gratuite et obligatoire. Mais la véracité historique de ce rensei-
gnement est sujette à caution.*

LOI SUR L'ENSEIGNEMENT PUBLIC

Charondas rédigea une autre loi bien meilleure
encore, et que les législateurs précédents avaient négligé
d'instituer ; aux termes de cette loi, tous les fils des
citoyens devaient apprendre à lire, et ce serait la ville qui
paierait les maîtres : dans son esprit, les pauvres, s'ils
n'avaient pas de quoi les payer, seraient privés des plus
belles occupations.

Bibliothèque historique, XII, 12, 4

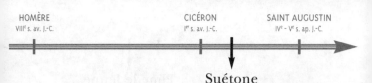

HOMÈRE
VIIIᵉ s. av. J.-C.

CICÉRON
Iᵉʳ s. av. J.-C.

SAINT AUGUSTIN
IVᵉ - Vᵉ s. ap. J.-C.

Suétone

À Rome, en 92 avant J.-C., les censeurs voulurent interdire l'enseignement de la rhétorique en latin, par un acte officiel, dans le cadre de leurs fonctions de gardiens de la tradition et de la morale.

EXPULSION DES « RHÉTEURS LATINS »

Au sujet des rhéteurs, les censeurs Cn. Domitius Ahénobarbus et L. Licinius Crassus publièrent l'édit suivant : « Il nous a été rapporté que certaines personnes ont créé une nouvelle forme d'enseignement et que la jeunesse se rassemble auprès d'elles pour étudier ; qu'elles se sont donné le titre de "rhéteurs latins" ; que de tout jeunes hommes passent là des journées entières à ne rien faire. Nos ancêtres ont fixé ce que leurs enfants devaient apprendre et les écoles qu'ils devaient fréquenter. Ces innovations contraires à la coutume et aux usages de nos ancêtres n'ont pas notre approbation et ne nous semblent pas bonnes. C'est pourquoi, tant à ceux qui tiennent ces écoles qu'à ceux qui ont pris l'habitude d'y venir, il nous semble de notre devoir de signifier notre avis, à savoir notre désapprobation. »

Grammairiens et rhéteurs, 25, 1

HOMÈRE
VIIIe s. av. J.-C.

CICÉRON
Ier s. av. J.-C.

SAINT AUGUSTIN
IVe - Ve s. ap. J.-C.

Pline le Jeune

Parmi les bienfaits de Pline le Jeune envers sa ville natale de Côme figure la participation au financement d'une chaire d'enseignement, afin d'éviter aux jeunes gens du cru de devoir se rendre à Milan pour compléter leurs études. La mention de « beaucoup d'endroits où les maîtres sont choisis par la ville » révèle que les chaires municipales n'étaient pas rares à l'époque, que leur financement fût assuré sur fonds publics ou sur fonds privés.

CRÉATION D'UNE CHAIRE SUBVENTIONNÉE À CÔME

Dernièrement, ayant été dans ma ville natale, j'y ai reçu la visite du fils d'un de mes compatriotes qui porte encore la toge prétexte. Nous échangeâmes ces mots : « Vous faites vos études ? – Assurément. – Où ? – À Milan. – Pourquoi pas ici ? » Et son père (il l'accompagnait et était venu me le présenter) : « Parce qu'ici nous n'avons pas de maîtres. – Pas de maîtres ? pourquoi ? Ce serait pourtant bien avantageux pour vous qui avez des enfants » (et tout à fait à propos plusieurs pères de familles m'entendaient) « qu'ils fissent leurs études sur place. Quelle résidence pourraient-ils préférer à celle de leur ville ? où être mieux préservés que sous les yeux de leurs parents et coûter moins cher que dans leur famille ? Que serait-ce donc que de réunir la somme nécessaire pour établir ici des maîtres ? Ce que vous dépensez aujourd'hui pour le logement des étudiants, leurs voyages, les objets à acheter quand on est hors de chez soi (et hors de chez soi tout s'achète), pourrait augmenter les traitements. Moi-même me voici tout prêt, bien que je n'aie pas encore d'enfants, à faire présent à notre ville, comme je le ferais pour ma fille ou ma mère, du tiers de ce que vous jugerez bon de fournir. J'offrirais même le tout, si je ne craignais que plus tôt ou plus tard des choix de complaisance ne vinssent gâter cette fondation, comme je le vois arriver en beaucoup d'endroits où les maîtres sont choisis par la ville. Le seul moyen d'éviter ce danger est de ne remettre qu'aux pères le droit de choisir les maîtres et de leur inspirer le scrupule de le faire bien en les obligeant à contribuer à leurs honoraires. Car des gens capables de laisser se perdre le bien d'autrui seront certainement soigneux du leur et veilleront à ce que l'argent donné par moi ne soit attribué qu'au mérite, si le leur doit aller à la même destination. »

Lettres, IV, 13, 3-8 117

HOMÈRE
VIIIe s. av. J.-C.

CICÉRON
Ier s. av. J.-C.

SAINT AUGUSTIN
IVe - Ve s. ap. J.-C.

Eumène

De passage à Autun, Constance (alors empereur en second, avec le titre de « César ») s'était intéressé à l'école de la ville, et c'est pourquoi il décida de nommer à sa tête un homme de confiance, Eumène, qu'il avait eu comme secrétaire particulier pendant quatre ans. Dans son édit, il prend bien soin de préciser que cette nomination est une promotion, Eumène gardant son rang et voyant son salaire doublé. Eumène a reproduit fièrement le document dans son discours.

ÉDIT PORTANT NOMINATION D'UN PROFESSEUR

Nos amis gaulois méritent que nous nous intéressions à leurs enfants qui séjournent dans la cité d'Autun pour s'y instruire dans les arts libéraux ; cette jeunesse elle-même qui, avec une joyeuse unanimité, m'a fait cortège à moi, Constance César, lors de mon retour d'Italie, mérite que nous désirions nous intéresser à ses progrès. Quelle récompense devons-nous donc lui offrir, si ce n'est celle que la fortune ne peut ni accorder ni ravir ? Aussi avons-nous cru devoir confier la direction de cette école, que la mort d'un maître paraît avoir laissée orpheline, à toi, de préférence, dont nous avons reconnu l'éloquence et la valeur morale dans la gestion de notre secrétariat. Sans donc toucher aux privilèges de ta dignité, nous t'engageons à reprendre ton enseignement oratoire et, dans la susdite cité, à laquelle tu n'ignores pas que nous essayons de rendre son ancien prestige, à former l'âme des adolescents à la recherche de la perfection morale ; et nous te prions de ne point voir dans cette charge une atteinte portée aux honneurs que tu as précédemment acquis, car une honorable profession relève une dignité plutôt qu'elle ne la rabaisse. Enfin, nous voulons encore qu'il te soit compté sur les fonds publics un traitement de 600 000 sesterces, afin que tu saches que notre bienveillance a su aussi apprécier tes mérites. Adieu, très cher Eumène.

Panégyriques latins, V, 14

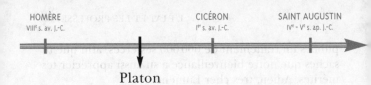

HOMÈRE
VIIIe s. av. J.-C.

CICÉRON
Ier s. av. J.-C.

SAINT AUGUSTIN
IVe - Ve s. ap. J.-C.

Platon

Entre tous les magistrats de la cité idéale, aucun n'est plus important que le responsable de l'éducation. Aussi faudra-t-il le choisir avec soin.

LE RESPONSABLE DE L'ÉDUCATION

Reste un magistrat dans ce que nous avons annoncé : le directeur de toute l'éducation féminine et masculine. Il n'y aura là encore, selon les lois, qu'un homme à commander, âgé d'au moins cinquante ans, père d'enfants légitimes, autant que possible de garçons et de filles à la fois, sinon, l'un ou l'autre ; que l'élu lui-même et l'électeur se mettent dans l'esprit que cette charge est de beaucoup la plus importante parmi les charges suprêmes de la cité. Car en toute vie la première croissance, si elle part bien, peut plus que tout pour porter la nature à sa perfection et lui donner l'achèvement approprié, qu'il s'agisse de plantes, d'animaux apprivoisés ou sauvages, ou d'hommes ; l'homme est sans doute, nous l'affirmons, un être apprivoisé ; néanmoins, si avec une bonne éducation et un naturel heureux il devient d'ordinaire le plus divin et le plus doux de tous les êtres, faute d'une éducation suffisante et bien conduite c'est le plus sauvage de tous ceux que la terre produit. Dans ces conditions, ce n'est pas comme quelque chose de secondaire ou d'accessoire que le législateur doit traiter l'éducation des enfants ; et puisque leur futur directeur doit commencer par être bien choisi, c'est le meilleur citoyen qu'il faut, dans toute la mesure du possible, leur assigner et commettre à leur direction.

Les Lois, VI, 765d-766b

IV

L'ÉCOLE À DOMICILE

PÈRES ET FILS

Parallèlement aux diverses institutions éducatives, un lieu essentiel de la formation était naturellement la famille. Nombreux furent les enfants grecs et latins dont l'éducation fut supervisée attentivement par leur père. Les hommes libres se méfiaient des esclaves auxquels ils confiaient leurs enfants et voulaient exercer un contrôle. Soit la sollicitude paternelle s'exerçait dans le choix des maîtres, soit il arrivait, parfois, que le père prenne en main personnellement l'éducation de son fils. À Rome, où la famille était une institution forte et où le *paterfamilias* exerçait une autorité souveraine, le rôle éducatif du père était traditionnellement très important. Certains pères romains n'avaient rien à envier au père de Montaigne, qui régla scrupuleusement l'éducation de son fils, « ayant fait toutes les recherches qu'homme peut faire, parmy les gens sçavans et d'entendement, d'une forme d'institution exquise » (*Essais*, I, 26). Particulièrement surveillée était l'éducation des princes, qu'il fallait préparer à leur future condition royale et mettre à même de succéder dignement à leur père.

HOMÈRE
VIIIe s. av. J.-C.

CICÉRON
Ier s. av. J.-C.

SAINT AUGUSTIN
IVe - Ve s. ap. J.-C.

Plutarque

Sans vouloir trop exiger, Plutarque rappelle la nécessité d'un contrôle parental.

LE DEVOIR DES PÈRES

Il y a lieu de blâmer certains pères qui confient leurs enfants à des pédagogues et à des maîtres, puis s'abstiennent totalement de voir et d'écouter personnellement leurs leçons et manquent ainsi gravement à leur devoir. Car leur devoir est de soumettre leurs enfants à des contrôles périodiques à peu de jours d'intervalle, au lieu de placer leurs espoirs dans les dispositions d'un mercenaire. Les gens de cette sorte, en effet, prendront plus de soin des enfants s'ils doivent à tout moment rendre des comptes. Dans ce domaine justement le mot du palefrenier est plaisant : « Rien n'engraisse tant le cheval que l'œil du roi. »

Œuvres morales. De l'éducation des enfants, 9c-d

Et voici le tableau d'une éducation paternelle empreinte d'un traditionalisme affiché, à la fois dans sa méthode (le père allant très loin dans les soins prodigués à l'éducation de son fils) et dans son contenu (insistance sur les spécificités romaines, comme le droit, l'entraînement militaire, les antiquités nationales, les traditions religieuses, le refus de la nudité).

UN PÈRE ATTENTIONNÉ

Après la naissance de son fils, aucune tâche urgente, sauf s'il s'agissait d'une affaire d'État, ne l'empêchait d'être auprès de sa femme, quand elle lavait ou emmaillotait le bébé. Elle le nourrissait elle-même de son lait.

Souvent même elle donnait le sein aux petits enfants de ses esclaves, afin que cette nourriture commune leur inspirât de l'affection pour son fils. Dès que l'intelligence de l'enfant s'éveilla, Caton se chargea lui-même de lui apprendre à lire, bien qu'il eût un esclave, nommé Chilon, qui était un grammairien d'esprit très fin et qui avait beaucoup d'élèves. Il n'admettait pas, comme il le dit lui-même, qu'un esclave réprimandât son fils ou lui tirât les oreilles pour être trop lent à apprendre, ni que son fils fût redevable à un esclave d'un bienfait aussi précieux que l'éducation. Ce fut donc lui qui lui enseigna les lettres, qui lui apprit le droit et qui fut son maître de gymnastique. Il lui apprit non seulement à lancer le javelot, à combattre lourdement armé, à monter à cheval, mais encore à boxer, à endurer le chaud et le froid et à traverser à la nage le fleuve en forçant les passages difficiles et les tourbillons. Il dit aussi qu'il avait rédigé un livre d'histoire de sa propre main, en gros caractères, afin que son fils trouvât à la maison même le moyen de connaître les antiques traditions de son pays ; il ajoute qu'en présence de son fils il se gardait de toute indécence de langage avec autant de soin que devant les vierges sacrées qu'on appelle vestales, et qu'il ne se baigna jamais avec lui. Cela paraît avoir été une coutume générale chez les Romains. Les beaux-pères, en effet, évitaient de se baigner avec leurs gendres : ils eussent rougi de se déshabiller et de paraître nus devant eux. Par la suite, cependant, quand ils eurent appris des Grecs à se montrer nus, à leur tour ils corrompirent les Grecs en leur donnant l'exemple de se baigner même avec des femmes.

Vies. Caton l'Ancien, 20, 4-8

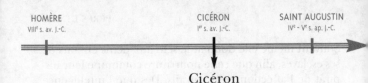

HOMÈRE
VIIIe s. av. J.-C.

CICÉRON
Ier s. av. J.-C.

SAINT AUGUSTIN
IVe - Ve s. ap. J.-C.

Cicéron

Les Divisions de l'art oratoire *sont un manuel de rhétorique disposé par demandes et réponses. Le jeune Marcus interroge, son père lui répond, et tous deux passent ainsi en revue les diverses parties de l'art oratoire. Cette forme d'exposition avait déjà été employée à Rome par d'autres auteurs.*

RÉPÉTITION EN FAMILLE

CICÉRON FILS. – Je désire vivement, mon père, t'entendre m'exposer en latin les préceptes que tu m'as donnés en grec sur l'éloquence, si toutefois tu en as le loisir et si tu le veux.

CICÉRON PÈRE. – Te voir aussi savant que possible, est-il rien, mon cher fils, que je puisse préférer ? Quant au loisir, je le possède entièrement, puisque enfin il m'est possible de quitter Rome ; d'ailleurs, ces études dont tu me parles, je les ferais volontiers passer même avant mes occupations les plus sérieuses.

CICÉRON FILS. – Veux-tu donc que, procédant comme toi, qui as coutume de me poser en grec des questions sur tous les points, moi, à mon tour, je te pose en latin des questions sur les mêmes matières ?

CICÉRON PÈRE. – Certainement, si tu le désires. Par ce moyen, je verrai si tu as retenu ce que l'on t'a enseigné, et toi, tu m'entendras exposer sur tous les points ce que tu me demanderas.

Divisions de l'art oratoire, 1-2

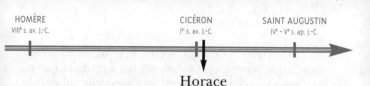

HOMÈRE
VIIIᵉ s. av. J.-C.

CICÉRON
Iᵉʳ s. av. J.-C.

SAINT AUGUSTIN
IVᵉ - Vᵉ s. ap. J.-C.

Horace

Si Horace a conquis une place dans la société et s'est fait apprécier de Mécène, le ministre de l'empereur Auguste, ce n'est pas à cause de sa naissance, lui qui est fils d'un affranchi, ce n'est pas par l'intrigue, c'est grâce à sa personnalité. Or, cette personnalité a été formée par les leçons morales d'un excellent père et par l'instruction que celui-ci a fait donner à grands frais, alors que rien ne l'obligeait à de pareilles dépenses. Dans des vers autobiographiques, le poète se remémore des scènes de son enfance et fait revivre la figure d'un père auquel il exprime, avec délicatesse, de la gratitude pour son abnégation.

RECONNAISSANCE FILIALE (I)

Si ma nature, droite d'ailleurs, n'est entachée que de défauts médiocrement graves et en petit nombre, comparables à des verrues qu'on trouverait éparses sur un beau corps, si personne ne peut sans mentir me reprocher ni avarice, ni tenue sordide, ni basse débauche, si, pour faire mon propre éloge, ma vie est nette et sans reproche, si je suis cher à mes amis, je le dois à mon père, qui, pauvre d'un maigre petit bien, ne voulut pas m'envoyer à l'école de Flavius, où les nobles enfants issus des nobles centurions, leur boîte à casier et leur planchette suspendues à l'épaule gauche, allaient, payant aux ides huit écus de bronze. Dès mon enfance, il ne craignit pas de me transporter à Rome pour m'y faire donner l'instruction que ferait donner à sa progéniture un chevalier, un sénateur. Mes habits, les esclaves qui me suivaient, si quelqu'un, dans cette grande foule, les avait remarqués, pouvaient faire croire que le patrimoine d'une vieille famille fournissait à de telles dépenses. Mon père lui-même, gardien incorruptible, m'accompagnait partout chez les maîtres. Bref, il conserva ma pudeur, cette première parure de la vertu, à l'abri je ne

127

dis pas seulement de toute action, mais même de toute imputation honteuses. Et il n'avait pas à craindre qu'on lui fît des reproches si, devenu un jour crieur public ou, comme il l'avait été lui-même, receveur des enchères, je ne réalisais que de minces profits. Moi-même, je ne m'en serais pas plaint. Il n'en mérite aujourd'hui que plus de louange et, de ma part, que plus de reconnaissance.

Satires, I, VI, 65-88

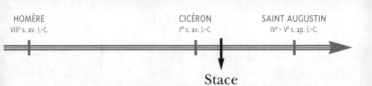

| HOMÈRE | CICÉRON | SAINT AUGUSTIN |
| VIIIᵉ s. av. J.-C. | Iᵉʳ s. av. J.-C. | IVᵉ - Vᵉ s. ap. J.-C. |

Stace

Fils d'un professeur qui pratiquait l'éloquence et la poésie de concours (plus haut, p. 29), Stace a été à bonne école, et il est reconnaissant envers son père, non seulement de lui avoir donné la vie, mais aussi de l'avoir guidé sur les chemins de la poésie, à l'époque où il commençait à composer l'épopée en douze chants, la Thébaïde.

RECONNAISSANCE FILIALE (II)

Et moi-même, quand je frappais au seuil des bois mélodieux et des vallons de Béotie, aussitôt que je déclarai descendre de ta souche, les déesses me reçurent ; car je ne te dois pas seulement le ciel, la mer et la terre, dons naturels de celui qui nous transmet la vie, mais aussi cet apanage de la lyre, quelle qu'en soit la valeur, et tu m'as enseigné dès le début un langage qui n'est pas vulgaire et l'espérance de la gloire pour mon tombeau. Quelle était ta fierté chaque fois que je charmais les sénateurs latins par mes chants et que tu assistais avec bonheur au déploiement de l'art dont tu m'avais fait don ! Ah ! comme les pleurs se mêlaient à ta joie, au milieu des souhaits, des tendres craintes et d'une réserve plaisante ! Comme ce jour t'appartenait, et comme la gloire était plus pour toi que pour moi ! [...] Grâce à tes leçons, ma *Thébaïde* serrait de près les œuvres des poètes antiques ; c'était toi qui stimulais mes chants, toi qui m'enseignais à déployer les hauts faits des héros, et les aspects de la guerre, et la disposition des lieux. Sans toi ma course chancelle sur une route incertaine, et les voiles de mon navire abandonné à lui-même s'enveloppent de brume.

Silves, V, 3, 209-238

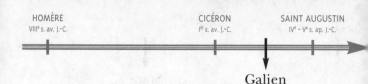

HOMÈRE
VIIIe s. av. J.-C.

CICÉRON
Ier s. av. J.-C.

SAINT AUGUSTIN
IVe - Ve s. ap. J.-C.

Galien

Galien a évoqué plusieurs fois le souvenir de son père, qui avait pris soin de son éducation dans un grand nombre de matières et lui avait inculqué de sains principes de morale. Il considérait comme une chance d'avoir été guidé de la sorte, tout en étant bien conscient d'avoir fait fructifier, par son propre talent, ce qu'il avait reçu.

RECONNAISSANCE FILIALE (III)

Après nous avoir élevé de façon à nous rendre savant en arithmétique, calcul et grammaire, au milieu de ces disciplines et des autres connaissances qui font partie de l'éducation, alors que nous étions dans notre quinzième année, notre père nous amena à l'étude de la dialectique, pour que nous attachions notre esprit à la seule philosophie, puis, influencé par des songes clairs, il nous fit en outre, alors que nous étions dans notre dix-septième année, nous entraîner à la médecine en même temps qu'à la philosophie. Mais même moi qui ai connu une telle chance et qui apprenais plus vite que tous les autres tout ce qu'on m'enseignait, si je ne m'étais pas appliqué ma vie tout entière à m'entraîner aux principes de la médecine et de la philosophie, je n'aurais rien su d'important.

Sur l'ordre de ses propres livres, IV, 4-5

HOMÈRE
VIII* s. av. J.-C.

CICÉRON
I* s. av. J.-C.

SAINT AUGUSTIN
IV* - V* s. ap. J.-C.

Libanios

Les empereurs Constance et Constant, fils et successeurs de Constantin, reçurent de leur père, dans leur jeunesse, une éducation complète, qui les préparait aux hautes responsabilités auxquelles ils étaient destinés.

UNE ÉDUCATION ROYALE

Nos empereurs sont habiles dans les deux domaines : pour l'art oratoire qui convient à des Romains, ils ont fait venir les meilleurs maîtres de l'époque ; pour la science de la royauté, ils n'ont pas eu à chercher de professeur, ils avaient à proximité justement leur géniteur [...].

Le vulgaire croit que l'instruction en cette matière se limite à monter à cheval, bander un arc, toucher une cible avec un javelot, donner des coups d'épée, rendre son bras assez fort pour projeter la lance, résister aux froids, ne jamais se laisser abattre par l'excès de la chaleur : cela ne contribue certes pas peu à l'apprentissage du métier d'empereur, mais, pour les nôtres, l'éducation ne se bornait pas là. Cela faisait certes partie de leur entraînement ordinaire, mais il s'y ajoutait une seconde part beaucoup plus estimable : quand ils avaient terminé leurs exercices dans ces disciplines, leur père formait leurs âmes par des règles de conduite ; il y implantait la justice, n'y laissait pas de place à l'injustice, leur faisait distinguer le temps de la colère et celui de l'indulgence, leur disait ce qu'est le despotisme, leur montrait ce qu'est la royauté, et que celui qui aspire à l'un a perdu l'autre. Personne ne saurait atteindre la minutie avec laquelle il dirigeait ses enfants chaque jour.

Éloge des empereurs Constance et Constant, 34-36

131

HOMÈRE
VIIIᵉ s. av. J.-C.

CICÉRON
Iᵉʳ s. av. J.-C.

SAINT AUGUSTIN
IVᵉ - Vᵉ s. ap. J.-C.

Sidoine Apollinaire

Par la bouche du poète, Jupiter s'adresse à la déesse Rome, qui s'est tournée vers lui, défaite et éplorée (Rome venait d'être pillée par les Vandales). Avitus est empereur : pour montrer tout ce qu'on est en droit d'attendre de ce règne, Jupiter raconte à la déesse comment le père d'Avitus, averti par des présages, a prodigué à son fils une éducation appropriée, afin de le former pour sa mission de futur restaurateur de la grandeur romaine. Ce poème valut à Sidoine Apollinaire une statue de bronze en plein forum, mais Avitus fut démis de ses fonctions peu de temps après.

COMMENT SE FORGE UN EMPEREUR

Le père d'Avitus exposait à la neige les membres du nourrisson, puis voulut que l'enfant brisât la glace sous ses pieds et foulât en se jouant les gelées blanches. Son intelligence à son éveil fut formée par les Muses et par l'illustre Cicéron qui fait tonner ta voix ; il étudia aussi les hauts faits de tes chefs passés, il étudia les combats et lut dans les livres ce qu'il devait accomplir sur le champ de bataille. Il était tout jeune garçon, à peine sorti de la petite enfance, quand un jour devant lui surgit, pleine de rage, les babines ensanglantées, bête au ventre affamé en quête de nourriture pour ses petits plus encore que pour elle-même, une louve ; il y avait tout près des fragments de rochers ; d'un bloc vite saisi, il la terrassa ; le crâne brisé par la pierre vola en éclats et le roc demeura dans la blessure.

Poèmes. Panégyrique d'Avitus, 171-182

MAIS LES FEMMES ?

Les femmes ayant, dans l'Antiquité, peu de rôle public et décisionnel, par comparaison avec les hommes, on ne les voit pas souvent intervenir comme professeurs. Par ailleurs, l'éducation des filles était généralement plus succincte que celle des garçons. L'excès de culture intellectuelle ou de préparation aux carrières risquait de paraître hors de saison, et les femmes étaient considérées comme mieux à leur place dans le cadre familial et domestique. Mais il y avait des exceptions, comme Sapho et son école (VIIᵉ-VIᵉ siècle av. J.-C.), si ce fut bien une école, ou, à l'autre extrémité de l'arc temporel antique, la philosophe néoplatonicienne Hypatie, qui fut professeur à Alexandrie et se trouva entraînée dans les conflits politico-religieux de la ville (IVᵉ-Vᵉ siècle ap. J.-C.).

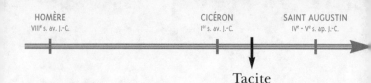

HOMÈRE
VIIIᵉ s. av. J.-C.

CICÉRON
Iᵉʳ s. av. J.-C.

SAINT AUGUSTIN
IVᵉ - Vᵉ s. ap. J.-C.

Tacite

Nobles exemples de matrones romaines se consacrant à l'éducation de leurs fils. Le personnage de Cornélia, fille de Scipion l'Africain et mère des Gracques (IIᵉ siècle av. J.-C.), est resté célèbre comme modèle de vertu et de dévouement.

LE RÔLE DES MÈRES

Oui, autrefois, dans chaque famille, le fils, né d'une mère chaste, était élevé non pas dans la chambre étroite d'une nourrice achetée, mais dans le sein et les bras d'une mère, qui faisait avant tout sa gloire de rester chez elle et d'être l'esclave de ses enfants. On choisissait en outre une parente un peu âgée ; à ses vertus éprouvées et sûres, on confiait toute la descendance de la même maison, et devant elle il n'était permis de rien dire qui semblât grossier ou de rien faire qui semblât honteux. Et ce n'était pas seulement les études et les devoirs, mais aussi les distractions et les jeux de ses enfants que la mère réglait avec autant de vertu que de pudeur. C'est ainsi, nous apprend l'histoire, que Cornélia a dirigé l'éducation des Gracques, Aurélie celle de César, Atia celle d'Auguste, et qu'elles ont élevé ces enfants de grandes maisons. Par cette discipline et cette sévérité, on voulait que ces âmes pures, innocentes, que rien de défectueux n'avait encore altérées, se jettent de tout leur cœur sur les arts libéraux, et que, quelle que fût la carrière vers laquelle les porterait leur goût, art militaire, science du droit, éloquence, elles s'y donnent tout entières et s'en pénètrent complètement.

Aujourd'hui, au contraire, aussitôt né, l'enfant est abandonné à je ne sais quelle servante grecque, à laquelle on adjoint un ou deux esclaves pris au hasard, généralement sans valeur morale et impropres à tout emploi sérieux. Ce sont leurs contes et leurs superstitions qui imprègnent ces âmes toutes fraîches et neuves, et nul dans toute la maison ne se préoccupe de ce qu'il dit ou fait en présence du jeune maître.

Dialogue des orateurs, 28-29

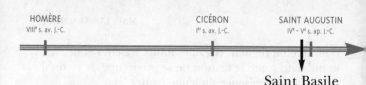

HOMÈRE
VIIIe s. av. J.-C.

CICÉRON
Ier s. av. J.-C.

SAINT AUGUSTIN
IVe - Ve s. ap. J.-C.

Saint Basile

*Écrivant aux habitants de Néocésarée (près de la mer Noire),
saint Basile rappelle le souvenir de sa grand-mère Macrine, qui
était originaire de la ville, et qui exerça une influence sur son
éducation. Disciple de Grégoire le Thaumaturge, elle transmit
les enseignements de celui-ci à son petit-fils.*

ÉLEVÉ PAR SA GRAND-MÈRE

Quelle preuve plus claire pourrait-il y avoir en faveur
de notre foi, que le fait d'avoir été élevé par une aïeule
qui était une bienheureuse femme sortie de chez vous ?
Je veux parler de l'illustre Macrine, qui nous a enseigné
les paroles du bienheureux Grégoire, toutes celles que la
tradition orale lui avait conservées, qu'elle gardait elle-
même et dont elle se servait pour éduquer et pour former aux dogmes de la piété le tout petit enfant que nous
étions encore.

Correspondance, 204, 6

HOMÈRE
VIIIe s. av. J.-C.

CICÉRON
Ier s. av. J.-C.

SAINT AUGUSTIN
IVe - Ve s. ap. J.-C.

Xénophon

Ischomaque explique à Socrate comment il a éduqué son épouse, en lui enseignant ses devoirs de maîtresse de maison. La femme étant donnée très jeune à un mari plus âgé et expérimenté, la relation conjugale prend un tour pédagogique.

LE MARI, INSTRUCTEUR DE SA FEMME

– Voici encore, dis-je, ce que je voudrais bien apprendre de toi : est-ce toi qui as formé toi-même ta femme à être telle qu'elle devait être, ou, quand tu l'as reçue des mains de son père et de sa mère, savait-elle déjà diriger les affaires qui lui reviennent ?

– Que pouvait-elle bien savoir, Socrate, dit-il, quand je l'ai prise à la maison ? Elle n'avait pas encore quinze ans quand elle est venue chez moi ; jusque-là elle vivait sous une stricte surveillance, elle devait voir le moins de choses possibles, en entendre le moins possible, poser le moins de questions possible. N'est-ce pas, à ton avis, déjà bien beau qu'elle ait su en venant chez moi faire un manteau de la laine qu'on lui remettait et qu'elle ait vu comment l'on distribue aux servantes leur tâche de fileuse ? Pour la sobriété, on l'avait, quand elle est venue, tout à fait bien éduquée ; or c'est là, à mon sens, un point fort important de l'éducation des hommes et des femmes.

– Quant au reste, dis-je, Ischomaque, c'est toi qui as formé ta femme de telle sorte qu'elle soit capable de s'occuper des soins qui lui reviennent ?

– Oui, par Zeus, dit Ischomaque, mais pas avant d'avoir sacrifié aux dieux et de leur avoir demandé de nous accorder à moi de lui enseigner et à elle d'apprendre ce qui pouvait être le plus utile à tous deux.

– Et sans doute, dis-je, ta femme s'associait-elle à ton sacrifice et à tes prières ?

137

– Parfaitement, dit Ischomaque, et elle promettait solennellement devant les dieux de devenir telle qu'elle devait être, et il était d'ailleurs évident qu'elle ne négligerait aucune de mes leçons.

Économique, VII, 4-8

HOMÈRE
VIIIᵉ s. av. J.-C.

CICÉRON
Iᵉʳ s. av. J.-C.

SAINT AUGUSTIN
IVᵉ - Vᵉ s. ap. J.-C.

Platon

Les critiques n'ont pas toujours perçu l'ironie de ce texte, qui est cinglante. Aspasie, la célèbre courtisane milésienne, compagne de Périclès, serait le maître de rhétorique non seulement de Périclès lui-même, mais de Socrate. Elle aurait composé une oraison funèbre (discours officiel en l'honneur des soldats morts pour la patrie), et Socrate, tel un jeune élève, aurait appris ce discours par cœur, de manière à pouvoir le répéter. Scénario grotesque, que Platon n'imagine que pour mieux ridiculiser la rhétorique telle qu'elle avait cours dans la démocratie athénienne. Dans cette optique, le choix d'Aspasie – une femme et une étrangère – comme maître supposé est une moquerie supplémentaire.

ASPASIE PROFESSEURE!

MÉNEXÈNE. – Te croirais-tu capable de prendre toi-même la parole, s'il le fallait et que tu fusses choisi par le Conseil?

SOCRATE. – Moi aussi, bien sûr, Ménexène, il ne serait point surprenant que je fusse en état de parler. J'ai la chance d'avoir pour maître une femme des plus distinguées dans l'art oratoire. Entre beaucoup de bons orateurs qu'elle a formés, il y en a même un qui est le premier de la Grèce, Périclès, fils de Xanthippe.

MÉNEXÈNE. – Qui est-ce? À coup sûr, c'est Aspasie que tu veux dire?

SOCRATE. – C'est elle, en effet; ajoute Connos, fils de Métrobios: voilà mes deux maîtres, l'un de musique, l'autre d'éloquence. Qu'un homme ainsi dressé soit habile à la parole, rien d'étonnant. Mais n'importe qui, même avec une éducation inférieure à la mienne, formé à la musique par Lampros, et à l'éloquence par Antiphon de Rhamnonte, serait pourtant capable, lui aussi, en louant des Athéniens à Athènes, d'acquérir du renom.

MÉNEXÈNE. – Et qu'aurais-tu à dire, s'il te fallait parler ?

SOCRATE. – De mon propre fonds, je ne tirerais probablement rien. Mais, pas plus tard qu'hier, j'écoutais Aspasie faire toute une oraison funèbre sur le même sujet. Elle avait appris, comme tu le dis toi-même, que les Athéniens allaient choisir l'orateur. Là-dessus, elle développa sur-le-champ devant moi une partie de ce qu'il fallait dire ; quant au reste, elle y avait déjà réfléchi, au moment, je suppose, où elle composait l'oraison funèbre prononcée par Périclès, et c'était des rognures de ce discours qu'elle soudait ensemble.

MÉNEXÈNE. – Te rappellerais-tu ce que disait Aspasie ?

SOCRATE. – Autrement, je serais bien coupable ; j'apprenais de sa bouche, et j'ai failli recevoir des coups parce que j'oubliais.

MÉNEXÈNE. – Qu'attends-tu donc pour l'exposer ?

SOCRATE. – Prends garde que mon maître ne se fâche contre moi, si je divulgue son discours !

MÉNEXÈNE. – Ne crains rien, Socrate, et parle. Tu me feras le plus grand plaisir, que ce soit d'Aspasie ou de tout autre que tu veuilles rapporter les propos. Parle seulement.

Ménexène, 235e-236c

HOMÈRE
VIIIᵉ s. av. J.-C.

CICÉRON
Iᵉʳ s. av. J.-C.

SAINT AUGUSTIN
IVᵉ - Vᵉ s. ap. J.-C.

Euripide

La Mélanippe *d'Euripide, dont il ne reste que des fragments, mettait en scène une femme instruite qui s'exprimait en philosophe. Aristote a vu là un exemple d'inconvenance* (Poétique, 15).

UNE FEMME SAVANTE

Je suis femme, c'est vrai, mais j'ai du jugement. Par moi-même, je ne suis pas mal pourvue de discernement et, pour avoir souvent écouté parler mon père et des personnes âgées, je ne suis pas mal instruite.

Fragments. Mélanippe, 3

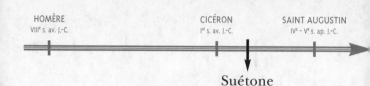

HOMÈRE
VIIIᵉ s. av. J.-C.

CICÉRON
Iᵉʳ s. av. J.-C.

SAINT AUGUSTIN
IVᵉ - Vᵉ s. ap. J.-C.

Suétone

L'empereur Auguste s'intéressait à l'éducation, mais sa sévérité envers l'élément féminin de sa famille fut mal récompensée, car, poursuit Suétone, « les deux Julie, sa fille et sa petite-fille, se souillèrent de tous les opprobres, et il les relégua ».

DES PRINCESSES SÉVÈREMENT GARDÉES

Sa fille et ses petites-filles furent élevées avec tant de sévérité qu'il les habitua même au travail de la laine et leur défendit de cacher la moindre de leurs paroles ou de leurs actions, qui toutes devaient pouvoir être relatées dans le journal de sa maison. Il leur interdit si rigoureusement tout rapport avec des étrangers qu'il écrivit un jour à L. Vinicius, jeune homme de la plus haute distinction: « Vous avez pris une liberté excessive en venant saluer ma fille à Baïes. »

Vies des douze Césars. Auguste, 64

HOMÈRE
VIIIe s. av. J.-C.

CICÉRON
Ier s. av. J.-C.

SAINT AUGUSTIN
IVe - Ve s. ap. J.-C.

Saint Jérôme

Le programme tracé pour la petite Paule est très rigoureux. Elle sera élevée non par ses parents, à Rome, mais dans le couvent de Bethléem dont sa tante Eustochium est la supérieure, et son éducation sera centrée sur les travaux d'aiguille, la prière et la lecture de la Bible et des Pères, à l'exclusion de toute culture profane, de tout loisir et de tout divertissement. C'est que la petite fille est un cas spécial. Elle a été vouée à Dieu dès avant sa naissance, suivant un usage de l'époque : il s'agit de former une future moniale.

ÉDUCATION RIGOUREUSE
D'UNE PETITE FILLE CHRÉTIENNE

Souvenez-vous que vous êtes les parents d'une vierge, et que pour l'instruire les exemples ont plus de vertu que la parole. Les fleurs meurent vite ; violettes, lis et jonquilles sont vite flétris par une brise empestée. Que jamais sans toi elle ne se montre en public ; qu'elle n'aille pas sans sa mère même dans les basiliques des martyrs et les églises. Qu'aucun jeune homme, qu'aucun élégant aux cheveux frisés ne lui sourie. Quant aux jours de vigile et aux veillées nocturnes, que cette petite vierge les célèbre de manière à ne jamais quitter sa mère, pas même de la largeur d'un ongle. Je ne veux pas qu'elle ait d'amitié particulière pour l'une de ses petites servantes, avec qui elle chuchoterait souvent dans le creux de l'oreille. Ce qu'elle dit à l'une, que toutes le sachent. Qu'elle choisisse comme compagne non pas une jeune fille coquette et charmeuse, dont la voix cristalline saurait moduler des airs suaves, mais une personne sérieuse, pâle de visage, négligée, un peu mélancolique. Qu'on prépose à son éducation une vierge expérimentée, modèle de foi, de moralité, de réserve, qui lui enseigne et l'habitue par son exemple à se lever la nuit pour faire

143

oraison et réciter des psaumes, à chanter des hymnes dès le matin, à se tenir sur le front du combat, à la troisième, sixième et neuvième heure, telle une amazone du Christ, enfin, en allumant sa petite lampe, à offrir le sacrifice du soir. Qu'ainsi se passe le jour ; qu'ainsi la nuit la trouve au labeur. Que la lecture succède à l'oraison, et à la lecture l'oraison. Le temps paraîtra court, s'il est occupé par tant de travaux, et si variés.

Qu'elle apprenne aussi à filer la laine, à manier la quenouille, à assujettir le panier sur ses genoux, à faire tourner le fuseau, à guider les fils avec le pouce. Qu'elle fasse peu de cas des étoffes de soie, des cocons importés des Sères et du tissu d'or ! Que les vêtements qu'elle confectionnera servent à protéger du froid, non pas à faire transparaître la nudité des corps qui en sont vêtus. [...]

Qu'elle ait toujours en main les ouvrages de Cyprien ; en parcourant les lettres d'Athanase et les livres d'Hilaire, ses pieds ne risquent pas de broncher. Qu'elle se délecte des traités, des idées de ces grands hommes, dans les livres desquels la religion et la foi n'ont pas vacillé. Les autres, qu'elle les lise plutôt en juge qu'en disciple.

Tu m'objecteras : « Comment tout ce programme, moi, femme du monde, parmi une telle affluence de gens, à Rome, comment, dis-je, me sera-t-il possible de m'y conformer ? » Non, ne te charge pas d'un fardeau que tu ne peux supporter. Quand tu l'auras sevrée – comme Isaac –, et habillée – comme Samuel –, envoie-la à son aïeule et à sa tante. Confie cette gemme très précieuse à la chambre de Marie, et place-la dans la crèche de Jésus vagissant. Qu'elle soit nourrie au monastère, qu'elle prenne rang parmi les chœurs des vierges, qu'elle n'apprenne pas à jurer, que le mensonge lui paraisse un sacrilège, qu'elle ignore le monde, qu'elle mène la vie angélique, qu'elle soit dans la chair sans la chair, qu'elle croie que le genre humain tout entier lui est semblable et, pour taire le reste, qu'en tout cas elle te libère d'une préservation difficile et d'une garde bien risquée. Il vaudrait mieux pour toi regretter son absence, que redouter toutes les éventualités : à qui parle-t-elle, que dit-elle, à qui fait-elle signe, qui regarde-t-elle avec plaisir ? Confie à Eustochium cette petite fille, dont, pour le moment, les vagissements même te tiennent lieu d'oraison ; confie-lui comme compagne celle qui doit être l'héritière de sa sainteté. [...]

Moi-même, si tu nous envoies Paule, je promets d'être son professeur, son père nourricier. Je la porterai sur mes épaules ; quoique vieux, je donnerai forme aux mots qu'elle balbutiera ; j'en serai beaucoup plus fier que le philosophe de ce monde, car ce n'est pas un roi de Macédoine destiné à périr du poison babylonien que j'instruirai, c'est une servante, une épouse du Christ, destinée à être offerte aux royaumes célestes.

Correspondance, CVII, 9-13

HOMÈRE
VIIIe s. av. J.-C.

CICÉRON
Ier s. av. J.-C.

SAINT AUGUSTIN
IVe - Ve s. ap. J.-C.

Héliodore

Belle, intelligente, instruite, la jeune Chariclée a toutes les qualités, comme il sied à une héroïne de roman. Son énergie et son indépendance sont exceptionnelles, et elle tient tête à son père. La rencontre avec le beau Théagène la fera revenir sur son refus de se marier.

UNE HÉROÏNE DE ROMAN

L'enfant est ici avec moi. C'est ma fille; elle porte mon nom; toute ma vie repose sur elle. Accomplie en tous points, elle me donne satisfaction au-delà de ce que je pouvais souhaiter. Comme elle a eu vite fait de s'assimiler la langue grecque, et d'atteindre un plein épanouissement, semblable à un vigoureux rejeton d'une belle venue! Elle surpasse en beauté toutes les autres, à ce point que nul, grec ou étranger, ne peut se retenir de la regarder; telle une statue modèle de toute beauté, elle attire à elle les yeux et les pensées de tous, dès qu'elle apparaît au temple, à la promenade ou sur une place publique. Et pourtant, malgré toutes ses perfections, elle m'afflige d'un insupportable chagrin. Elle ne veut pas entendre parler de mariage. Elle prétend rester vierge toute sa vie. Elle s'est consacrée au service d'Artémis, et passe la plus grande partie de son temps à chasser et à tirer de l'arc. Voilà ce qui me désole. Car j'espérais la donner en mariage au fils de ma sœur, garçon fort gentil, d'un esprit et d'un caractère charmants. Mon espoir se trouve déçu par la cruelle décision de la jeune fille. Ni prières, ni promesses, ni raisonnements ne peuvent la convaincre. Le plus terrible, c'est qu'elle se sert contre moi, comme on dit, de mes propres armes. Mettant en œuvre la forte instruction et l'habileté à discuter sur toutes choses que je lui ai inculquées, elle s'efforce de me prouver qu'elle a choisi la meilleure vie. Elle exalte la virginité et peu s'en faut qu'elle ne la divinise. Elle l'appelle pure, impollue, immaculée. Quant à Éros, à Aphrodite, et à tout le cortège des noces, elle envoie tout cela aux corbeaux[1].

Les Éthiopiques (Théagène et Chariclée), II, 33, 3-5

1. Expression proverbiale en grec, correspondant à notre « envoyer au diable ».

V

PORTRAITS D'ÉLÈVES

CANCRES ET PREMIERS DE CLASSE

Les pédagogues antiques se sont intéressés de près, avec sincérité et perspicacité, au comportement et à la psychologie des élèves. Ils les observaient, évaluaient leurs dons, cherchaient à comprendre ce qui les motivait et ce qui, inversement, les détournait de l'école. Après tout, ils avaient été eux-mêmes enfants avant de devenir professeurs.

HOMÈRE
VIIIᵉ s. av. J.-C.

CICÉRON
Iᵉʳ s. av. J.-C.

SAINT AUGUSTIN
IVᵉ - Vᵉ s. ap. J.-C.

Aristophane

*La crise de l'éducation à Athènes, au Vᵉ siècle avant J.-C. –
telle que veut la voir le poète comique –, se reflète dans l'affron-
tement entre deux personnages allégoriques : le Raisonnement
Juste, qui porte les idées saines du bon vieux temps, et le
Raisonnement Injuste, qui incarne la décadence actuelle.
Autrefois, c'est-à-dire avant les funestes innovations pédagogi-
ques introduites par Socrate et ses pareils, les enfants apprenaient à chanter, à faire du sport et à bien se tenir. Mais
aujourd'hui, avec l'accent mis sur l'intellect, on leur enseigne
les discours et les raisonnements fumeux, et pour le reste ce n'est
qu'amollissement, fainéantise et dévergondage.*

LES ÉLÈVES ÉTAIENT BIEN ÉDUQUÉS... AUTREFOIS

Le Raisonnement Juste. – Je dirai donc en quoi consistait l'ancienne éducation, lorsque je florissais en profes-
sant la justice et que la tempérance était en honneur.
D'abord, il ne fallait pas qu'on entendît un enfant souf-
fler le moindre mot ; ensuite, on voyait marcher dans la
rue, en bon ordre, pour se rendre chez le maître de
musique, tous ceux d'un même quartier, sans manteau
et en rangs serrés, neigeât-il dru comme farine. Là on
leur apprenait avant tout un chant, tandis qu'ils tenaient
les cuisses écartées, ou bien :

Ô Pallas, de cités destructrice terrible

ou bien :

Un son qui porte loin

soutenant le mode transmis par leurs pères. Si l'un
d'eux faisait le bouffon ou se permettait quelque
inflexion dans le genre de celles aujourd'hui à la mode
d'après Phrynis, si pénibles à moduler, il était roué de
coups pour vouloir abolir les Muses. Chez le pédotribe,
il fallait qu'assis les enfants allongeassent la cuisse, de
manière à ne rien montrer de choquant à ceux du

152

dehors ; puis, quand on se relevait, on devait aplanir le sable et veiller à ne pas laisser aux amoureux une empreinte de sa virilité. Pas un enfant ne se frottait d'huile au-dessous du nombril, de sorte que sur ses organes fleurissait un frais et tendre duvet, comme sur des coings. Aucun, avec de molles inflexions de voix, n'approchait son amant en se prostituant lui-même par les yeux. Jamais il n'eût été permis au dîner de se servir la tête du raifort, ni de dérober aux personnes plus âgées de l'aneth ou de l'ache, ni d'être gourmet, ni de rire en gloussant, ni de croiser ses jambes.

Le Raisonnement Injuste. – Oui, des vieilleries !

Le Raisonnement Juste. – C'est pourtant avec ces vieilleries-là que les guerriers de Marathon, grâce à mon système d'éducation, furent formés. Mais toi, tu enseignes à ceux d'aujourd'hui à être de bonne heure enveloppés dans des manteaux ; et je suffoque quand, à la fête des Panathénées, j'en vois qui, obligés de danser, tiennent leur bouclier devant leur sexe. *(À Phidippide.)* Ainsi, jeune adolescent, en toute confiance, choisis-moi, moi le raisonnement fort : tu apprendras à détester l'agora, à t'abstenir d'aller aux bains publics, à rougir de tout ce qui est honteux et, si l'on te raille, à prendre feu et flamme ; à te lever de ton siège devant les vieillards à leur approche ; à ne pas être grossier envers tes parents ; à ne commettre aucun acte honteux susceptible de souiller la pudeur qui est ta parure ; à ne pas faire irruption chez une danseuse, pour que tu n'ailles pas, regardant tout cela bouche bée, recevoir un coing lancé par une petite catin et perdre ta bonne réputation ; à ne point répliquer à ton père, à te garder de lui reprocher son âge et le temps où tu fus élevé comme un petit poussin.

Le Raisonnement Injuste. – Si tu le crois, petit jeune homme, par Dionysos, on t'appellera « chéri à sa maman ».

Le Raisonnement Juste. – Toujours est-il que, brillant et frais comme une fleur, tu passeras ton temps dans les gymnases, au lieu de débiter sur l'agora des bavardages épineux sans queue ni tête, comme on fait aujourd'hui, ou de te démener à propos d'une petite affaire toute de chicane, de contestation, de rouerie. Tu descendras à l'Académie où, sous les oliviers sacrés, tu prendras ta course, couronné de léger roseau, avec un ami de ton âge, fleurant le smilax, l'insouciance et le peuplier blanc qui perd ses chatons, jouissant de la saison printanière, quand le platane chuchote avec l'orme. *(Plus animé.)* Si tu fais ce que je te dis et y appliques ton esprit, tu auras toujours la poitrine robuste, le teint clair, les épaules larges, la langue courte, la fesse grosse, la verge petite. Mais, si tu pratiques les mœurs du jour, d'abord tu auras le teint pâle, les épaules étroites, la poitrine resserrée, la langue longue, la fesse grêle, la verge grande, la… proposition de décret longue ; il te fera tenir pour honnête tout ce qui est honteux, et pour honteux tout ce qui est honnête, et par surcroît il te souillera du vice immonde d'Antimachos[1].

Les Nuées, 961-1023

---

1. C'est-à-dire la sodomie.

HOMÈRE
VIIIe s. av. J.-C.

CICÉRON
Ier s. av. J.-C.

SAINT AUGUSTIN
IVe - Ve s. ap. J.-C.

Platon

Portrait d'un élève par son professeur: Théodore de Cyrène (ville de la Libye actuelle), qui enseigne la géométrie, décrit le jeune Théétète, qui est devenu son élève à Athènes. L'adolescent est beau de la beauté de l'âme. Au physique comme au moral, c'est une sorte de double de Socrate, un Socrate jeune. Un tel portrait pouvait servir de modèle pour les apprentis philosophes qui suivaient les leçons de Platon à l'Académie.

UN ADOLESCENT LAID, MAIS DOUÉ

En vérité, Socrate, et ma parole et ton attention auront un sujet tout à fait digne d'elles si je te dis quelles qualités j'ai trouvées dans un adolescent de votre ville. Encore, s'il était beau, ne parlerais-je point sans beaucoup de frayeur, le risque étant qu'à d'aucuns je n'eusse l'air d'être son poursuivant. Or – ne m'en veuille point –, il n'est pas beau: il te ressemble, et pour le nez camus, et pour les yeux à fleur de tête, encore qu'il ait ces traits moins accentués que toi. Aussi n'ai-je nulle frayeur à parler. Or, sache bien que, de tous ceux que j'ai pu jamais rencontrer – et le nombre est bien grand de ceux que j'ai fréquentés –, je n'ai encore constaté, chez aucun, une si merveilleuse nature. Apprenant avec une facilité dont on trouverait à peine un autre exemple, avec cela remarquablement doux, par-dessus tout brave plus que personne, je n'aurais jamais cru possible un tel ensemble et ne vois point qu'il se rencontre. Au contraire, ceux qui ont cette acuité, cette vivacité d'esprit, cette mémoire, ont la plupart du temps une forte pente à la colère; ils se laissent emporter, de bonds en bonds, comme des bateaux sans lest et leur naturel a plus d'exaltation que de courage. Ceux qui sont plus pondérés ne se portent vers les études que d'un mouvement plutôt nonchalant et lourd d'oubli. Mais lui va

155

d'une allure si égale, si exempte de heurts, si efficace vers les études et les problèmes, avec une douceur abondante, avec cette effusion silencieuse de l'huile qui s'épand, qu'on s'étonne de voir, en un si jeune âge, cette façon de réaliser de tels achèvements.

Théétète, 143e-144b

HOMÈRE
VIIIᵉ s. av. J.-C.

CICÉRON
Iᵉʳ s. av. J.-C.

SAINT AUGUSTIN
IVᵉ - Vᵉ s. ap. J.-C.

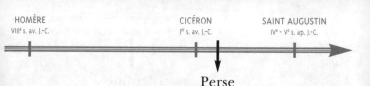

Perse

Souvenirs d'un mauvais élève, qui mettait toute son ingé-niosité dans diverses formes de jeu, et qui n'hésitait pas à s'irri-ter volontairement les yeux pour être hors d'état d'aller à l'école et échapper ainsi à l'exercice de la « déclamation ».

UN GARNEMENT PLUS INTÉRESSÉ
PAR LES JEUX QUE PAR LES LEÇONS

Souvent dans mon enfance, je me le rappelle, je me touchais les yeux avec de l'huile, quand je ne voulais pas adresser à Caton sur le point de mourir des paroles gran-diloquentes destinées à être couvertes d'éloges par un maître insensé et écoutées par un père en sueur venu en amenant ses amis. Et en effet, le comble de mes vœux était, à bon droit, de savoir ce que rapportait la chance du six, combien raflait le coup ruineux de la méchante chienne, de ne pas manquer l'embouchure étroite de la jarre, d'être le plus adroit à faire tourner le buis avec le fouet.

Satires, III, 44-51

HOMÈRE
VIIIe s. av. J.-C.

CICÉRON
Ier s. av. J.-C.

SAINT AUGUSTIN
IVe - Ve s. ap. J.-C.

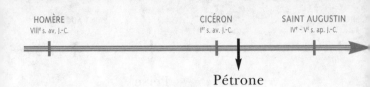

Pétrone

Au cours du festin donné par Trimalcion, les convives échangent des propos à bâtons rompus. Accumulation d'idées banales à l'époque, empreintes d'un solide bon sens.

UN GARÇON PROMETTEUR

J'ai un élève qui grandit pour toi[1]; c'est mon enfant gâté. Il sait déjà la division par quatre; s'il a le bonheur de vivre, tu auras à tes côtés un bon petit esclave. Quand il a un moment à lui, il ne lève pas la tête de sa table. Il est intelligent, et d'une bonne trempe, mais il aime les oiseaux: c'est sa maladie. Je lui ai déjà tué trois chardonnerets, et je lui ai dit que la belette les avait mangés. Il a pourtant trouvé d'autres joujoux, et il est passionné de peinture. Du reste, il a déjà envoyé promener le grec, et il s'est mis à mordre pas mal au latin, quoique son maître s'en fasse accroire et ne sache pas se tenir en place. – Ce maître, on le voit rarement; il a bien des lettres, mais il ne veut rien faire. J'en ai un autre aussi, pas très savant, mais fort consciencieux, et qui enseigne plus qu'il n'en sait. Aussi, les jours de fêtes, il a pris l'habitude de venir à la maison et, si peu qu'on lui donne, il est content. – Je viens donc d'acheter au garçon quelques livres de chicane, car je veux qu'il tâte un peu du droit; ça peut servir à la maison. C'est une chose qui nourrit son homme. Car, pour la littérature, il en est assez barbouillé. Et s'il n'y mord pas, j'ai décidé de lui faire apprendre un métier: coiffeur, crieur public, ou tout au moins avocat; car ça, personne ne pourra le lui enlever. Aussi, je lui corne tous les jours: « Primigénius, crois-moi, tout ce que tu apprends, c'est pour toi que tu l'apprends. Tu

---

1. Pour le rhéteur Agamemnon, à qui cette tirade est adressée.

vois l'avocat Philéros : s'il n'avait pas étudié, à l'heure qu'il est, il n'arriverait pas à écarter la faim de ses lèvres. Il n'y a pas si longtemps qu'il faisait le colporteur ; et aujourd'hui il se redresse même devant Norbanus. L'instruction, c'est un trésor, et le talent ne meurt jamais de faim. »

Le Satiricon, 46

HOMÈRE
VIIIᵉ s. av. J.-C.

CICÉRON
Iᵉʳ s. av. J.-C.

SAINT AUGUSTIN
IVᵉ - Vᵉ s. ap. J.-C.

Flavius Josèphe

Né dans une grande famille sacerdotale de Jérusalem, Josèphe acquit rapidement une vaste culture, ce dont il était fier, et compléta sa formation en s'attachant à un ermite et en vivant avec lui au désert. Ainsi préparé, il était prêt pour une vie qui fut consacrée à l'action et à l'écriture historique.

UN JEUNE HOMME PRÉCOCE

Mon père Mathias ne se distinguait pas uniquement par sa noblesse ; il était plus estimé encore pour sa droiture et jouissait d'un grand prestige à Jérusalem, la plus importante de nos cités. Je fus élevé avec mon frère Mathias, mon frère de père et de mère. Mes grands progrès dans les études me valaient une réputation de mémoire et d'intelligence supérieures. N'étant encore qu'au sortir de l'enfance, vers ma quatorzième année, tout le monde me félicitait pour mon amour de l'étude, et continuellement les grands prêtres et les notables de la cité venaient me voir pour apprendre de moi tel ou tel point plus particulier de nos lois. Vers mes seize ans, je voulus faire l'expérience des diverses sectes de notre nation. Il y en a trois : la première, celle des Pharisiens, la deuxième, celle des Sadducéens, la troisième, celle des Esséniens ; j'en ai déjà parlé plusieurs fois. Dans ma pensée, apprendre ainsi à les connaître toutes à fond devait me permettre de choisir la meilleure. Au prix d'une austère application, et d'un labeur considérable, je passai par toutes les trois. Je ne m'en tins pourtant pas à cette expérience, et, ayant entendu parler d'un certain Bannus qui vivait au désert, se contentait pour vêtement de ce que lui fournissaient les arbres, et, pour nourriture, de ce que la terre produit spontanément, et usait de fréquentes ablutions d'eau froide de jour et de nuit, par souci de pureté, je me fis son émule. Après trois ans passés près de lui, ayant accompli ce que je désirais, je revins dans ma cité. Âgé alors de dix-neuf ans, je commençai à me conduire en suivant les principes de la secte des Pharisiens, qui présente des ressemblances avec ce que les Grecs appellent l'école du Portique[1].

Autobiographie, 7-12

1. Le stoïcisme.

HOMÈRE
VIIIᵉ s. av. J.-C.

CICÉRON
Iᵉʳ s. av. J.-C.

SAINT AUGUSTIN
IVᵉ - Vᵉ s. ap. J.-C.

Libanios

Les séances publiques étaient des moments importants dans la vie de l'école de rhétorique. Le maître y donnait des modèles de beaux discours, devant un auditoire élargi aux notables et à diverses personnalités de la ville. Il était donc particulièrement grave que les étudiants se montrent inattentifs ou dissipés en pareille circonstance.

ATTITUDE DÉPLORABLE DES MAUVAIS ÉLÈVES PENDANT LA CONFÉRENCE

Je fais inviter les élèves à la séance. Mon esclave exécute cette commission au pas de course. Mais eux sont loin d'imiter cette célérité, qu'ils auraient même dû dépasser. Ils restent occupés à leurs chansons, que tout le monde connaît, ou à leurs bavardages, ou à leurs plaisanteries. Enfin si, blâmés pour leur manque d'empressement par ceux qui les voient, ils se décident finalement à entrer, ils avancent comme des épousées, ou plutôt comme des funambules, aussi bien avant d'avoir franchi la porte que parvenus à l'intérieur. Aussi les personnes assises ont-elles lieu de se fâcher d'être obligées d'attendre des jeunes gens aussi mous. Cela, c'est avant le discours. Mais quand j'ai commencé à parler et à faire mon exhibition, que de signes de tête échangés à propos de cochers, de mimes, de chevaux, de danseurs, pour tel combat passé ou à venir ! Mieux encore. Les uns restent debout, comme s'ils étaient de marbre, les poignets posés l'un sur l'autre. D'autres se tourmentent le nez des deux mains. D'autres restent assis alors que tant d'autres se lèvent. D'autres forcent à s'asseoir celui qui s'est levé. D'autres comptent les nouveaux arrivants. D'autres se contentent de regarder les feuilles. D'autres enfin préfèrent bavarder sur n'importe quoi plutôt que d'accorder leur attention à l'orateur. Mais voici plus audacieux :

nuire aux applaudissements légitimes par des applaudissements bâtards, empêcher les cris enthousiastes de s'élever, traverser toute l'assistance pour détourner des discours le plus grand nombre possible d'auditeurs, tantôt en répandant de fausses nouvelles, tantôt en lançant des invitations au bain d'avant le déjeuner. Car certains dépensent aussi leur argent pour des choses comme cela. Vous ne pouvez donc tirer aucun profit de ces séances, ô mauvais étudiants, pas plus que les absents. […] Plus d'une fois j'ai élevé la voix pour demander qu'on mît la main au collet d'un élève inappliqué et qu'on le jetât dehors. Et si cela n'a pas été exécuté, c'est la faute de ceux qui m'ont prié de ne pas le faire.

À ses élèves, sur le discours, 11-15

BRILLANTS SUJETS
MORTS PRÉMATURÉMENT

La mort d'un enfant était reconnue comme un scandale métaphysique et un drame humain : en milieu scolaire, quand cet enfant était doué et travailleur, il s'y ajoutait un sentiment de frustration, à cause des espérances déçues et des efforts réduits à néant.

HOMÈRE
VIIIᵉ s. av. J.-C.

CICÉRON
Iᵉʳ s. av. J.-C.

SAINT AUGUSTIN
IVᵉ - Vᵉ s. ap. J.-C.

Ælius Aristide

Ælius Aristide, qui a été le maître d'Étéonée, met en valeur les qualités physiques et morales de l'adolescent, en soulignant sa précocité, conformément au thème de « l'enfant possédant la maturité d'un vieillard » (puer-senex). *Les citations homériques assimilent le défunt à un héros.*

ÉTÉONÉE, UN ÉCOLIER MODÈLE

Son corps et son âme étaient assortis l'un à l'autre. À le regarder, d'abord, c'était le plus beau, le plus grand et le plus accompli de ceux de son âge et il procurait le plus grand plaisir à qui le contemplait. Dans son comportement, ensuite, il était extrêmement discipliné et très noble, se distinguant par une grandeur accompagnée de simplicité, en sorte qu'il était impossible de conjecturer si c'était un enfant, un jeune homme ou un vieillard. En effet, il avait l'aspect inachevé d'un enfant, la vigueur d'un jeune homme, la sagesse d'un vieillard. On pouvait admirer dans son intelligence l'absence totale d'arrogance, d'impudence et de suffisance, et au contraire l'agilité de l'esprit dans un caractère calme : dans sa retenue, l'absence totale de paresse, d'indolence et de torpeur, et au contraire, comme dans un printemps bien tempéré, la présence de la vivacité à part égale avec la douceur, sans que sa retenue ni sa grâce se nuisent isolément.

Il était aussi attaché à sa mère que le sont les enfants à la mamelle, il aimait son frère comme son enfant et était attaché aux études comme s'il n'était pas possible, pour lui, de vivre autrement. Ce qu'il avait entendu, il le savait sur-le-champ et, lorsqu'il avait vu quelqu'un, il connaissait d'emblée quelle sorte d'homme il était et s'il fallait l'aimer ou s'en garder.

Aussi, estimant que le précepte homérique selon lequel « une multitude de chefs n'est pas une bonne chose » était juste et que la multitude de maîtres conduisait plutôt à l'ignorance, il choisit entre tous le maître qu'il choisit (il n'est pas très décent pour moi d'en parler)[1], et à ce maître il était tellement dévoué que, agissant en tout comme il convenait à l'élève le plus studieux et le plus affectueux, il ne crut jamais approcher sa valeur.

Il avait plaisir à le fréquenter comme si seul ce moment de sa vie valait pour lui d'être vécu. Si, en revanche, quelque circonstance l'en empêchait, bien que l'âme en peine, il ne se lamentait jamais. Ainsi donc, il écoutait les discours avec tant d'attention qu'il n'avait pas le loisir de les louer; au contraire, de même que les assoiffés boivent en silence, il lui suffisait de recevoir les paroles en manifestant par son attitude, son inclination de tête et son air radieux, le plaisir qu'il prenait aux discours. Et on pouvait constamment le rencontrer, soit un livre à la main, soit en train de composer des discours, soit charmant sa mère par ses narrations ou ses récitations, et il avait chaque fois, dans toutes ces occupations, cette attitude qui en peinture aussi pouvait donner le plus beau des tableaux. Quant aux jeux qui, jour et nuit, ont cours chez les jeunes gens de cet âge, ils étaient pour lui comme des sortes de fables. La seule femme qui lui tenait compagnie était sa mère, le seul garçon, son frère, et il avait pour amis ceux qui partageaient ses préférences et qui se retrouvaient pour les mêmes études; « mais lui se distinguait, même parmi tous ». On aurait dit une statue de la Pudeur, dans la mesure où il se contentait la plupart du temps de garder le silence – mais lorsqu'il lui arrivait de s'exprimer il prenait immanquablement feu. D'une autre manière, donc, on n'aurait pas entendu sa voix: nécessairement, il rougissait puis parlait, ou parlait puis rougissait; c'est ainsi qu'il passa sa vie, sans voir, sans entendre, sans connaître toutes les choses les plus viles. Il n'eut d'yeux que pour les discours et l'éducation, puisqu'au moment de sa fin il finit dans ces occupations, en prononçant un panégyrique et des déclamations.

Oraison funèbre en l'honneur d'Étéonée, 4-10

1. Entendons que ce maître était Ælius Aristide lui-même.

HOMÈRE
VIIIe s. av. J.-C.

CICÉRON
Ier s. av. J.-C.

SAINT AUGUSTIN
IVe - Ve s. ap. J.-C.

Quintilien

Après avoir perdu successivement sa jeune femme de dix-huit ans et un fils de cinq ans, Quintilien n'avait plus que son autre fils, Quintilien le Jeune: mais voici que celui-ci est mort à son tour, après une longue maladie. Douleur d'un père, qui reste, malgré tout, un professeur lorsqu'il s'agit de décrire avec précision les capacités scolaires de son garçon.

LES DONS ET LE COURAGE
DE QUINTILIEN LE JEUNE

Après de tels malheurs, mon unique espoir et mon unique plaisir reposaient sur mon Quintilien, et il pouvait suffire à me consoler. Ce n'étaient pas en effet de simples fleurs, comme son frère, qu'il avait annoncées, mais, étant entré déjà dans sa dixième année, des fruits sûrs et bien formés. J'en jure par mes malheurs, par la conscience de ma disgrâce, par ces mânes, divinités de ma douleur : j'ai vu en lui de telles qualités d'esprit, non seulement pour apprendre – et, dans ma longue expérience, je n'ai rien connu de supérieur –, et pour étudier, sans même alors qu'il y soit contraint (les maîtres le savent), mais aussi pour pratiquer la probité, la piété, la gentillesse, la générosité, que j'aurais dû redouter dès lors la violence de la foudre, car on a communément observé qu'une maturité précoce périt plus vite et qu'il y a je ne sais quelle jalousie qui fauche de si grandes espérances, pour que nous n'excédions pas, sans doute, la mesure impartie à la condition humaine.

Il y avait aussi en lui tous ces dons du hasard, l'agrément et la clarté de la voix, la suavité du parler, et, en latin comme en grec, une telle articulation distincte des lettres qu'il semblait né uniquement pour cela. Mais ce n'étaient encore que des espérances ; il avait des qualités mûres, la fermeté, la gravité, la force pour résister même aux souffrances et à la peur. Avec quel courage en effet, à l'admiration des médecins, il supporta huit mois de maladie ! Comme il me consola aux moments suprêmes ! Même défaillant, n'étant déjà plus nôtre, il tournait encore vers l'école, vers les lettres, le délire d'un esprit dont il n'était plus le maître.

Objet de mes vaines espérances, ai-je pu voir sombrer ton regard, ton souffle s'enfuir ? Ai-je pu tenir dans mes bras ton corps glacé, sans vie ?

Institution oratoire, VI. *Avant-propos*, 9-12

HOMÈRE
VIII° s. av. J.-C.

CICÉRON
I° s. av. J.-C.

SAINT AUGUSTIN
IV° - V° s. ap. J.-C.

Himérius

Mort jeune (on ne sait pas exactement à quel âge), le fils d'Himérius était si doué que son père – sophiste célèbre – peut écrire, avec quelque exagération peut-être, qu'il le surpassait déjà lui-même et qu'il marchait sur les traces des grands orateurs et philosophes dont il descendait par sa mère.

LAMENTATION SUR UN FILS DISPARU

À quel sort déplorable le démon m'a-t-il condamné et au lieu de quelles espérances ! Je pleure maintenant celui en qui j'ai espéré voir un orateur plus habile que Minucianus, plus grave que Nicagoras, plus disert que Plutarque, plus philosophe que Musonius, plus endurant que Sextus, plus brillant que tous ses prédécesseurs à la fois et meilleur qu'eux ! Moi-même, en effet, je te cédais la victoire alors que tu étais encore adolescent et je jugeais tes discours supérieurs aux miens. Je préférais tes balbutiements à mes travaux sérieux. Mais tout cela, le démon s'en est allé en l'emportant d'un coup et il ne m'a laissé à ta place que les lamentations et les larmes. Je t'honorerai aussi par des jeux funèbres et je livrerai ton nom au temps, et je serai, en cela du moins, plus fort que le démon, faisant en sorte qu'il garde bien ton corps, mais que le ciel garde ton âme et que tous les hommes gardent ta gloire.

Monodie sur son fils Rufin,
citée par Photius, *Bibliothèque*, 243, 366a-b

RENCONTRES
DE LA GRÈCE ET DE ROME

Les Grecs et les Romains ayant construit des modèles éducatifs, à l'origine, nettement différents l'un de l'autre, l'histoire vit des rencontres, des évolutions et des influences réciproques. Rome imposa sa loi, et en retour la Grèce, suivant la célèbre formule d'Horace, « fit la conquête de son farouche vainqueur » (*Épitres*, II, 1, 156), c'est-à-dire exerça une influence intellectuelle et culturelle, qui se marqua en particulier dans le domaine de l'éducation. D'où des contacts et des échanges, favorisés par certains lieux (par exemple les grandes villes grecques du Bassin méditerranéen) et par certaines personnalités (les « passeurs », pourvus d'une double culture).

HOMÈRE
VIIIᵉ s. av. J.-C.

CICÉRON
Iᵉʳ s. av. J.-C.

SAINT AUGUSTIN
IVᵉ - Vᵉ s. ap. J.-C.

Cornélius Népos

On constate, à travers ce fragment de biographie du général thébain Épaminondas (IVᵉ siècle av. J.-C.), la distance qui sépare les conceptions traditionnelles de l'éducation en Grèce et à Rome. Musique et philosophie sont vues comme des disciplines grecques. Un Romain veut que l'apprentissage des armes compte davantage.

UNE ÉDUCATION TYPIQUEMENT GRECQUE

Épaminondas appartenait à une famille honorable, mais sans fortune déjà depuis plusieurs générations; il reçut cependant une éducation telle que personne à Thèbes n'en eut de meilleure. Qu'on en juge. Il jouait de la cithare, il chantait accompagné d'instruments à cordes, et cela grâce aux leçons de Denys, qui, parmi les musiciens, égalait en gloire Damon et Lampros, artistes dont tout le monde connaît le nom; la flûte lui fut enseignée par Olympiodore, la danse par Calliphron. Quant à la philosophie, il en reçut les leçons de Lysis de Tarente, le pythagoricien, auquel il fut assez attaché pour préférer dans sa jeunesse le commerce grave et sérieux de ce vieillard à la société des jeunes gens de son âge. Il ne consentit à se séparer de ce maître qu'au moment où sa propre science fut devenue supérieure à celle de tous ses compagnons d'étude et où il était facile de deviner que semblablement il n'aurait d'égal en aucune matière. Voilà des succès qui, jugés d'après nos usages, semblent futiles et même méprisables; mais dans la Grèce, du moins autrefois, on les estimait beaucoup. Ayant atteint l'âge de porter les armes, quand il se mit à pratiquer la lutte, il s'appliqua à acquérir moins la force que l'agilité; la première lui semblait bonne pour les athlètes et la seconde utile à la guerre. Il faisait beaucoup d'exercices de course et de lutte, mais sans dépasser le moment où il pouvait, restant debout, saisir son adversaire et lui résister. Mais c'était à la pratique des armes qu'il consacrait le plus d'efforts.

Sur les grands généraux des nations étrangères, 15, 2

HOMÈRE
VIIIᵉ s. av. J.-C.

CICÉRON
Iᵉʳ s. av. J.-C.

SAINT AUGUSTIN
IVᵉ - Vᵉ s. ap. J.-C.

Cicéron

L. Licinius Crassus et M. Antonius furent deux grands avocats et hommes politiques à la fin du IIᵉ et au début du Iᵉʳ siècle avant J.-C. Leurs feintes sont caractéristiques d'une certaine attitude en vigueur à Rome envers l'hellénisme : il était considéré comme porteur de raffinements inutiles et contraire aux mœurs ancestrales, et pour cette raison il valait mieux faire semblant de ne pas le connaître, même si l'on en était imprégné. Par la suite, Cicéron contribua à décrisper la situation à cet égard.

FEINTE IGNORANCE DE L'HELLÉNISME

Nous nous sommes donc aisément rendu compte (la chose ne nous échappait point, malgré notre âge) que Crassus parlait le grec comme s'il ne connaissait pas d'autre langue ; et par les questions qu'il soumettait à nos professeurs, par celles qu'il traitait en toute sorte d'entretiens, nous comprenions qu'il n'y avait aucun sujet qui pour lui fût nouveau, aucun qui lui fût étranger.

[Quant à Antoine,] il n'était point de matières, de celles du moins dont je pouvais juger avec quelque compétence, où, dans nos entretiens nombreux et variés, il parût novice, encore moins ignorant. Mais Crassus et lui s'étaient fait un système : Crassus voulait donner à penser, non point précisément que l'instruction lui manquât, mais qu'il la dédaignait, et que nos Romains, en toutes choses, lui semblaient avoir des lumières supérieures à celles des Grecs ; Antoine, de son côté, estimait qu'avec un peuple comme le nôtre ses discours seraient mieux accueillis s'il faisait croire qu'il n'avait jamais étudié. Tous deux ainsi se flattaient d'acquérir plus de poids, en ayant l'air, l'un de mépriser les Grecs, l'autre de ne pas même les connaître.

De l'orateur, II, 2-4

Un groupe de jeunes Romains, âgés de vingt-cinq à trente ans pour la plupart, est réuni à Athènes, pour y tenir un entretien sur le souverain bien. Avant d'engager leur discussion, ils se laissent envahir par la magie des lieux, si riches de souvenirs philosophiques et littéraires.

ÉTUDIANTS ROMAINS À ATHÈNES

J'avais été, Brutus, entendre, comme d'habitude, Antiochus, en compagnie de Marcus Pison, dans le gymnase dit de Ptolémée, et avec nous se trouvaient mon frère Quintus, Titus Pomponius et Lucius Cicéron, par la parenté notre cousin germain du côté paternel, mais par l'affection un véritable frère : nous résolûmes d'un commun accord d'aller l'après-midi faire une promenade à l'Académie, surtout parce que c'était l'heure où il ne s'y trouvait absolument personne. Nous fûmes tous au rendez-vous chez Pison. De là, tout en causant de choses et d'autres, nous fîmes les six stades de la porte Dipyle à l'Académie. Arrivés là, dans ces parages si justement célèbres, nous trouvâmes la solitude que nous voulions.

« Est-ce disposition naturelle, dit alors Pison, ou bien je ne sais quelle illusion ? Mais, quand nous voyons les lieux où nous savons que les hommes dignes de mémoire ont beaucoup vécu, nous sommes plus émus que quand nous entendons parler d'eux ou que nous lisons quelqu'un de leurs écrits. Ainsi, moi, en ce moment, je suis ému. Platon se présente à mon esprit, Platon qui le premier, dit-on, fit de cet endroit le lieu habituel de ses entretiens ; et les petits jardins, qui sont là près de nous, non seulement me rendent présente sa mémoire, mais me remettent pour ainsi dire son image devant les yeux. Ici se tenait Speusippe, ici Xénocrate, ici le disciple de Xénocrate, Polémon, qui s'asseyait d'ordinaire à la place que nous voyons là. [...]

– Elle est tout à fait juste ta remarque, Pison, dit Quintus. Moi-même, en venant ici tout à l'heure, j'avais la pensée attirée par le fameux bourg de Colone, où Sophocle a demeuré et où mes yeux le voyaient: tu sais quelle admiration j'ai pour lui et quel plaisir il me fait. Et précisément je remontais dans le passé jusqu'à Œdipe arrivant ici et demandant, en des vers si touchants, quels sont ces parages: je voyais avec émotion comme une image du héros; ce n'était évidemment qu'une vaine image, mais l'émotion y était tout de même.

– Et moi, dit Pomponius, dont vous ne cessez, vous tous, de harceler le dévouement à la cause d'Épicure, il m'arrive souvent, en compagnie de Phèdre, que j'aime, vous le savez, d'une affection toute particulière, d'aller dans les jardins d'Épicure, devant lesquels nous venons de passer. »

Des termes extrêmes des biens et des maux, V, 1-3

Dans un contexte politique pourtant troublé, Cicéron étudia avec acharnement et se dota d'une formation exceptionnellement large, en suivant les leçons de maîtres romains et grecs et en se consacrant non seulement à la rhétorique et au droit, mais aussi à la philosophie.

LA FORMATION PLURIDISCIPLINAIRE DE CICÉRON

Dans mon ardent désir d'entendre parler, un premier chagrin me frappa, l'exil de Cotta. Tout en suivant assidûment ceux qui restaient, je m'astreignais à travailler avec ardeur, chaque jour lisant, écrivant, traitant des sujets, sans me borner d'ailleurs à des exercices exclusivement oratoires. L'année suivante, Quintus Varius, condamné en vertu de sa propre loi, était allé en exil. De mon côté, je passais beaucoup de temps à étudier le droit civil auprès de Quintus Scaevola, fils de Quintus, qui, à vrai dire, ne faisait pas profession d'enseigner, mais qui, par les réponses qu'il donnait aux consultations, instruisait ceux qui le suivaient de près. L'année d'après fut celle des consuls Sylla et Pompeius. Sulpicius, alors tribun, prononçait journellement des harangues, où j'appris à connaître à fond son genre d'éloquence. À la même époque, le chef de l'Académie, Philon, ayant fui Athènes, à cause de la guerre de Mithridate, avec les chefs du parti aristocratique et étant venu à Rome, je me livrai à lui tout entier: je m'étais pris d'un amour incroyable pour la philosophie, à laquelle je m'appliquais avec une attention d'autant plus soutenue qu'indépendamment du très grand attrait des questions elles-mêmes, dont la variété et l'importance me captivaient, je pouvais croire le fonctionnement normal des procédures judiciaires aboli pour jamais. Sulpicius avait péri cette année-là et, l'année suivante, avaient été tués très cruellement trois orateurs, représentant trois générations différentes, Quintus Catulus, Antoine et Caïus Julius. La même année, je pris aussi des leçons de Molon de Rhodes, à la fois excellent avocat et maître d'éloquence.

Brutus, 305-307

HOMÈRE
VIIIe s. av. J.-C.

CICÉRON
Ier s. av. J.-C.

SAINT AUGUSTIN
IVe- Ve s. ap. J.-C.

Tacite

Agricola, beau-père de Tacite, soldat et administrateur, s'illus-
tra par ses campagnes en Bretagne (actuelle Grande-Bretagne).
Envers la philosophie, qui le passionnait, il garda une attitude de
réserve conforme à la manière romaine. On peut lire une description
élogieuse de Marseille chez le géographe grec Strabon (IV, 1, 4-5).

AGRICOLA, MARSEILLE ET LA PHILOSOPHIE

Cn. Julius Agricola était originaire de l'ancienne et brillante colonie de Fréjus. Ses deux grands-pères furent pro-
curateurs impériaux, ce qui confère la noblesse équestre.
Son père, Julius Graecinus, de l'ordre sénatorial, connu
pour son goût de l'éloquence et de la philosophie, dut précisément à ces mérites d'encourir la colère de Caligula ; en
effet, il reçut l'ordre d'accuser M. Silanus, et, pour avoir
refusé, il fut mis à mort. Sa mère, Julia Procilla, fut d'une
rare vertu. Élevé dans ses bras avec tendresse, il passa son
enfance et son adolescence à cultiver tous les arts libéraux.
Il était préservé des séductions du vice par son naturel fon-
cièrement bon et pur, mais aussi par le fait qu'il eut, dès son
premier âge, pour résidence et pour institutrice, Marseille,
endroit qui allie, dans une heureuse harmonie, la politesse
grecque et la simplicité provinciale. Il avait coutume, je
m'en souviens, de raconter qu'en sa première jeunesse il se
serait passionné pour la philosophie avec plus d'ardeur
qu'il n'est permis à un Romain et à un sénateur, si la sagesse
de sa mère n'avait réfréné son esprit tout feu, tout flamme.
Sans doute, l'élan et l'élévation de ses aspirations recher-
chaient avec plus d'enthousiasme que de prudence l'éclatante beauté d'une grande et haute gloire. Plus tard, l'apai-
sement vint avec la réflexion et avec l'âge : il garda de la philosophie, ce qui est très difficile, le sens de la mesure.

Vie d'Agricola, 4

HOMÈRE
VIIIe s. av. J.-C.

CICÉRON
Ier s. av. J.-C.

SAINT AUGUSTIN
IVe - Ve s. ap. J.-C.

Apulée

Dans ce prologue d'un roman fameux, le narrateur se présente comme un Grec, appartenant à la race illustrée par l'Attique (Athènes), Éphyra (Corinthe) et Sparte, et ayant appris à Rome la langue des Quirites (le latin). Jeu de masques et artifice littéraire de la part de l'auteur, Apulée, un virtuose du style latin. La comparaison avec la voltige exprime symboliquement la complexité du texte, qui résulte de la transposition en latin d'un original grec, et qui a pour sujet même une métamorphose.

LE LATIN LANGUE ÉTRANGÈRE

Qui je suis ? En deux mots, le voici. L'Hymette attique et l'isthme éphyréen et Ténare la Spartiate, terres heureuses assurées d'une éternelle durée par des œuvres plus heureuses encore, sont l'antique berceau de ma race. C'est là que, quand j'étais enfant, la langue attique a été le prix de mes premières armes. Plus tard, dans la ville des Latins, apprenti de lettres dépaysé, j'ai entrepris l'étude et acquis la pratique de l'idiome natal des Quirites, à grand-peine et grand effort, sans aucun maître pour me guider. Et d'avance je prie qu'on m'excuse, si, maniant en novice une langue étrangère, la langue du forum, je fais quelque faux pas. Du reste, le passage même d'un parler à un autre s'accorde au genre que je cultive, vrai jeu de voltige, celui-là. C'est de Grèce que vient l'histoire que voici. Lecteur, attention : tu ne t'ennuieras pas.

Les Métamorphoses, I, 1

L'ENFANCE DES HOMMES ILLUSTRES
D'APRÈS PLUTARQUE

Dans la conception antique de la biographie, l'éducation est un moment clé, parce qu'elle prépare, préfigure parfois, les réalisations de l'âge adulte. Plutarque, inlassable biographe des grands hommes, traite ce thème à la fois en historien et en philosophe. Il cherche à recueillir des faits, des détails et des anecdotes sur ce moment de la vie, et il en tire des significations morales et un jugement sur la valeur de la personne. Dans la galerie des hommes illustres, une action, un mot peuvent révéler un caractère.

HOMÈRE
VIIIe s. av. J.-C.

CICÉRON
Ier s. av. J.-C.

SAINT AUGUSTIN
IVe - Ve s. ap. J.-C.

Plutarque

Thémistocle (ve siècle av. J.-C.) a déjà été rencontré plus haut (p. 80) aux prises avec le tyran Pisistrate. De naissance obscure, il se hissa au pouvoir par la force de son talent. Éloquence, hardiesse, ruse, orgueil : les traits de caractère démontrés par l'enfant sont ceux-là mêmes que l'homme déploiera plus tard dans la conduite de la deuxième guerre médique et dans la construction de la puissance maritime d'Athènes.

THÉMISTOCLE OU LE GOÛT DU POUVOIR

On s'accorde à dire qu'étant encore enfant il avait un caractère ardent, qu'il était naturellement intelligent et s'intéressait par goût aux grandes entreprises et à la politique. Dans les moments de relâche et de loisir que lui laissaient ses études, il ne jouait pas, il ne se reposait pas comme la plupart des enfants ; on le trouvait toujours à méditer et à composer des discours qu'il se récitait à lui-même, et qui avaient pour objet d'accuser ou de défendre quelqu'un de ses camarades. Aussi son maître lui disait-il souvent : « Toi, mon enfant, tu ne seras pas quelqu'un de médiocre, mais, à coup sûr, tu seras grand, soit en bien, soit en mal. » Et en effet les études qui visent à former les mœurs ou qui ont pour objet le plaisir ou l'agrément en honneur chez les hommes libres trouvaient en lui un écolier paresseux et sans goût, tandis qu'il montrait une passion extrême et au-dessus de son âge pour celles qui se rapportent, comme on dit, à l'intelligence et à l'action, parce qu'il avait confiance dans ses dons naturels. Aussi, plus tard, se trouvant dans la compagnie de gens soi-disant cultivés et raffinés qui étaient fiers de leur bonne éducation, il fut en butte à leurs railleries, et il se voyait alors réduit à se défendre un peu rudement, en disant que, s'il ne savait pas accorder une lyre ni manier une cithare, en revanche, si on lui confiait une ville petite et obscure, il saurait la rendre grande et illustre.

Vies. Thémistocle, 2

Périclès (vᵉ siècle av. J.-C.) fut l'artisan de la grandeur d'Athènes dans le domaine politique, militaire et artistique. Rien d'étonnant à ce qu'il ait aussi suivi les leçons d'un des plus grands philosophes présocratiques, Anaxagore, savant et astronome. Périclès en imposait, et les auteurs de comédie lui reprochèrent d'être hautain. On le surnomma « l'Olympien » pour marquer sa supériorité.

PÉRICLÈS L'OLYMPIEN

Le principal maître de Périclès, celui qui contribua le plus à lui communiquer cette fierté et cette gravité, bien lourdes pour le chef d'une démocratie, qui en un mot éleva et exalta la dignité de son caractère, ce fut Anaxagore de Clazomènes, que ses contemporains appelaient « l'Esprit », soit par admiration pour la haute et merveilleuse intelligence qu'il montra dans l'étude de la nature, soit parce que, le premier, il établit comme principe de l'organisation du monde, non le hasard ni la nécessité, mais un esprit pur et simple, qui, dans le mélange chaotique qui constitue l'ensemble du monde, sépare les éléments formés de parties semblables.

Périclès, qui admirait infiniment ce grand homme, s'était pleinement instruit de ce qu'on appelle « science des phénomènes célestes » ou « bavardage dans les nuées ». Aussi avait-il, dit-on, non seulement une pensée sublime et un langage élevé, mais encore une gravité de visage que le rire n'altérait jamais, une démarche calme, un ajustement du costume qu'aucun mouvement oratoire ne pouvait déranger, un débit sans aucun éclat de voix, et bien d'autres traits du même genre qui frappaient tout le monde d'émerveillement.

Vies. Périclès, 4-5

Parmi les nombreuses anecdotes relatives aux débuts de Démosthène (IVᵉ siècle av. J.-C.), celle-ci met l'accent sur la vocation du futur orateur et homme politique. Suivant certaines versions, Démosthène, au moment où il reçut cet éblouissement, étudiait à l'école de Platon : en ce cas, la vocation oratoire aurait été une conversion, comportant un renoncement à la philosophie.

LA VOCATION ORATOIRE DE DÉMOSTHÈNE

Voici quelle fut, dit-on, l'occasion qui éveilla la vocation oratoire de Démosthène. L'orateur Callistratos devait plaider au tribunal dans le procès relatif à Oropos, et ces débats suscitaient une grande attente, en raison du talent de l'orateur, qui était alors à l'apogée de sa réputation, et en raison de l'affaire elle-même, dont on parlait beaucoup. Or, Démosthène, ayant entendu maîtres et pédagogues convenir entre eux d'assister à ce procès, persuada son propre pédagogue, à force de prières instantes, de le mener à l'audience. Celui-ci, ayant des accointances avec les appariteurs du tribunal, réussit à obtenir une place où l'enfant pourrait s'asseoir sans être remarqué et entendre les discours. Callistratos triompha et fut prodigieusement admiré. Démosthène envia sa gloire en voyant la foule l'escorter et le féliciter, mais il admira davantage encore la puissance de la parole, en observant qu'elle était capable de dompter et de dominer tout. Dès lors il abandonna les autres études et les occupations de l'enfance pour s'exercer et s'entraîner lui-même à l'éloquence, dans la pensée qu'il pourrait lui aussi devenir orateur.

Vies. Démosthène, 5

Comme tout prince héritier, Alexandre, fils de Philippe de Macédoine et futur Alexandre le Grand (IVᵉ siècle av. J.-C.), fut éduqué par des précepteurs particuliers. L'un d'eux fut Aristote (dont le père, Nicomaque, avait été médecin à la cour), qui s'oc-

cupa d'Alexandre quand celui-ci avait entre quatorze et seize ans ; esprit encyclopédique, Aristote était à même de fournir une instruction dans toutes sortes de disciplines. Cette rencontre entre le savoir et le pouvoir ne peut que faire rêver : l'un allait devenir le plus grand philosophe (une fois qu'il aurait fondé son école à Athènes), l'autre, le plus grand conquérant du temps.

ALEXANDRE ÉLÈVE D'ARISTOTE

Philippe, constatant que son fils avait une nature inflexible et qu'il luttait contre toute contrainte, mais se laissait aisément conduire à son devoir par la raison, essayait lui-même de le persuader plutôt que de le commander, et, comme il ne se fiait pas entièrement aux maîtres chargés de son instruction littéraire et scientifique pour le surveiller et le former (la tâche, pensait-il, était trop grande et exigeait, comme dit Sophocle,

« À la fois plusieurs freins et plusieurs gouvernails »),

il fit venir le plus illustre et le plus savant des philosophes, Aristote, à qui il donna des honoraires magnifiques et dignes de lui : en effet, il releva de ses ruines la ville de Stagire, patrie d'Aristote, qu'il avait lui-même détruite, et la repeupla avec ses citoyens exilés ou réduits en esclavage. Il assigna au maître et à l'élève, pour y passer leur temps dans l'étude, le Nymphée[1] de Miéza, où l'on montre aujourd'hui encore les bancs de pierre et les promenades ombragées d'Aristote. Alexandre, à ce qu'il paraît, n'apprit pas seulement la morale et la politique, mais il eut part aussi aux leçons secrètes et plus profondes que les philosophes désignaient spécialement comme « acroamatiques » et « époptiques », et qu'ils se gardaient de divulguer. [...]

---

1. Domaine consacré aux nymphes. Miéza est une ville de Macédoine, proche de la capitale. Quelques lignes plus bas, les mots « acroamatique » et « époptique » signifient respectivement « qui se transmet oralement » et « qui comporte une révélation ».

Il me semble que le goût d'Alexandre pour la médecine lui venait d'Aristote plus que d'aucun autre. Loin de se contenter de la théorie, il soignait aussi ses amis malades et leur prescrivait des traitements et des régimes, comme on peut le voir par ses lettres. Il avait aussi un goût inné pour la littérature et pour la lecture. Il considérait l'*Iliade* comme un viatique pour la valeur guerrière, et il l'appelait ainsi ; il emporta la recension qu'Aristote avait faite de ce poème et qu'on appelle l'édition « de la cassette ». Il l'avait toujours sous son oreiller avec son épée, au témoignage d'Onésicrite. [...]

Au début, il admirait Aristote et, comme il le disait lui-même, il ne l'aimait pas moins que son père, parce que, si l'un lui avait donné la vie, l'autre lui avait appris à bien vivre. Mais, dans la suite, il en vint à le traiter plutôt en suspect, non pas au point de lui faire du mal, mais ses attentions n'avaient plus la vivacité affectueuse d'autrefois, ce qui était le signe qu'il se détachait de lui. Cependant cet ardent amour de la philosophie qui s'était implanté en lui de bonne heure et avait grandi avec lui ne disparut pas de son âme.

Vies. Alexandre, 7-8

Fabius Maximus (IIIe siècle av. J.-C.) gagna pendant la deuxième guerre punique le surnom de Cunctator *(« le Temporisateur »), parce qu'il mena contre les envahisseurs carthaginois une guerre d'usure, qui se révéla profitable aux Romains. Ses apparents défauts, dans son enfance, annonçaient déjà le choix d'une pareille stratégie.*

APPARENTE INERTIE DE FABIUS MAXIMUS

Quant au surnom d'*Ovicula*, qui signifie « petit mouton », il lui fut donné à cause de la douceur et de la nonchalance de son caractère, lorsqu'il était encore enfant. Son naturel tranquille et taciturne, la circonspection avec laquelle il se livrait aux plaisirs de l'enfance, sa lenteur et sa difficulté à recevoir les enseignements qu'on lui donnait, sa patience et sa complaisance à l'égard de ses camarades le faisaient soupçonner de sottise et de paresse par les étrangers. Peu de gens discernaient en profondeur le caractère inébranlable, la grandeur d'âme et le courage de lion que recélait sa nature. Mais le temps vint bientôt où, éveillé par les affaires, il fit voir à la foule elle-même que son apparente inertie était impassibilité, sa circonspection, prudence, son peu de vivacité et de mobilité en toutes choses, constance et fermeté. En considérant la grandeur de l'État et les guerres nombreuses qu'il avait à soutenir, il exerça son corps en vue de l'action militaire, comme une arme naturelle, et pratiqua l'art de la parole, comme un instrument de persuasion à l'égard du peuple, en l'adaptant parfaitement à sa conduite. Il n'y avait en effet dans sa parole ni ornements recherchés ni grâce vaine, rien qui rappelât l'éloquence du forum, mais la raison prenait dans sa bouche un air particulier et une profondeur très remarquable, en des sentences qui ressemblaient fort, dit-on, à celles de Thucydide.

Vies. Fabius Maximus, 1

À nouveau, un Romain remarquable par sa force de caractère. Caton le Jeune (Ier siècle av. J.-C.), arrière-petit-fils de Caton l'Ancien, fut un défenseur de la République et un stoïcien. Pendant les guerres civiles, il se donna la mort quand il estima que sa cause était perdue.

CATON LE JEUNE NE S'EN LAISSAIT PAS CONTER

Il semble que la lenteur de Caton à se laisser persuader lui rendait l'étude encore plus pénible. Apprendre, c'est en somme recevoir une impression, et l'on se laisse vite convaincre quand on est moins capable de résister.

Voilà pourquoi les jeunes gens sont plus faciles à persuader que les vieillards, et les malades plus que les gens en bonne santé. En général, ceux chez qui la faculté de douter est le plus faible sont les plus prompts à consentir. On dit pourtant que Caton obéissait à son pédagogue et faisait tout ce qui lui était prescrit, mais qu'il exigeait de savoir la raison de chaque chose et demandait le pourquoi. Il est vrai que son pédagogue était un homme aimable, plus porté à employer le raisonnement que les gifles ; il s'appelait Sarpédon.

Vies. Caton le Jeune, 1

Ce passage complète l'extrait consacré ci-dessus (p. 176-177) à la formation pluridisciplinaire de Cicéron et confirme la maîtrise que l'orateur romain avait de la langue grecque.

DISPOSITIONS EXCEPTIONNELLES DE CICÉRON

Lorsqu'il fut en âge d'apprendre, il montra les plus brillantes dispositions et acquit parmi les enfants tant de renom et de gloire que leurs pères venaient souvent à l'école pour voir de leurs yeux Cicéron et pour vérifier les éloges que l'on faisait de sa promptitude à s'instruire et de son intelligence, mais les plus grossiers se fâchaient contre leurs fils en voyant que, dans les rues, ils plaçaient Cicéron au centre de leur groupe pour lui faire honneur. [...]

Il s'embarqua pour l'Asie et Rhodes. Parmi les rhéteurs asiatiques, c'est avec Xénoclès d'Adramyttion, Denys de Magnésie et Ménippos le Carien qu'il travailla, – à Rhodes, avec le rhéteur Apollonios, fils de Molon, et le philosophe Posidonios. On dit qu'Apollonios, qui ne savait pas le latin, le pria de déclamer en grec ; Cicéron y consentit volontiers, pensant qu'ainsi ses fautes seraient mieux corrigées. Quand il eut déclamé, tous les assistants, frappés de son talent, rivalisèrent d'éloges ; seul,

Apollonios ne s'était pas déridé en l'écoutant, et, quand Cicéron eut fini, il resta longtemps songeur. Enfin, voyant que Cicéron était peiné de son silence, il dit : « Je te loue et t'admire, Cicéron, mais je m'afflige du sort de la Grèce, en constatant que les seuls avantages qui nous restaient sont aussi, grâce à toi, passés aux Romains, je veux dire : la culture et l'éloquence. »

Vies. Cicéron, 2-4

MES CHERS ÉLÈVES

La fréquentation prolongée entre les maîtres et les élèves créait des liens. Quand les étudiants venaient de loin, ils pouvaient être logés dans l'école, ou à proximité, et passer une grande partie de la journée avec le professeur, en partageant avec lui activités intellectuelles, mais aussi obligations extérieures, loisirs, cultes. Ainsi s'instaurait une familiarité. Puis les maîtres antiques continuaient de suivre la carrière de leurs meilleurs élèves après que ceux-ci étaient sortis de l'école.

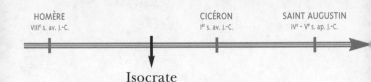

HOMÈRE
VIIIᵉ s. av. J.-C.

CICÉRON
Iᵉʳ s. av. J.-C.

SAINT AUGUSTIN
IVᵉ - Vᵉ s. ap. J.-C.

Isocrate

Feignant de se défendre contre une accusation, Isocrate dresse fièrement la liste de ses élèves qui ont mis leur talent et leurs biens au service de la cité et qui, pour cela, se sont vu décerner des couronnes (honneur comparable aux décorations modernes).

UNE PÉPINIÈRE DE BONS CITOYENS

Les gens qui m'ont fréquenté depuis mon adolescence jusqu'à ma vieillesse, je vais vous les faire connaître, et je présenterai comme témoins à l'appui de mes dires ceux d'entre vous qui sont de ma génération. Dans les premiers qui ont commencé à venir à moi, se trouvent Eunomos, Lysitheidès et Callippos ; puis Onètor, Anticlès, Philonidès, Philomèlos, Kharmantidès. À tous ceux-là, la cité a décerné des couronnes d'or, les regardant non pas comme des gens qui convoitaient le bien d'autrui, mais comme de bons citoyens qui avaient dépensé pour l'État une grande partie de leur fortune. Supposez entre eux et moi les rapports que vous voudrez ; pour l'affaire actuelle toute hypothèse me sera favorable. Si vous croyez que j'ai été leur conseiller et leur maître, il serait juste que vous ayez pour moi plus de reconnaissance que pour les gens que leurs mérites font nourrir au prytanée[1] (car de ceux-là chacun n'a fourni que lui-même comme bon citoyen, tandis que j'en ai fourni le nombre que je vous disais il y a un instant). Si je n'ai eu aucune part de responsabilité dans leurs actions et qu'ils aient été seulement mes compagnons et mes amis, je crois que c'est encore une justification suf-

---

1. Édifice public où les citoyens ayant rendu des services exceptionnels étaient nourris au frais de l'État.

fisante contre l'accusation dont je suis l'objet : si j'étais sympathique à des gens que leur vertu a fait récompenser et si je n'ai pas la même opinion que le sycophante ici présent, comment pourrait-on logiquement juger que je corromps ceux qui me fréquentent ?

Sur l'échange, 93-96

Après avoir cité des extraits de ses propres discours, le maître livre un témoignage direct sur l'affection que lui portaient ses élèves.

ATTACHEMENT DES DISCIPLES À LEUR MAÎTRE

C'est en effet après avoir écrit et publié ces discours que j'ai eu une réputation étendue et que j'ai acquis nombre de disciples, dont aucun ne serait resté s'ils n'avaient rencontré en moi celui qu'ils s'attendaient à trouver. Sur un si grand nombre d'élèves, dont certains ont vécu avec moi trois ans, d'autres quatre, on n'en trouvera pas un qui se soit plaint de quelque enseignement donné chez moi. Au contraire, à la fin, quand ils allaient s'embarquer pour retrouver leurs parents et leurs amis, leur amour pour nos occupations était si grand que la séparation était accompagnée de regrets et de larmes.

Sur l'échange, 87

HOMÈRE
VIIIe s. av. J.-C.

CICÉRON
Ier s. av. J.-C.

SAINT AUGUSTIN
IVe - Ve s. ap. J.-C.

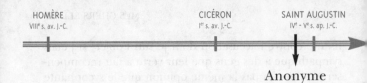

Anonyme

L'auteur de ce panégyrique de Constantin, un professeur de rhétorique et ancien fonctionnaire du palais impérial, nous reste inconnu. À la fin de son discours, il recommande à l'empereur non seulement ses enfants, dont l'aîné était avocat du fisc, mais aussi ses élèves, qui ont fait carrière au barreau et dans la haute administration. Leurs succès le comblent ; ils font partie intégrante de sa propre réussite.

MES ÉLÈVES, MES ENFANTS

Quand je parle de tous mes enfants, j'ai, empereur, de bien grandes prétentions. Outre ces cinq enfants qui sont nés de moi, je considère encore comme miens tous ceux que j'ai fait arriver à la défense des plaideurs du forum ou aux offices du palais. Car j'ai donné naissance à de multiples ruisseaux qui ne sont pas sans renom ; beaucoup de mes élèves administrent même tes provinces. Je prends plaisir à leurs succès, je considère tout honneur qui échoit à chacun d'eux comme le mien propre, et, si par hasard aujourd'hui ma parole a déçu l'attente de mon auditoire, j'ai la ferme conviction d'avoir su d'autres fois plaire en leurs personnes.

Panégyriques latins, VII, 23

VI

LEÇONS D'AMOUR

L'AMOUR PLATONIQUE

La civilisation grecque accorda une large place à la pédérastie, définie, au sens strict, comme la relation entre un aîné adulte, dit « éraste » (amant), ayant le rôle actif, et un adolescent, dit « éromène » (aimé), ayant le rôle passif. Porteuse de diverses valeurs (sens de l'honneur, émulation, virilité), la pédérastie avait un aspect éducatif, l'aîné étant un modèle et un guide pour le plus jeune. Les philosophes grecs, notamment Platon, ont insisté sur cet aspect éducatif et ont cherché à spiritualiser la relation pédérastique, en invitant à dépasser les sens et à mettre l'accent sur l'âme de préférence au corps : de là est venue, dans l'usage moderne, l'expression « amour platonique ».

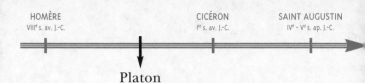

HOMÈRE
VIII° s. av. J.-C.

CICÉRON
I° s. av. J.-C.

SAINT AUGUSTIN
IV° - V° s. ap. J.-C.

Platon

Alcibiade raconte avec verve comment il a essayé de séduire Socrate. Conquis par l'intelligence du maître, l'élève tente de s'attacher celui-ci en lui offrant sa beauté physique ; renversant les rôles, il prend l'initiative, mais Socrate voit clair dans son jeu et ne se laisse pas faire, offrant un exemple admirable de maîtrise de soi et de dédain du plaisir charnel.

UN MAÎTRE QUI NE SE LAISSE PAS SÉDUIRE

Or, je le croyais sérieusement épris de la beauté de ma jeunesse ; c'était pour moi une aubaine, je le crus, et une chance étonnantes. J'espérais bien, en retour du plaisir que je ferais à Socrate, apprendre de lui tout ce qu'il savait, car j'étais, bien entendu, merveilleusement fier de ma beauté. Dans cette pensée, moi qui d'ordinaire ne me trouvais jamais seul avec lui sans qu'un serviteur fût présent, je renvoyai cette fois-là mon serviteur, et je fus seul avec lui. Je vous dois toute la vérité : alors, écoutez-moi bien, et toi, Socrate, si je mens, reprends-moi. Me voilà donc avec lui, mes amis – seul à seul. Je croyais qu'il allait aussitôt me parler comme un amant parle en tête à tête à son bien-aimé, et j'étais tout heureux. Or il n'en fut absolument rien. Il me parla comme à l'ordinaire, resta toute la journée avec moi, et s'en alla. Dans la suite, je l'invitais à partager mes exercices de gymnastique, et je m'entraînais avec lui, pensant que j'arriverais ainsi à quelque chose. Il s'entraînait donc en même temps que moi, et souvent il luttait avec moi, sans témoin. Que vous dire ? Je n'en fus pas plus avancé. Comme je n'aboutissais à rien par ce moyen, je crus que je devais attaquer mon homme de vive force, et ne point le lâcher, puisque je m'étais lancé dans cette entreprise : je devais à présent en avoir le cœur net. Je l'invite donc à dîner, tout comme un amant qui tend un piège à son bien-aimé. Même cela, il ne mit pas d'empressement à l'accepter. Pourtant, au bout d'un certain temps, il se laissa convaincre. La première fois qu'il vint, il voulut partir après avoir dîné. Alors, j'eus honte et le laissai s'en aller. Mais je fis une nouvelle tentative : quand il eut dîné, je prolongeai la conversation, sans répit, fort avant dans la nuit et, lorsqu'il voulut se retirer, je fis observer qu'il était tard, et je le forçai à rester.

Il était donc couché sur le lit qui touchait le mien, et où il avait dîné, et personne ne dormait dans l'appartement, que nous deux. [...]

Ainsi donc, mes amis, quand la lampe fut éteinte et que les esclaves furent partis, je pensai que je ne devais pas ruser avec lui, mais dire franchement ma pensée. Je dis alors en le poussant : « Tu dors, Socrate ? – Pas du tout, répondit-il. – Sais-tu ce que je pense ? – Quoi donc, au juste ? dit-il. – Je pense, dis-je, que tu es, toi, un amant digne de moi, le seul qui le soit, et je vois bien que tu hésites à en parler. Pour moi, voici mon sentiment : il est tout à fait stupide, à mon avis, de ne pas te faire plaisir en ceci, comme en toute chose où tu aurais besoin de ma fortune ou de mes amis. Rien en effet ne compte plus à mes yeux que de devenir le meilleur possible, et je pense que dans cette voie personne ne peut m'aider avec plus de maîtrise que toi. Dès lors, je rougirais bien plus devant les sages de ne point faire plaisir à un homme tel que toi, que je ne rougirais, devant la foule des imbéciles, de te faire plaisir. »

Il m'écouta, prit son air de faux naïf, tout à fait dans son style habituel, et me dit : « Mon cher Alcibiade, tu ne dois pas être trop maladroit en réalité, si ce que tu dis sur mon compte est vrai, et si j'ai quelque pouvoir de te rendre meilleur. Tu vois sans doute en moi une beauté peu commune et bien différente de la grâce qui est la tienne. Si donc cette observation t'engage à partager avec moi et à échanger beauté contre beauté, le profit que tu penses faire à mes dépens n'est pas mince. Tu n'essayes pas de posséder l'apparence de la beauté, mais sa réalité, et tu songes à troquer, en fait, le cuivre contre de l'or. Eh bien, mon bel ami, regarde mieux, de peur de t'illusionner sur mon compte : je ne suis rien. La vision de l'esprit ne commence à être pénétrante que quand celle des yeux se met à perdre de son acuité : tu en es encore assez loin. » À quoi je répondis : « En ce qui me concerne, je me suis expliqué tout à l'heure : je n'ai rien dit que je ne pense. À toi de décider ce que tu juges le meilleur pour toi comme pour moi. – Tu as raison, dit-il. Dans les jours prochains nous nous consulterons, et nous agirons de la manière qui nous paraîtra la meilleure à tous deux, sur ce point comme sur le reste. »

Je crus, après cet échange de propos, que j'avais en quelque sorte lancé des traits qui l'avaient blessé. Je me levai sans lui permettre de rien ajouter, j'étendis sur lui mon manteau – c'était l'hiver –, je m'allongeai sous son vieux manteau à lui, j'enlaçai de mes bras cet être véritablement divin et merveilleux, et je restai ainsi couché toute la nuit. Sur ce point-là non plus, Socrate, tu ne diras pas que je mens. Tout ce que je fis ainsi montra combien il était le plus fort : il dédaigna ma beauté, il s'en moqua, il lui fit outrage. Là-dessus pourtant j'avais quelque prétention, messieurs les juges – car vous êtes juges de l'outrecuidance de Socrate. Sachez-le bien, je le jure par les dieux, par les déesses, je me levai après avoir dormi aux côtés de Socrate sans que rien de plus extraordinaire se fût passé que si j'avais dormi près de mon père ou de mon frère aîné.

Le Banquet, 217a-219d

HOMÈRE
VIIIe s. av. J.-C.

CICÉRON
Ier s. av. J.-C.

SAINT AUGUSTIN
IVe - Ve s. ap. J.-C.

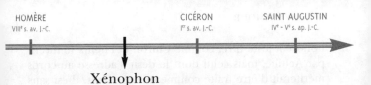

Xénophon

Cette fois, c'est Socrate lui-même qui s'exprime, pour démontrer que la relation charnelle ne rend pas heureux et que seul l'amour qui s'adresse à l'âme apporte un perfectionnement moral aux deux partenaires.

IL NE FAUT PAS S'ATTACHER SEULEMENT AU CORPS

Celui dont l'affection s'attache seulement au corps, pourquoi le garçon aimé le payerait-il de retour ? Serait-ce parce qu'il s'octroie à lui-même la satisfaction de ses désirs, et ne laisse au garçon que la pire des hontes ? ou parce que, pour obtenir de son mignon ce dont il est avide, il prend le plus grand soin d'éloigner de lui ses parents ? Ajoutez que l'emploi, non de la contrainte, mais de la persuasion, le rend encore plus haïssable. En usant de contrainte, en effet, on ne fait que montrer sa perversité, mais, en employant la persuasion, on corrompt l'âme de celui qui se laisse séduire. D'ailleurs, celui qui vend sa beauté pour de l'argent, pourquoi chérirait-il l'acheteur plus que ne le fait celui qui vend et livre sa marchandise sur le marché ? Ce n'est certes pas parce qu'il a commerce, lui qui est dans la fleur de sa jeunesse, avec un homme flétri par l'âge, lui qui est beau, avec qui ne l'est plus, lui qui est insensible, avec un amant passionné, qu'il éprouvera pour lui de l'affection. Un garçon, d'ailleurs, ne participe pas comme une femme aux voluptés amoureuses d'un homme, mais il reste le spectateur à jeun de son ivresse sensuelle. Rien donc d'étonnant à ce qu'il en vienne à mépriser son amant. [...]

Je vais montrer maintenant combien il est indigne d'un homme libre d'avoir des relations avec qui chérit le corps de préférence à l'âme. Celui qui enseigne à son ami à parler et à agir comme il convient peut en être honoré à juste titre, comme Chiron et Phénix le furent par Achille, mais celui dont le désir s'adresse au corps mériterait d'être traité comme un mendiant. Il est sans cesse, en effet, à s'attacher aux pas de l'aimé dans sa quête insistante d'un baiser ou de quelque autre caresse.

Le Banquet, VIII, 19-23

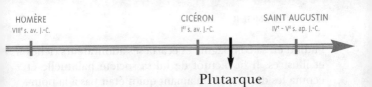

HOMÈRE
VIIIᵉ s. av. J.-C.

CICÉRON
Iᵉʳ s. av. J.-C.

SAINT AUGUSTIN
IVᵉ - Vᵉ s. ap. J.-C.

Plutarque

Nouvelle variation sur la relation de Socrate et d'Alcibiade. Socrate est présenté comme l'amoureux d'Alcibiade – mais un amoureux intéressé par l'âme, en toute vertu, et désireux de faire progresser et d'éduquer le jeune homme. Alcibiade, parce qu'il a en lui un bon naturel, se montre sensible à cet amour et éprouve l'« amour de retour » ou « amour en retour » (anterôs en grec), concept platonicien (Phèdre, 255 d) qui désigne l'amour provoqué chez l'aimé par l'amour même que lui porte l'amant : l'aimé se voit lui-même dans son amant, comme dans un miroir, et l'amour qu'il ressent est l'image réfléchie (donc moins vigoureuse) de celui de l'amant.

AMOUR ET « AMOUR DE RETOUR »

Déjà une foule de gens bien nés se groupaient autour d'Alcibiade et lui faisaient la cour, mais il était manifeste que leur admiration et leurs hommages ne s'adressaient qu'à son éclatante beauté, tandis que l'amour de Socrate fut un grand témoignage des heureuses dispositions naturelles de l'enfant pour la vertu. Socrate voyait ce naturel transparaître et briller à travers sa beauté physique ; mais craignant pour lui sa richesse, son rang et la foule de citoyens, d'étrangers et d'alliés qui cherchaient à le circonvenir par leurs flatteries et leurs complaisances, il entreprit de le protéger et de ne pas laisser une telle plante perdre et gâter dans sa fleur le fruit qu'elle devait porter. Et, de fait, il n'est pas d'homme autour de qui la Fortune ait dressé un tel rempart de prétendus biens pour le rendre invulnérable à la philosophie et inaccessible à la mordante franchise de ses discours. Cependant Alcibiade, bien que perverti dès le début et empêché par le cercle de ses flatteurs de prêter l'oreille à qui voulait l'avertir et l'instruire, sut néanmoins, grâce à son heureux naturel, reconnaître la valeur de Socrate, l'admit en sa compagnie et écarta ses admirateurs riches et illustres. Il fit bientôt de lui sa société habituelle et écouta les discours d'un amant qui n'était pas à la poursuite de lâches plaisirs et ne réclamait ni baisers ni caresses, mais lui montrait ce qu'il y avait de gâté dans son âme et rabattait son vain et sot orgueil. Alcibiade alors se blottit comme un coq vaincu, à l'aile basse. Et il en vint à penser que l'œuvre de Socrate était réellement une mission dont les dieux l'avaient chargé pour le soin et le salut de la jeunesse. Ainsi, en se méprisant lui-même et en admirant Socrate, dont il aimait la bonté et respectait la vertu, il acquit insensiblement, un reflet d'amour, un « amour de retour », comme dit Platon, et tout le monde s'étonna de le voir dîner avec Socrate, lutter et loger sous la tente avec lui, tandis qu'il était dur et intraitable pour ses autres poursuivants, et se comportait même à l'égard de certains avec le sans-gêne le plus hautain.

Vies. Alcibiade, 4

HOMÈRE
VIIIᵉ s. av. J.-C.

CICÉRON
Iᵉʳ s. av. J.-C.

SAINT AUGUSTIN
IVᵉ - Vᵉ s. ap. J.-C.

Platon

*L'éducation, dans sa définition la plus exigeante, est comparable à la procréation. Elle consiste, pour le maître, à ensemencer l'esprit des élèves, afin que ceux-ci donnent naissance à de beaux discours sur le savoir et sur la vertu. Platon rappelle ailleurs que Socrate était fils d'une sage-femme et que ce détail biographique a un intérêt symbolique : transposant sur les âmes des garçons l'art que sa mère exerçait sur les corps des femmes, Socrate pratiquait une forme de « maïeutique » (art de la sage-femme), qui consistait à accoucher les âmes (*Théétète*, 149-151).*

LA PROCRÉATION DANS LA BEAUTÉ

Ceux qui ont la fécondité du corps se tournent de préférence vers les femmes : leur façon d'aimer, c'est de chercher en faisant des enfants à s'assurer personnellement – à ce qu'ils croient – l'immortalité, le souvenir d'eux-mêmes, et le bonheur pour tout le temps de l'avenir. Il y a ceux, aussi, qui ont la fécondité de l'âme, car chez certains la fécondité est dans l'âme encore bien plus que dans le corps, pour les choses dont l'âme doit être féconde et qu'elle doit enfanter. Et cela, qu'est-ce donc ? La pensée, et toute autre forme d'excellence. C'est cela qu'engendrent tous les poètes et ceux des gens de métier qu'on appelle inventeurs. Mais la partie de loin la plus haute et la plus belle de la pensée est celle qui touche l'ordonnance des cités et de tout ce qui s'administre : on l'appelle prudence et justice. Or, quand un de ces hommes, dès ses jeunes années, a la fécondité de l'âme parce qu'il y a du dieu en lui, et quand, l'âge venu, il sent le désir d'enfanter, de procréer, il cherche lui aussi, je crois, de tous les côtés, le beau pour y procréer – car jamais il ne voudra procréer dans la laideur. Son affection va donc aux beaux corps plutôt qu'aux laids, par cela même qu'il est fécond et, s'il y rencontre une

205

âme belle, généreuse et bien née, il donne toute son affection à l'une et l'autre beauté : devant une telle personne, il sait sur-le-champ parler avec aisance de ce qui fait l'excellence, des devoirs et des occupations de l'homme de bien, et il entreprend de l'instruire. En effet, selon moi, par le contact avec la beauté, par sa présence assidue près d'elle, il enfante ce qu'il portait en lui depuis longtemps, il le procrée ; présent ou absent, sa pensée revient vers cet être, et il nourrit en commun avec lui ce qu'il a procréé. Aussi, une communion bien plus intime que celle qui consiste à avoir ensemble des enfants et une affection plus solide s'établissent entre les êtres de cette nature.

Le Banquet, 208e-209c

COMMERCES ÉQUIVOQUES

Loin des aspirations éthérées du platonisme, la réalité quotidienne de l'enseignement pouvait donner lieu à toutes sortes de rapprochements, plus ou moins furtifs ou illicites. L'épigramme, genre court et volontiers moqueur, se prêtait bien à la description de telles pratiques.

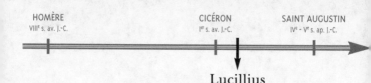

HOMÈRE
VIIIᵉ s. av. J.-C.

CICÉRON
Iᵉʳ s. av. J.-C.

SAINT AUGUSTIN
IVᵉ - Vᵉ s. ap. J.-C.

Lucillius

Pâris séduisit Hélène, épouse de Ménélas : c'est le B.A.-Ba de la mythologie. Le piquant de la situation est que ce grammairien, qualifié à juste titre de « porteur de cornes » dans la note introductive de l'épigramme, est victime chez lui de la même mésaventure qu'il enseigne dans son école.

À UN GRAMMAIRIEN QUI PORTE DES CORNES

Hors de chez toi, tu enseignes les malheurs de Pâris et de Ménélas. Mais, en ta demeure, ils sont nombreux les Pâris de ton Hélène…

Anthologie grecque, XI, 278

Épigramme à double sens, dont les quatre derniers substantifs sont savamment choisis pour évoquer à la fois la grammaire et l'érotisme.

EXERCICES NOCTURNES

Zénonis a chez elle Ménandre, un grammairien barbu. Son fils, dit-elle, est son disciple. Mais pour elle, les nuits durant, ne cesse l'exercice, et ainsi ce sont flexions, enjambements, positions et copulations !

Anthologie grecque, XI, 139

HOMÈRE
VIIIe s. av. J.-C.

CICÉRON
Ier s. av. J.-C.

SAINT AUGUSTIN
IVe - Ve s. ap. J.-C.

Automédon

Apparemment, certains professeurs pouvaient être tentés de profiter de leur position privilégiée au contact des jeunes élèves.

HEUREUX PÉDOTRIBE

Je dînais hier chez Démétrius, le pédotribe, l'homme le plus heureux de la terre entière. Un garçon dans les bras, un contre son épaule, un portait à manger, un lui versait à boire. Remarquable quatuor ! « Très cher, dis-je en plaisantant, la nuit aussi tu exerces ces jeunes ? »

Anthologie grecque, XII, 34

HOMÈRE
VIIIᵉ s. av. J.-C.

CICÉRON
Iᵉʳ s. av. J.-C.

SAINT AUGUSTIN
IVᵉ - Vᵉ s. ap. J.-C.

Straton

La pointe de cette épigramme réside dans la notion de « salaire » : puisque la fréquentation des jolis garçons vaut de l'or, il faudrait, pour avoir le bonheur de les fréquenter, verser un salaire, au lieu d'en recevoir un.

POURQUOI DEMANDER EN PLUS DES HONORAIRES ?

Vous, les maîtres, demandez en plus des salaires ? Ingrats ! Quoi ? Regarder des garçons, ce n'est rien peut-être ? Et leur parler, les caresser, les embrasser, cela seul ne vaut pas cent pièces d'or ?

Si on a de jolis petits garçons, qu'on me les envoie. Et puis que l'enfant m'embrasse. Pour salaire alors, de ma poche, tout ce qu'on veut !

Anthologie grecque, XII, 219

APPRENDRE À AIMER

Les romans grecs et latins comportent souvent un aspect de roman d'éducation, et l'apprentissage de l'amour, tant sentimental que physique, fait partie de la formation des héros.

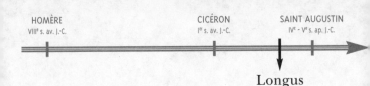

| HOMÈRE | CICÉRON | SAINT AUGUSTIN |
| VIIIᵉ s. av. J.-C. | Iᵉʳ s. av. J.-C. | IVᵉ - Vᵉ s. ap. J.-C. |

Longus

La jeune et jolie Lycénion a remarqué Daphnis, et elle l'a vu pleurer parce qu'il ne savait pas comment se conduire envers sa bien-aimée Chloé. Elle se met donc en devoir de l'instruire.

L'INITIATION DE DAPHNIS

Sans se douter en rien de ce qui allait se passer, Daphnis se lève aussitôt et, prenant sa houlette, il suit par-derrière Lycénion, qui le conduit le plus loin possible de Chloé. Puis, lorsqu'ils furent au plus touffu du bois, elle l'invite à s'asseoir près d'une source : « Daphnis, lui dit-elle, tu aimes Chloé : je l'ai appris des nymphes cette nuit. Dans un rêve, elles m'ont dit tes larmes d'hier et m'ont ordonné de te sauver en t'enseignant comment on fait l'amour. Ce n'est pas en se donnant des baisers, ni en se serrant dans les bras, ni en se comportant comme les béliers et les boucs. Il s'agit de saillies tout autres et agréables que celles-là, car la jouissance qu'elles donnent est de plus longue durée. Si donc tu veux te libérer de ton mal et goûter aux charmes que tu recherches, viens, confie-toi à moi comme un charmant petit élève. Et moi, pour être agréable à ces nymphes, je vais te donner ma leçon. »

Daphnis ne se tint plus de joie et, comme c'était un paysan, un chevrier et un jeune amoureux, il se jette aux pieds de Lycénion et la supplie de lui apprendre au plus vite l'art de faire à Chloé ce qu'il désire. Et, comme si véritablement il allait recevoir une révélation formidable et prodigieuse, il promet de lui donner un chevreau nourri à l'étable, des fromages frais faits du premier lait, avec également la chèvre. Lycénion découvrit chez ce chevrier une générosité à laquelle elle ne s'attendait pas, puis elle entreprit d'instruire Daphnis de la façon suivante. Elle lui demanda de s'asseoir près d'elle, comme cela, de lui donner des baisers aussi fort et autant qu'il en avait l'habitude et, en même temps, de la prendre dans ses bras, puis de se coucher par terre. Lorsqu'il se fut assis, l'eut embrassée et se fut couché, et qu'elle se rendit compte qu'il était en état d'agir et tout gonflé de désir, elle le souleva un peu de sa position sur le flanc, se glissa elle-même sous lui et savamment le dirigea sur la voie que jusque-là il avait cherchée. Après quoi il n'accomplit rien que de normal, la nature suffisant à l'instruire de ce qu'il restait à faire.

Une fois terminée cette leçon amoureuse, Daphnis, qui avait gardé sa naïveté de berger, s'apprêtait à courir vers Chloé pour lui faire de suite ce qu'il avait appris, comme s'il craignait de l'oublier en tardant davantage. Mais Lycénion le retint en lui disant : « Il te faut également apprendre ceci, Daphnis. Moi, qui suis femme, je n'ai pas souffert à présent, car jadis un autre homme m'avait donné la même leçon, et ma virginité en fut le prix. Mais Chloé, en soutenant contre toi pareil combat, gémira, pleurera et restera couchée tout ensanglantée, comme si on l'avait assassinée. Quant à toi, n'aie pas peur de ce sang et, lorsque tu l'auras persuadée de se donner à toi, amène-la dans cet endroit, afin que, si elle crie, personne ne l'entende, si elle pleure, personne ne la voie, si elle saigne, elle se lave à la source. Et souviens-toi que c'est moi, avant Chloé, qui t'ai fait homme. »

Pastorales (Daphnis et Chloé), III, 17-19

VII

LE DUR MÉTIER
DE PROFESSEUR

GAGES ET ESCLAVAGE

La principale préoccupation des professeurs, dans l'Antiquité, était leur situation d'étroite dépendance à l'égard de ceux qui les payaient – le plus souvent, comme il a été dit, les familles des élèves et des étudiants, ou, plus rarement, l'État et les collectivités. Dans une civilisation où l'exercice d'un métier rétribué était tenu pour inférieur à la liberté de qui pouvait vivre sans travailler, la condition enseignante avait quelque chose de mercenaire et, à ce titre, de peu appréciable. Même les plus grands professeurs étaient obligés de tenir compte des exigences de la clientèle et de courir le cachet. D'où une sorte de contradiction, parfois mal vécue, entre l'élévation des connaissances transmises, la beauté du savoir et de la culture, et les réalités pratiques du quotidien.

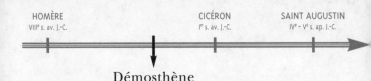

HOMÈRE
VIIIᵉ s. av. J.-C.

CICÉRON
Iᵉʳ s. av. J.-C.

SAINT AUGUSTIN
IVᵉ - Vᵉ s. ap. J.-C.

Démosthène

Le père d'Eschine, Athénien de bonne souche, ayant été ruiné par la guerre du Péloponnèse, fut réduit à se faire maître d'école. Démosthène affiche le plus grand mépris pour cette humble condition.

LE DESTIN D'ESCHINE, FILS D'INSTITUTEUR

Mon sort, à moi, Eschine, ce fut, pendant mon enfance, de fréquenter les écoles en rapport avec ma condition, et de posséder tout ce que doit avoir l'homme que le besoin ne poussera à aucun acte honteux. [...] Mais toi, l'homme orgueilleux qui craches sur les autres, regarde en face de cela quel fut ton destin : dans ton enfance, tu as été élevé au milieu de la plus grande indigence, faisant, à côté de ton père, office d'auxiliaire dans une école, préparant l'encre, lavant les bancs, balayant la salle d'attente, ayant rang de serviteur et non pas d'enfant libre.

Sur la couronne, 257-258

HOMÈRE
VIIIᵉ s. av. J.-C.

CICÉRON
Iᵉʳ s. av. J.-C.

SAINT AUGUSTIN
IVᵉ - Vᵉ s. ap. J.-C.

Lucien

Éloge ironique adressé, sur le ton de l'hymne et de la prière, à la Grammaire divinisée. Ah ! c'est qu'elle nourrit son homme ; et elle accepte n'importe qui, même les plus indignes.

Ô GRAMMAIRE, SOURCE DE VIE !

Sois-moi favorable, ô Grammaire, source de vie ; sois-moi favorable, toi qui as découvert comme un remède contre la faim le « Déesse, chante la colère...[1] ».

C'est un temple de toute beauté qu'il faudrait te bâtir ; il faudrait te dédier un autel aux offrandes sans cesse renouvelées. Car tout est rempli de toi, et les routes et les mers et les ports, ô Grammaire, dépotoir universel !

Anthologie grecque, XI, 400

1. Le premier vers de l'*Iliade* d'Homère symbolise la littérature, qui constituait l'objet principal de la « grammaire » (au sens d'« enseignement des belles-lettres » : voir p. 27).

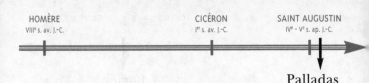

HOMÈRE
VIIIᵉ s. av. J.-C.

CICÉRON
Iᵉʳ s. av. J.-C.

SAINT AUGUSTIN
IVᵉ - Vᵉ s. ap. J.-C.

Palladas

Description crue des difficultés que les maîtres éprouvaient à se faire payer.

PETITS GAINS LABORIEUX

Ici enseignent tous ceux qui excitent les courroux de Sarapis, ceux qui commencent par la « pernicieuse colère[1] ». Ici la nourrice, chaque mois, apporte le salaire à contrecœur, ayant dans la feuille d'un livre enveloppé cette misère. Ainsi que de l'encens, elle pose près de la chaire, comme sur une tombe, le petit papier, qu'elle jette négligemment. Sur cette pauvre somme elle se dérobe un salaire, elle substitue du cuivre à l'argent, elle mêle du plomb, et elle reçoit le présent habituel. Et si quelque élève doit, pour l'année écoulée, une pièce d'or, le onzième mois, avant de l'apporter, il change de maître, montrant ainsi son ingratitude et dépouillant le premier grammairien, qu'il prive du salaire de toute une année.

Anthologie grecque, IX, 174

---

1. Nouvelle allusion au début de l'*Iliade*.

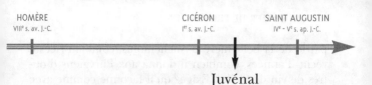

HOMÈRE
VIIIᵉ s. av. J.-C.

CICÉRON
Iᵉʳ s. av. J.-C.

SAINT AUGUSTIN
IVᵉ - Vᵉ s. ap. J.-C.

Juvénal

Dans une satire consacrée à l'inégalité des conditions à Rome et à la dégradation du niveau de vie des intellectuels, Juvénal attire l'attention sur le cas du professeur d'enseignement secondaire, le « grammairien ». Il y a tout lieu de le plaindre, si l'on considère les exigences exorbitantes des parents (qui demandent un savoir sans faille dans tous les domaines, de l'adresse, de l'autorité), les conditions de travail déprimantes (cours très tôt le matin, lourds effectifs d'enfants turbulents) et le salaire dérisoire (en un an, juste autant qu'un cocher victorieux au cirque).

UN SALAIRE, MAIS À QUEL PRIX !

Qui verse dans la poche de Celadus et du docte Palaemon autant que le mérite leur labeur de grammairiens ? Et cependant, ce mince salaire, inférieur encore à celui du rhéteur, l'inepte surveillant de l'élève commence par prélever dessus sa part, et celui de qui on le touche garde la sienne. Cède, Palaemon, souffre ces prélèvements, comme celui qui brocante les nattes d'hiver. Au moins tu ne perdras pas ta séance commencée au milieu de la nuit, à une heure dont ne voudrait ni l'artisan ni celui qui enseigne à effiler la laine avec un fer oblique ; et ce ne sera pas en pure perte que tu auras respiré l'odeur d'autant de lumignons que tu avais devant toi d'enfants, avec leur Horace décoloré et leur Virgile tout noir de suie. Rares sont les honoraires qui s'obtiennent sans une enquête du tribun. Vous autres, parents, vous imposez des conditions sévères. Il faut que le maître soit familier avec les règles de la langue, qu'il sache l'histoire, qu'il connaisse sur le bout du doigt tous les auteurs, qu'interrogé à brûle-pourpoint tandis qu'il s'achemine vers les thermes ou les bains de Phébus, il nomme la nourrice d'Anchise, qu'il dise le nom et la

221

patrie de la belle-mère d'Anchemolus, combien Aceste vécut d'années, combien il donna aux Phrygiens d'outres de vin de Sicile[1]. Exigez qu'il façonne comme avec le pouce ces caractères souples encore, ainsi qu'on sculpte un visage dans de la cire. Exigez qu'il soit aussi un père pour cette cohue d'enfants, qu'il empêche les jeux déshonnêtes, les libertés réciproques. « Ce n'est pas chose facile que de surveiller les gestes de tant d'enfants et leurs yeux qui clignotent vers la fin. – Cela, c'est votre affaire », lui répond-on ; « et, l'année révolue, recevez juste autant d'or que le peuple en fait donner au cocher victorieux ! »

Satires, VII, 215-243

Le « rhéteur » initie les étudiants à l'art oratoire en leur faisant composer des « déclamations » (à propos des tyrans, ou d'Hannibal, ou de sombres affaires d'empoisonnement) et en leur enseignant les concepts de la rhétorique (« couleurs », genres, questions, traits…). Les classes surchargées, la stupidité des élèves (au dire du satiriste) et la pingrerie des parents rendent le métier fort ingrat. D'où le conseil de quitter un emploi qui rapporte si peu ! L'auteur est écœuré par l'égoïsme de certains riches, qui ne reculent pas devant les plus folles dépenses quand il s'agit de leur bien-être ou de leurs fantaisies, mais qui comptent dès que vient le moment de rétribuer les professeurs de leurs enfants.

MIEUX VAUDRAIT POUR TOI
PRENDRE TA RETRAITE

Tu es professeur de déclamation ? Faut-il que Vettius ait un cœur de bronze, quand une classe surpeuplée exécute les cruels tyrans ! Tout ce que l'élève vient de lire

---

1. Questions littéraires et mythologiques hautement spécialisées.

assis, il va le rabâcher encore debout, et répéter dans les mêmes termes la même cantilène. C'est de ce chou cent fois resservi que meurent les malheureux maîtres. La « couleur » qui convient, le genre auquel la cause appartient, le point cardinal de la question, les traits que pourra peut-être décocher l'adversaire, ils veulent tous savoir tout cela – quant à le payer, personne n'y consent. « Ton salaire? Qu'est-ce que j'ai donc appris? – Oui, bien sûr, c'est la faute du maître, si rien ne bat sous la mamelle gauche de ce jeune lourdaud, vrai roussin d'Arcadie, qui tous les six jours me bourre ma pauvre tête de son redoutable Hannibal, quel que soit le sujet dont celui-ci délibère – doit-il, après Cannes, marcher sur Rome ou bien, rendu prudent par les pluies et les coups de tonnerre, va-t-il faire faire demi-tour à ses cohortes trempées par l'orage? Fixez la somme que vous voudrez et je la paie sur place : combien dois-je donner pour que son père consente à l'écouter autant de fois que je l'ai fait? » Voilà ce que crient à l'unisson six rhéteurs et plus encore; et les voilà réduits à plaider pour de bon[2]; il n'est plus question de ravisseur, de poison versé, de mari coupable et ingrat, de drogue qui rend la vue aux vieillards aveugles.

Il prendra donc, de son propre chef, sa retraite, si mes conseils sont capables de l'émouvoir, et il cherchera une autre carrière, celui qui, des pacifiques combats de la rhétorique, descend aux luttes du forum pour ne pas perdre la misérable somme avec laquelle s'achète un bon de blé au rabais, car tel est le plus riche salaire qu'il reçoit. [...] Pour se bâtir des bains, on dépense six cent mille sesterces; davantage pour un portique où le maître se fera véhiculer en cas de pluie. Voudriez-vous qu'il attendît le beau temps et qu'il laissât éclabousser ses bêtes de boue toute fraîche? C'est bien mieux là; le

---

2. Les professeurs de rhétorique vont devant les tribunaux, au forum, pour réclamer leur salaire; là, au lieu de déclamations, ils sont forcés de prononcer de vraies plaidoiries.

sabot de sa mule pimpante y reste impeccable. Que d'un autre côté s'élève une salle à manger, soutenue par une longue colonnade en marbre de Numidie, qui recueille les rayons du soleil d'hiver. Si cher que lui revienne la maison, il aura aussi un maître d'hôtel habile à l'aménagement des plats et un cuisinier expert aux ragoûts. À côté de ces prodigalités, deux mille sesterces au plus suffiront à un Quintilien[3]. Ce qui coûtera le moins cher à ce père, c'est son fils.

Satires, VII, 150-188

---

3. Le célèbre auteur de l'*Institution oratoire*.

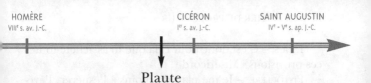

HOMÈRE
VIIIᵉ s. av. J.-C.

CICÉRON
Iᵉʳ s. av. J.-C.

SAINT AUGUSTIN
IVᵉ - Vᵉ s. ap. J.-C.

Plaute

Pistoclère se rend à un festin chez la courtisane Bacchis, au grand désespoir de son précepteur Lydus, qui lui fait des remontrances et essaie de le retenir. Poussé à bout, le jouvenceau laisse échapper la vérité des choses dans la réplique finale.

QUAND L'ÉLÈVE S'INSURGE

LYDUS. – Voilà un bon moment, Pistoclère, que je te suis sans rien dire, observant ce que tu veux faire dans ce costume. Car, me protègent les dieux ! dans cette ville Lycurgue lui-même serait, je crois, capable de succomber au vice. Où vas-tu de ce pas, en remontant la rue, avec un tel équipage ?

PISTOCLÈRE (*Montrant la maison de Bacchis.*) – Là.

LYDUS. – Comment, là ? Qui est-ce qui habite là ?

PISTOCLÈRE. – L'Amour, le Plaisir, Vénus, la Grâce, la Joie, les Ris, les Jeux, les Doux-Propos, les Doux-Baisers.

LYDUS. – Qu'as-tu affaire avec ces dieux ruineux ? […] Te voilà perdu, et moi-même avec toi, perdu aussi tout mon effort. T'avoir si souvent montré le droit chemin, en pure perte !

PISTOCLÈRE. – Bah ! Si tu as perdu ton temps, j'en ai fait autant du mien. Tes leçons ne m'ont pas profité plus qu'à toi-même.

LYDUS. – Quel cœur endurci !

PISTOCLÈRE. – Tu m'assommes. Tais-toi, Lydus, et suis-moi.

LYDUS. – Voyez-moi ça s'il vous plaît ! Il m'appelle Lydus au lieu de me dire : mon précepteur !

PISTOCLÈRE. – Voyons ; serait-il raisonnable, quand ton élève serait attablé dans cette maison, couché près de sa maîtresse, et l'embrassant amoureusement, en présence des autres convives, serait-il convenable, dis-moi, qu'un précepteur fût de la partie ?

225

LYDUS. – C'est donc pour cela que tu as acheté toutes ces provisions ? Miséricorde !

PISTOCLÈRE. – Je me plais du moins à l'espérer : l'événement est dans la main des dieux.

LYDUS. – Et tu auras une maîtresse ?

PISTOCLÈRE. – Tu le sauras quand tu le verras.

LYDUS. – Morbleu non, tu n'en auras pas, je ne le souffrirai pas. Je vais à la maison.

PISTOCLÈRE. – Lâche-moi, Lydus, ou gare à toi.

LYDUS. – Comment, gare à toi ?

PISTOCLÈRE. – Je ne suis plus d'âge à être régenté.

LYDUS. – Quel plaisir j'aurais à me jeter dans un gouffre ! Je vois bien plus de choses que je n'aurais voulu. Mieux vaudrait pour moi en avoir fini avec l'existence. Un élève menacer son maître ! Ah ! foin de ces écoliers qui ont trop de sang dans les veines ! Celui-ci abuse de sa force pour malmener une faible créature comme moi… […] Il a perdu tout sens du respect. Sur ma foi, tu as fait une acquisition peu souhaitable pour toi, en acquérant pareille impudence. C'est un homme perdu. Ne te souvient-il pas que tu as un père ?

PISTOCLÈRE. – Suis-je ton esclave, ou es-tu le mien ?

Les Bacchis, 109-162.

HOMÈRE
VIIIe s. av. J.-C.

CICÉRON
Ier s. av. J.-C.

SAINT AUGUSTIN
IVe - Ve s. ap. J.-C.

Libanios

Il suffit d'exagérer à peine le paradoxe pour démontrer que la condition de « sophiste » (professeur de rhétorique) est une forme d'esclavage.

ESCLAVE DE TOUS

Un sophiste est sans contredit un Sisyphe peinant à son rocher, comme celui d'Homère. Il dispense l'éloquence et la recueille : il la recueille dans les livres et la dispense par sa bouche. Il est esclave non seulement de tous ceux sur lesquels il exerce son autorité, mais aussi de la multitude des pédagogues, de la multitude des parents, d'une mère, d'une tante, d'un grand-père. Et s'il ne change pas les élèves, fussent-ils de pierre, en autant de demi-dieux, s'il ne trouve pas dans son art le moyen de vaincre la nature, un flot d'accusations variées jaillit de tout côté, et il sent la nécessité d'incliner le front vers la terre, non pas qu'il soit dépourvu d'arguments, mais afin d'apaiser un interlocuteur trop prompt aux reproches. Il est aussi l'esclave des factionnaires placés aux portes de la cité, ainsi que de la caste des aubergistes. Il se soumet aux uns, pour qu'on ne dise pas du mal de lui aux étrangers qui arrivent, aux autres, pour que les voyageurs qu'ils hébergent entendent des rapports élogieux sur son compte. Les premiers comme les seconds, en effet, et même des personnes de condition plus modeste encore, peuvent causer du tort à l'atelier de chaque sophiste. Celui-ci, par ses cajoleries, cherche à séduire aussi bien celui qui arrive de l'étranger que celui qui va quitter la ville, par crainte que le premier ne mène un combat rapproché et ne sape les fondements de l'école et que le second ne répande à la volée des bruits fâcheux à son sujet sur toute l'étendue des contrées qu'il parcourra. Il est aussi soumis à la plus écrasante des autorités, celle du Conseil de sa cité. Il suffit aux conseillers d'un texte de quelques lignes pour l'élever ou l'abaisser, pour jouer avec sa situation dans un sens conforme à leur humeur, pour le chasser, si telle est leur fantaisie, ou lui susciter une foule de rivaux ; ils peuvent encore recourir à des moyens qui, si insignifiants qu'ils paraissent, lui créent des ennuis considérables. S'il veut échapper à ces dangers, il doit assurément ne pas être inexpert dans l'art d'être esclave ! Et à la porte du palais des gouverneurs il passera de longs moments à flatter les portiers. Si on le repousse, il ne protestera pas et, si on l'introduit, il en aura une prodigieuse reconnaissance. S'il traite avec de tels égards le préposé aux portes, comment se comportera-t-il devant le pilote aux ordres duquel tout le palais obéit ?

De l'esclavage, 46-49

À BAS LES PROFESSEURS !

À toute époque, on a eu plaisir à railler les professeurs, de manière bien injuste parfois. L'Antiquité n'a pas fait exception à cette règle.

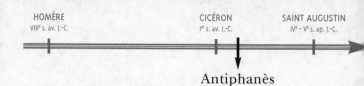

HOMÈRE
VIIIe s. av. J.-C.

CICÉRON
Ier s. av. J.-C.

SAINT AUGUSTIN
IVe - Ve s. ap. J.-C.

Antiphanès

Diatribe contre les pédants de collège, en l'occurrence les commentateurs érudits qui affectionnent la poétesse Érinna (IVe siècle av. J.-C) et l'école alexandrine du poète et philologue Callimaque (IIIe siècle av. J.-C).

RACE INUTILE DES GRAMMAIRIENS

Race inutile des grammairiens, taupes rongeuses de l'inspiration d'autrui, teignes minables, amateurs de vétilles, détracteurs des chefs-d'œuvre et glorificateurs d'Érinna, chiens hargneux, aboyeurs efflanqués de Callimaque, fléaux des poètes, vous qui à nos jeunes enfants en leurs débuts n'apportez que ténèbres, allez au diable ! punaises rongeuses des œuvres harmonieuses.

Anthologie grecque, XI, 322

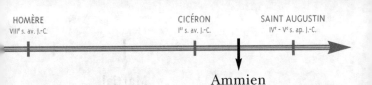

HOMÈRE
VIIIᵉ s. av. J.-C.

CICÉRON
Iᵉʳ s. av. J.-C.

SAINT AUGUSTIN
IVᵉ - Vᵉ s. ap. J.-C.

Ammien

Mot cruel, dirigé contre les professeurs de rhétorique, qui, occupant le niveau supérieur de l'enseignement, ignoreraient tout des bases enseignées par leurs collègues de moindre niveau.

IGNORANT COMME UN PROFESSEUR

Si tu veux, Paulus, que ton fils apprenne le métier de professeur, alors, comme tous ces gens-là, qu'il n'apprenne pas ses lettres...

Anthologie grecque, XI, 152

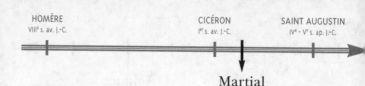

HOMÈRE
VIIIᵉ s. av. J.-C.

CICÉRON
Iᵉʳ s. av. J.-C.

SAINT AUGUSTIN
IVᵉ - Vᵉ s. ap. J.-C.

Martial

Conseil provocateur de repousser les études de lettres et de leur préférer d'autres formations tenues pour plus lucratives. Même la rhétorique doit être laissée de côté (Tutilius était un maître de rhétorique contemporain) ; et même la poésie.

FUIS TOUS LES GRAMMAIRIENS ET LES RHÉTEURS

À quel maître, Lupus, confier l'éducation de ton fils ? Il y a longtemps que tu te poses la question avec angoisse et tu me pries d'y répondre. Fuis tous les grammairiens et tous les rhéteurs, je te le recommande : qu'il n'ait rien à voir aux livres de Cicéron ou de Virgile. Qu'il laisse Tutilius à sa renommée. S'il fait des vers, déshérite ce poète. Veut-il se former à des métiers lucratifs ? Fais-lui apprendre celui de harpiste ou de flûtiste accompagnateur. Si l'enfant a la tête dure, fais-en un commissaire-priseur ou un architecte.

Épigrammes, V, 56

HOMÈRE
VIIIᵉ s. av. J.-C.

CICÉRON
Iᵉʳ s. av. J.-C.

SAINT AUGUSTIN
IVᵉ - Vᵉ s. ap. J.-C.

Cicéron

S'en prenant violemment à Antoine, Cicéron n'épargne pas le maître de rhétorique de celui-ci, Sextus Clodius, qui n'a pas réussi à donner du talent à son élève, mais qui n'en a pas moins reçu, pour prix de ses leçons, une belle propriété de cinq cents hectares en Sicile, malhonnêtement prélevée sur le domaine public. Plus loin, Cicéron raillera encore ce Clodius, en demandant ironiquement combien il aurait reçu s'il avait réussi à rendre Antoine éloquent (Philippiques, *II, 101) et en ajoutant qu'avec son vaste terrain, il s'est reconverti de l'art oratoire à l'art aratoire* (ibid., *III, 22).*

HONTE AU MAÎTRE DE DÉCLAMATION D'ANTOINE

Tu t'es exercé à la déclamation, dans une maison de campagne qui n'est pas à toi. Il est vrai que, comme le répètent tes plus intimes amis, c'est pour dissiper les fumées du vin, et non pour aiguiser ton esprit, que tu déclames. Mais, au fait, tu emploies pour plaisanter un maître, proclamé par toi et tes compagnons de beuverie un rhéteur, auquel tu as permis de dire contre toi tout ce qu'il voudrait ; c'est, à coup sûr, un homme d'esprit mordant, mais la matière est aisée, quand il s'agit de vous brocarder, toi et tes amis. [...] Mais quel salaire a été donné au rhéteur ! Écoutez, écoutez, sénateurs, et connaissez les blessures infligées à la République : deux mille arpents du territoire de Léontium ont été assignés par toi au rhéteur Sextus Clodius et, qui plus est, libres de redevance, pour t'enseigner, au prix de cet énorme salaire, payé par le peuple romain, à n'avoir pas de bon sens.

Philippiques, II, 42-43

L'ITINÉRAIRE DÉSENCHANTÉ
DE SAINT AUGUSTIN

Les *Confessions* offrent un document exceptionnel sur l'enseignement en Afrique et en Italie au IVe siècle après J.-C. et sur une vision chrétienne de cet enseignement. Né dans la classe moyenne, Augustin se forma et s'éleva dans la société grâce à l'école, au point de devenir lui-même un professeur réputé. Mais ses convictions religieuses évoluèrent, et il finit par embrasser la foi chrétienne. Dès lors, l'étude et le savoir païens lui parurent n'être que vanité et illusion. C'est pourquoi les *Confessions*, écrites après la conversion, donnent du parcours éducatif d'Augustin une présentation très négative. L'âme repentante et torturée en veut au système, et s'en veut à elle-même d'y avoir autrefois brillé.

HOMÈRE
VIIIᵉ s. av. J.-C.

CICÉRON
Iᵉʳ s. av. J.-C.

SAINT AUGUSTIN
IVᵉ - Vᵉ s. ap. J.-C.

Saint Augustin

Rancœur d'enfant battu, dénonciation de l'injustice des adultes. Quinze siècles plus tard, dans un tout autre contexte, un Jules Vallès (dans L'Enfant) trouvera les mêmes accents d'indignation vibrante. Augustin est allé jusqu'à écrire ailleurs : « Qui n'aurait horreur de recommencer son enfance et ne préférerait mourir, si le choix lui en était donné ? » (La Cité de Dieu, XXI, 14).

UN ÉCOLIER BATTU

Ô Dieu, mon Dieu, quelles misères, quelles déceptions n'ai-je pas subies là, à cet âge où l'on ne proposait à l'enfant que j'étais d'autre règle de bien vivre que d'obéir à mes maîtres, afin de briller dans le monde et d'exceller dans cette science verbeuse qui devait me procurer prestige aux yeux des hommes et menteuses richesses ! On me mit à l'école pour apprendre mes lettres ; pauvre que j'étais, je ne voyais pas à quoi cela servait, et pourtant quand je me montrais paresseux à apprendre, je recevais des coups. Les grandes personnes trouvaient cela parfait. Nos nombreux devanciers dans la vie nous avaient préparé ces sentiers douloureux par où il fallait passer, au prix d'un surcroît de labeur et de souffrance pour les enfants d'Adam ! [...]

Ce n'était pas que je manquasse, Seigneur, de mémoire ou de vivacité d'esprit ; votre bonté me les avait assez libéralement départies pour cet âge. Mais j'adorais le jeu, et j'en étais puni par qui faisait, bien entendu, tout comme moi. Seulement, les jeux des hommes, on les appelle « affaires », et ils punissent ceux, tout pareils, des enfants, et personne n'a pitié ni des enfants, ni des hommes, ni des uns et des autres. Un juge équitable pourrait-il cependant approuver qu'un enfant fût châtié pour s'être laissé détourner par le jeu de paume d'apprendre des leçons qui devaient devenir, entre ses mains d'homme fait, un jeu autrement nuisible ? Et que faisait donc celui qui me frappait ? Une insignifiante discussion, s'il y était vaincu par quelque docte collègue, lui infligeait plus de dépit rageur que je n'en éprouvais moi-même, quand j'étais battu au jeu de paume par un de mes camarades !

Confessions, I, 14-15

À l'époque où il était écolier, Augustin goûtait fort les légendes de la mythologie, mais en latin, car il était rebuté par la difficulté du grec. Contrairement à ce qui pouvait arriver dans des familles aristocratiques, par exemple, il n'avait pas eu la chance de recevoir dès son plus jeune âge une éducation bilingue. Durant toute sa vie, le grec resta pour lui une langue étrangère, dont il avait une connaissance imparfaite.

LA DIFFICULTÉ D'APPRENDRE LE GREC

Pourquoi donc détestais-je la littérature grecque qui, pourtant, raconte des histoires du même genre que la littérature latine ? Car Homère, lui aussi, ourdit habilement des fables analogues et, dans sa frivolité même, il garde un charme infini ; néanmoins, il paraissait amer à mon goût d'enfant. Je suppose que les enfants grecs ne pensent pas autrement de Virgile, quand on les force à l'apprendre comme on me forçait à apprendre Homère. C'était évidemment la difficulté, oui, la difficulté d'apprendre depuis ses éléments une langue étrangère, qui mêlait pour ainsi dire son fiel à toute la douceur des fables grecques. Je n'en savais pas un mot, et pour me la faire apprendre on me menaçait avec emportement de châtiments cruels et effrayants.

Confessions, I, 23

Adolescent, Augustin poursuivit sa formation rhétorique à Carthage, où les étudiants se conduisaient très mal. Leurs « chambardements » correspondent à ce qu'on appelle aujourd'hui le chahut, le bizutage, voire un comportement de casseurs et de hooligans.

SAGE AU MILIEU DES CAMARADES DISSIPÉS

Ces études, que l'on qualifiait d'honorables, avaient leur débouché sur le forum de la chicane ; et j'aspirais à me distinguer là où les succès se mesurent aux mensonges. Tel est l'aveuglement des hommes : de leur aveuglement même, ils se glorifient ! Et déjà je me détachais en tête à l'école du rhéteur ; et ma joie était faite d'orgueil, j'étais gonflé de vanité. Pourtant, bien plus retenu que les autres, Seigneur, vous le savez, je m'abstenais absolument des exploits turbulents, familiers aux « chambardeurs » – cette dénomination sinistre et diabolique passe pour un brevet de belles manières – parmi lesquels je vivais. Dans mon impudeur même, je gardais quelque pudeur, puisque je n'étais pas comme eux ; je restais d'ailleurs avec eux, et je trouvais parfois du plaisir dans leur familiarité, malgré la répulsion que m'inspiraient constamment leurs méfaits, ces « chambardements » effrontés dont ils assaillaient les nouveaux venus intimidés, qu'ils brimaient et outrageaient sans motif, pour repaître leurs joies méchantes. Quoi de plus semblable aux actes des démons ?

Confessions, III, 6

Avant même d'avoir vingt ans, l'étudiant est devenu professeur à son tour. Il met dans son enseignement une bonne volonté dont il estimera plus tard qu'elle était digne d'une meilleure cause.

PROFESSEUR DE RHÉTORIQUE

J'enseignais durant ces années-là la rhétorique : vaincu moi-même par mes passions, je vendais l'art de vaincre par la verbosité. Je préférais pourtant, vous le savez, Seigneur, avoir de bons élèves, ce qu'on appelle de « bons élèves », et c'est sans nulle duperie que je leur apprenais l'art de duper, non pour perdre jamais une tête innocente, mais pour sauver parfois une tête coupable. Et vous, mon Dieu, vous m'avez vu de loin chanceler sur un sol glissant; vous avez distingué, dans une épaisse fumée, les étincelles de cette bonne foi dont je faisais preuve dans les leçons que je donnais à ces amateurs de vanité, à ces chercheurs de mensonge, moi, en tout leur pareil.

Confessions, IV, 2

Depuis l'Afrique, Augustin est monté à Rome, toujours comme professeur de rhétorique. Les étudiants romains sont moins turbulents que ceux de Carthage, mais ils ont le défaut d'être mauvais payeurs, et ils usent d'un stratagème qui a déjà été évoqué plus haut (p. 220). Les expressions entre guillemets, dans ce texte et dans celui qui suit, sont des citations bibliques.

ET LES HONORAIRES QUI NE RENTRENT PAS !

Cependant je m'étais mis avec ardeur à la tâche pour laquelle j'étais venu à Rome, l'enseignement de la rhétorique. Je me mis à réunir chez moi quelques élèves à qui – et grâce à qui – j'avais commencé de me faire connaître.

Mais voici que j'appris que certaines pratiques dont je n'avais pas eu à souffrir en Afrique étaient courantes à Rome. À dire vrai, on m'affirma que les « chambardements » familiers là-bas aux jeunes gens sans mœurs étaient inconnus ici. Mais il arrive, ajoutait-on, que pour ne pas payer à un maître ses honoraires, les étudiants s'entendent entre eux, et passent en masse chez un autre maître, au mépris de toute bonne foi et de toute équité, par amour de l'argent.

Ceux-là aussi, mon cœur se mit à les haïr, mais « d'une haine non parfaite ». Car ce que je haïssais en eux, c'était plus encore, sans doute, le préjudice que je risquais de subir de leur part que l'injustice infligée à autrui.

Et pourtant de telles âmes sont vraiment sans honneur, elles « forniquent loin de vous », en s'attachant à des choses éphémères dont le temps fait son jouet, à un gain boueux dont se salissent les mains qui y touchent ; en embrassant un monde qui passe ; en vous méprisant, vous qui demeurez, vous qui rappelez et qui amnistiez l'âme humaine, quand, prostituée, elle revient à vous. Maintenant encore, je déteste des gens comme ceux-là pour leur perversité, leur difformité morale ; mais je les aime aussi pour les améliorer, afin qu'ils préfèrent à l'argent la science qu'ils apprennent, et qu'ils vous préfèrent à cette science même, vous, mon Dieu, qui êtes Vérité, source féconde de bien assuré et paix très chaste. Mais alors j'étais plus disposé à ne pas supporter leur perversité dans mon intérêt même qu'à les vouloir meilleurs dans votre intérêt à vous.

Confessions, V, 22

Une fois converti au christianisme, à l'âge d'un peu plus de trente ans, Augustin décide de renoncer à l'enseignement de la rhétorique, où il ne voit plus que « foire aux bavardages », afin de se consacrer à Dieu. Il partira avec joie. Reste seulement à trouver le moyen de se retirer discrètement et honorablement.

RENONCEMENT

Et je me décidai, « sous vos regards », à éviter dans ma rupture tout éclat : je retirerais en douceur le ministère de ma langue de la foire aux bavardages, ne voulant plus que des enfants qui ne se souciaient ni de votre loi, ni de votre paix, et qui ne rêvaient que sottises mensongères et batailles de forum, achetassent de ma bouche des armes pour leur fureur.

Par une heureuse chance, quelques jours à peine me séparaient des vacances de la vendange. Je résolus de les prendre en patience ; je m'en irais ensuite comme d'habitude ; mais, racheté par vous, je ne reviendrais plus me vendre moi-même. […]

Votre nom, glorifié grâce à vous dans tout l'univers, aurait naturellement valu aussi des panégyristes à notre vœu, à notre plan de vie. Il y aurait donc eu quelque ostentation à ne pas attendre les toutes prochaines vacances. Ma profession était une profession publique et très en vue : la quitter sans délai, anticiper sur la date des vacances voisines, c'était attirer sur ma décision tous les regards, et faire jaser les gens en ayant l'air de vouloir à tout prix me donner de l'importance. À quoi bon livrer aux discussions et aux disputes mes sentiments intimes et « faire blasphémer mon bien » ?

Qui plus est, au cours de ce même été, le labeur excessif de mon enseignement m'avait infligé une faiblesse des poumons ; je tirais péniblement ma respiration et la lésion se révélait à certaines douleurs de poitrine qui m'interdisaient toute émission de voix claire et soutenue. J'en avais été d'abord démoralisé, dans la quasi-nécessité où je me voyais de déposer le fardeau du professorat, ou en tout cas de le laisser de côté momentanément, si je pouvais escompter une guérison et récupérer mes forces. Mais dès que se fut formée et affermie en moi la pleine volonté « de prendre mon temps et de voir que vous êtes le Seigneur », alors – vous le savez, mon Dieu – c'est de la joie que je ressentis d'avoir aussi à ma disposition une excuse non mensongère pour modérer la mauvaise humeur des gens, toujours prêts à m'accaparer au bénéfice de leurs enfants.

Confessions, IX, 2-4

VIII

MAÎTRES DE PHILOSOPHIE, MAÎTRES DE VIE

FORMER L'HOMME DANS SA TOTALITÉ

Selon la conception antique, la philosophie n'était pas seulement un ensemble de connaissances sur le monde, mais aussi un mode de vie et un engagement global de la personne. Par conséquent, la tâche des professeurs de philosophie ne se limitait pas à transmettre un savoir et à développer des aptitudes intellectuelles : ils formaient leurs disciples et les perfectionnaient moralement, en leur apprenant à se remettre eux-mêmes en question et en leur inculquant le sentiment de ne pas être ce qu'ils devraient être. Cette conception du maître de philosophie comme maître de vie, qui forme l'homme dans sa totalité, a été constituée en Grèce et s'est transmise à Rome ; c'est un des points les plus saillants de l'héritage antique en matière pédagogique.

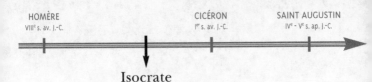

HOMÈRE	CICÉRON	SAINT AUGUSTIN
VIIIᵉ s. av. J.-C.	Iᵉʳ s. av. J.-C.	IVᵉ - Vᵉ s. ap. J.-C.

Isocrate

L'enseignement de la sagesse, sous forme de conseils moraux, est supérieur à l'enseignement de la rhétorique : il ne suffit pas d'apprendre à bien dire, encore faut-il apprendre à bien vivre.

REDRESSER LES CARACTÈRES

Je vois d'ailleurs que non seulement un heureux hasard nous favorise, mais encore que les circonstances présentes sont pour nous : tu recherches la culture, et moi, je m'efforce de cultiver mes semblables ; pour toi, c'est l'heure décisive pour t'initier à la sagesse, et moi, je corrige ceux qui la recherchent. Les maîtres qui écrivent à l'adresse de leurs amis leurs discours en forme d'exhortation entreprennent sans doute un noble travail, pourtant ils ne se livrent pas à l'exercice le plus important de la philosophie. Par contre, ceux qui expliquent aux jeunes gens non par quels procédés ils développeront leur habileté oratoire, mais comment ils montreront dans leur façon de vivre l'honnêteté de leur nature, ces maîtres rendent à leur auditoire un service dont la grandeur s'affirme d'autant plus que, si l'autre école oriente uniquement vers l'art de la parole, eux par contre redressent les caractères. C'est pourquoi nous, qui avons écrit moins une exhortation qu'une recommandation, nous nous proposons de t'offrir nos conseils.

À Démonicos, 3-5

HOMÈRE
VIIIᵉ s. av. J.-C.

CICÉRON
Iᵉʳ s. av. J.-C.

SAINT AUGUSTIN
IVᵉ - Vᵉ s. ap. J.-C.

Épictète

*Les étudiants qui n'attendent de la philosophie que de bel-
les conférences ont tort. Ils ne se rendent pas compte qu'ils ont
besoin d'être soignés de leurs défauts et de leurs vices. La comparaison de la leçon de philosophie avec un soin médical laisse
entendre que le traitement risque d'être douloureux.*

C'EST UN CABINET MÉDICAL
QUE L'ÉCOLE D'UN PHILOSOPHE

C'est un cabinet médical, hommes, que l'école d'un
philosophe : on ne doit pas, quand on sort, avoir joui,
mais avoir souffert. Car vous n'y allez pas étant bien por-
tants : l'un avait une épaule démise, l'autre un abcès, un
troisième une fistule, un quatrième souffrait de la tête.
Et alors vais-je m'asseoir et vous débiter de belles pensées et de belles sentences pour que vous me combliez
d'éloges avant de partir, mais en remportant, l'un son
épaule telle qu'il l'avait apportée, l'autre sa tête dans le
même état, le troisième sa fistule et le quatrième son
abcès ? Alors, faut-il que des jeunes gens s'expatrient,
quittent leurs propres parents, leurs amis, leurs proches,
leur petit avoir, pour te dire : « Bravo ! » quand tu leur
débites tes sentences ? Est-ce là ce que faisait Socrate, ce
que faisait Zénon, ce que faisait Cléanthe ?

Entretiens, III, 23, 30-32

HOMÈRE
VIIIᵉ s. av. J.-C.

CICÉRON
Iᵉʳ s. av. J.-C.

SAINT AUGUSTIN
IVᵉ - Vᵉ s. ap. J.-C.

Sénèque

Le stoïcien Attale, maître de Sénèque, était un grand profes-seur, disponible, ouvert, optimiste. Il voulait que tous les étu-diants, pourvu qu'ils fussent de bonne volonté, retirent un pro-fit de ses cours.

LE PROFIT À TIRER DU COURS

Je me rappelle ce que nous disait le maître Attale, au temps où nous assiégions son école, les premiers à nous y rendre, les derniers à en sortir, l'attirant, même durant ses promenades, en quelque discussion, car il était à la disposition de ses élèves et venait même au-devant. « Le maître et l'élève doivent, disait-il, tendre respectivement au même but d'utilité, l'un instruisant, l'autre s'instrui-sant. » Celui qui vient au cours d'un philosophe doit y recueillir chaque jour quelque fruit, s'en retourner ou bien en voie de guérison ou plus facilement guérissable. Et cela sera ; telle est la vertu de la philosophie, que tous y gagnent, prosélytes, ou simplement entourage familier. Qui s'est mis au soleil brunira son teint, bien qu'il n'y soit pas venu pour cela ; qui aura fait un peu plus longue séance dans la boutique d'un parfumeur emportera sur sa personne l'odeur du lieu. On ne sort pas non plus du cours d'un philosophe sans avoir tiré de là, nécessaire-ment, quelque chose d'assez fort pour profiter même aux inattentifs. Pèse bien mes termes : je dis inattention et non pas prévention.

Lettres à Lucilius, 108, 3-4

LA TORPILLE SOCRATE

Socrate (470/469-399 av. J.-C.), figure capitale de l'histoire de la pensée occidentale, a fasciné tous ceux qui l'ont connu. Il fut un maître exceptionnel, sans être pour autant un professeur au sens habituel du terme. Il ne tenait pas école et ne prenait pas d'honoraires, mais s'adressait librement à ceux qu'il rencontrait; certains jeunes gens de la bonne société athénienne s'attachèrent plus particulièrement à lui et devinrent comme ses disciples. Il ne donnait pas de cours et n'enseignait pas une doctrine, mais dialoguait avec ses interlocuteurs pour les amener à douter, à réfléchir sur eux-mêmes et à chercher le vrai but de la vie. Ce personnage déconcertant, ironique, considéré par certains comme inquiétant et subversif, fut cité en justice à la fin de sa vie, sous l'accusation d'être impie et de corrompre la jeunesse, et, au terme du procès, fut condamné à la peine capitale. Rarement l'engagement d'un maître a été poussé aussi loin, avec d'aussi terribles conséquences. Socrate n'ayant rien écrit, ses disciples, notamment Platon et Xénophon, publièrent des ouvrages sur lui après sa mort pour préserver le souvenir de ses paroles et de son rayonnement.

HOMÈRE
VIIIe s. av. J.-C.

CICÉRON
Ier s. av. J.-C.

SAINT AUGUSTIN
IVe - Ve s. ap. J.-C.

Platon

Socrate se sent investi d'une mission. Son but, comme il l'explique lui-même dans le discours que lui prête Platon, est de provoquer une prise de conscience, de telle façon que ses concitoyens comprennent qu'ils se fourvoient dans leur manière de vivre et qu'ils doivent réviser leur échelle de valeurs. Sa méthode est le questionnement. Sa devise : « Connais-toi toi-même ».

EXHORTATION ET EXAMEN

Tant que j'aurai un souffle de vie, tant que j'en serai capable, soyez sûrs que je ne cesserai pas de philosopher, de vous exhorter, de faire la leçon à qui de vous je rencontrerai. Et je lui dirai, comme j'ai coutume de le faire : « Quoi ! cher ami, tu es athénien, citoyen d'une ville qui est plus grande, plus renommée qu'aucune autre pour sa science et sa puissance, et tu ne rougis pas de donner tes soins à ta fortune, pour l'accroître le plus possible, ainsi qu'à ta réputation et à tes honneurs. Quant à ta raison, quant à la vérité, quant à ton âme, qu'il s'agirait d'améliorer sans cesse, tu ne t'en soucies pas, tu n'y songes pas ! »

Et si quelqu'un de vous conteste, s'il affirme qu'il en a soin, ne croyez pas que je vais le lâcher et m'en aller immédiatement ; non, je l'interrogerai, je l'examinerai, je discuterai à fond. Alors, s'il me paraît certain qu'il ne possède pas la vertu, quoi qu'il en dise, je lui reprocherai d'attacher si peu de prix à ce qui en a le plus, tant de valeur à ce qui en a le moins. Jeune ou vieux, quel que soit celui que j'aurai rencontré, étranger ou concitoyen, c'est ainsi que j'agirai avec lui ; et surtout avec vous, mes concitoyens, puisque vous me tenez de plus près par le sang. Car c'est là ce que m'ordonne le dieu, entendez-le bien ; et, de mon côté, je pense que jamais rien de plus avantageux n'est échu à la cité que mon zèle à exécuter cet ordre.

250

Ma seule affaire, c'est en effet d'aller par les rues pour vous persuader, jeunes et vieux, de ne vous préoccuper ni de votre corps ni de votre fortune aussi passionnément que de votre âme, pour la rendre aussi bonne que possible; oui, ma tâche est de vous dire que la fortune ne fait pas la vertu, mais que de la vertu provient la fortune et tout ce qui est avantageux, soit aux particuliers, soit à l'État. Si c'est par ce langage que je corromps les jeunes gens, il faut donc que cela soit nuisible. Quant à prétendre que ce n'est pas là ce que je dis, quiconque l'affirme ne dit rien qui vaille.

Apologie de Socrate, 29d-30b.

À la différence des enseignants de profession, Socrate n'avait pas d'élèves, à proprement parler, et il ne se faisait pas payer.

À LA DISPOSITION DE TOUS

Des disciples, à vrai dire, je n'en ai jamais eu un seul. Si quelqu'un désire m'écouter quand je parle, quand je m'acquitte de ce qui est mon office, jeune ou vieux, je n'en refuse le droit à personne. Je ne suis pas de ceux qui parlent quand on les paye, et qui ne parlent pas quand on ne paye point. Non, je suis à la disposition du pauvre comme du riche, sans distinction, pour qu'ils m'interrogent, ou, s'ils le préfèrent, pour que je les questionne et qu'ils écoutent ce que j'ai à dire. Après cela, si quelqu'un de ceux-là tourne bien ou mal, de quel droit l'imputerait-on à mes leçons, quand je n'ai ni promis ni donné de leçons à personne? Et si quelqu'un vient dire qu'il a jamais appris ou entendu de moi, en particulier, quelque chose que tous les autres n'aient pas également entendu, sachez bien qu'il ne dit pas la vérité.

Alors, pour quelle raison certains auditeurs prennent-ils plaisir à passer beaucoup de leur temps avec moi? Croyez-moi, Athéniens, je vous l'ai dit en toute franchise : c'est qu'il leur plaît, en m'écoutant, de voir examiner ceux qui se croient savants et qui ne le sont pas. Et, en fait, cela n'est pas sans agrément. Mais, pour moi, je l'affirme, c'est un devoir que la divinité m'a prescrit par des oracles, par des songes, par tous les moyens dont une puissance divine quelconque a jamais usé pour prescrire quelque chose à un homme.

Apologie de Socrate, 33a-c

Exemple typique de l'effet produit par les questions de Socrate : l'interlocuteur dérouté se rend compte qu'il ne sait pas ce qu'il croyait savoir.

LA TORPILLE

MÉNON. – Socrate, j'avais appris par ouï-dire, avant même de te rencontrer, que tu ne faisais pas autre chose que trouver partout des difficultés et en faire trouver aux autres. En ce moment même, je le vois bien, par je ne sais quelle magie et quelles drogues, par tes incantations, tu m'as si bien ensorcelé que j'ai la tête remplie de doutes. J'oserais dire, si tu me permets une plaisanterie, que tu me parais ressembler tout à fait, par l'aspect et par tout le reste, à ce large poisson de mer qui s'appelle une torpille. Celle-ci engourdit aussitôt quiconque s'approche et la touche ; tu m'as fait éprouver un effet semblable, tu m'as engourdi. Oui, je suis vraiment engourdi de corps et d'âme, et je suis incapable de te répondre. Cent fois, pourtant, j'ai fait des discours sur la vertu, devant des foules, et toujours, je crois, je m'en suis fort bien tiré. Mais aujourd'hui, impossible absolument de dire même ce qu'elle est ! Tu as bien raison, crois-moi, de ne vouloir ni naviguer ni voyager hors d'ici : dans une ville étrangère, avec une pareille conduite, tu ne serais pas long à être arrêté comme sorcier.

Ménon, 79e-80b

La parole de Socrate est si persuasive qu'elle bouleverse Alcibiade et lui donne – qui l'eût cru ? – le sentiment de sa propre misère. Tiraillé entre les séductions du monde et les admonestations de Socrate, Alcibiade éprouve un mélange d'amour et de haine envers le philosophe.

LES DÉSARROIS D'ALCIBIADE

Pour moi, mes amis, si je ne devais pas vous sembler tout à fait ivre, je vous aurais dit – sous la foi du serment – quelle impression j'ai ressentie, et je ressens maintenant encore, à entendre ses discours. Quand je l'écoute, en effet, mon cœur bat plus fort que celui des corybantes en délire[1], ses paroles font couler mes larmes, et bien des gens, je le vois, éprouvent les mêmes impressions. Or, en écoutant Périclès et d'autres bons orateurs, j'admettais sans doute qu'ils parlaient bien, mais je n'éprouvais rien de pareil, mon âme n'était pas bouleversée, elle ne s'indignait pas de l'esclavage auquel j'étais réduit. Mais lui, il m'a souvent mis dans un tel état qu'il me semblait impossible de vivre comme je le fais – et cela, Socrate, tu ne diras pas que ce n'est pas vrai. Et en ce moment encore, j'en ai conscience, si j'acceptais de prêter l'oreille à ses paroles, je n'y tiendrais pas : j'éprouverais les mêmes émotions. Il m'oblige en effet à reconnaître qu'en dépit de tout ce qui me manque je continue de n'avoir point souci de moi-même, et je m'occupe des affaires des Athéniens. Je me fais donc violence, je me bouche les oreilles comme pour échapper aux Sirènes, je m'éloigne, je fuis, pour éviter de rester là, assis près de lui, jusqu'à mes vieux jours. Et j'éprouve devant lui seul un sentiment qu'on ne s'attendrait pas à trouver en moi : la honte devant quelqu'un. Il est le seul homme devant qui j'aie honte. Car il m'est impossible, j'en ai conscience, d'aller contre lui, de dire que je n'ai pas à

---

1. Prêtres qui célébraient des rites d'initiation accompagnés de rythmes assourdissants et de transes.

faire ce qu'il ordonne; mais quand je le quitte, je cède à l'attrait des honneurs dont la foule m'entoure. Alors je me sauve comme un esclave, je m'enfuis, et quand je le vois j'ai honte de mes aveux passés. Souvent j'aurais plaisir à ne plus le voir en ce monde, mais si cela arrivait je sais que je serais encore plus malheureux. Aussi, je ne sais que faire avec cet homme-là.

Le Banquet, 215d-216c

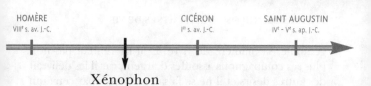

HOMÈRE
VIII° s. av. J.-C.

CICÉRON
I° s. av. J.-C.

SAINT AUGUSTIN
IV° - V° s. ap. J.-C.

Xénophon

Les défenseurs de Socrate ont insisté sur sa frugalité, ses goûts simples et son désintéressement, qui étaient autant de bons exemples pour la jeunesse.

SOCRATE N'A JAMAIS CORROMPU PERSONNE

C'est pour moi un sujet d'étonnement que certains aient pu se laisser convaincre que Socrate corrompait les jeunes gens : en tout premier lieu, outre ce qui a déjà été dit, il se maîtrisait plus que tout autre homme en ce qui concerne les plaisirs de l'amour et du ventre ; ensuite, il était le plus endurant au froid, à la chaleur et aux fatigues de toutes sortes ; de plus, il s'était habitué à des besoins modestes, si bien que, même s'il possédait très peu de chose, il disposait aisément de quoi se suffire. Comment aurait-il donc pu, avec de telles qualités, rendre les autres hommes impies, hors-la-loi, gloutons, sans maîtrise à l'égard des plaisirs de l'amour, ou trop délicats pour faire des efforts ? Au contraire, il en débarrassa beaucoup de ces vices, en leur faisant désirer la vertu et en leur offrant l'espoir qu'ils deviendraient des hommes de bien, pour peu qu'ils prissent soin d'eux-mêmes. Et pourtant il n'a jamais prétendu enseigner cela, mais l'éclat de son exemple faisait espérer à ceux qui le fréquentaient qu'ils deviendraient comme lui en l'imitant.

Du reste, il ne négligeait pas son corps et il blâmait ceux qui le négligeaient. Il désapprouvait les excès de table suivis d'un exercice excessif, mais il approuvait que l'on s'exerce juste assez pour digérer tout ce que l'appétit absorbe avec plaisir. Il disait que cette habitude est propice à la santé et qu'elle ne fait pas obstacle au soin de l'âme.

De plus, il n'était certes pas délicat, ni même affecté, en ce qui touche le vêtement, les chaussures et, de façon

255

générale, sa manière de vivre. Et il ne rendait pas non
plus ses compagnons assoiffés d'argent, car il les délivrait
des autres désirs et il ne se faisait pas payer par ceux qui
désiraient sa compagnie. Il croyait qu'en s'abstenant
d'un salaire il veillait sur sa liberté. Quant à ceux qui
reçoivent un salaire pour leur fréquentation, il les appelait « ceux qui s'asservissent eux-mêmes », puisqu'ils
étaient contraints de s'entretenir avec ceux qui leur versaient un salaire. Il s'étonnait qu'un homme qui promet
la vertu pût gagner de l'argent sans considérer que le
plus grand profit qu'il pût faire est l'acquisition d'un ami
vertueux, et qu'il craignît plutôt que celui qui est devenu
homme de bien pût ne pas témoigner la plus vive gratitude à l'endroit de son plus grand bienfaiteur. Socrate
n'a jamais rien promis de tel à personne, mais il avait la
conviction que ceux de ses compagnons qui adoptaient
ce qu'il recommandait seraient leur vie durant de bons
amis, aussi bien pour lui-même que les uns pour les
autres. Comment, dans ces conditions, un tel homme
pouvait-il corrompre les jeunes gens ? À moins, bien sûr,
que le souci de la vertu ne soit corruption.

Mémorables, I, 2, 1-8

HOMÈRE
VIIIᵉ s. av. J.-C.

CICÉRON
Iᵉʳ s. av. J.-C.

SAINT AUGUSTIN
IVᵉ - Vᵉ s. ap. J.-C.

Aristophane

Contrairement aux textes précédents, celui-ci offre un regard critique sur Socrate, qu'il présente, en tant que parangon de la nouvelle éducation (voir p. 152-154), comme un professeur tenant une école payante, menant des recherches de physique et d'astronomie et enseignant à ses élèves des ruses rhétoriques pour faire triompher n'importe quelle cause au mépris de la justice. On discute encore aujourd'hui sur le point de savoir si le portrait tracé par Aristophane, si différent de ceux de Platon et de Xénophon, contient ou non des éléments de vérité.

LE « PENSOIR » DE SOCRATE

Strepsiade. – Regarde donc de ce côté. Tu vois cette petite porte et cette petite maison ?

Phidippide. – Je les vois. Qu'est-ce donc que cela, je te prie, mon père ?

Strepsiade. – Des âmes sages c'est l'école, le « pensoir ». Là-dedans habitent des gens qui, parlant du ciel, vous persuadent que c'est un étouffoir, qu'il est autour de nous et que nous sommes les charbons. Ces gens-là vous apprennent, moyennant de l'argent, à faire triompher par la parole toutes les causes, justes et injustes.

Phidippide. – Et qui sont-ils ?

Strepsiade. – Je ne sais pas exactement leur nom ; ce sont des « médito-penseurs », d'honnêtes personnes.

Phidippide. – Peuh ! des gueux, je sais. Tu parles de ces hâbleurs, de ces faces blêmes, de ces va-nu-pieds, dont font partie ce misérable Socrate et Chéréphon.

Strepsiade. – Hé, hé… tais-toi ! Point d'enfantillages. Mais si tu as quelque souci que ton père ait du pain à manger, deviens-moi l'un d'eux.

Phidippide. – Ah ! non, par Dionysos, quand tu me donnerais les faisans que nourrit Léogoras.

257

STREPSIADE. – Va, je t'en supplie, toi qui m'es plus cher que personne, va te faire instruire.

PHIDIPPIDE. – Et que veux-tu que j'apprenne ?

STREPSIADE. – Il y a chez eux, dit-on, à la fois les deux raisonnements, le fort, tel quel, et le faible. L'un de ces deux raisonnements, le faible, l'emporte, dit-on, en plaidant les causes injustes. Si donc tu me fais le plaisir d'apprendre ce raisonnement, l'injuste, ce que je dois maintenant à cause de toi, toutes ces dettes, je n'en paierai pas une obole, à personne.

Les Nuées, 91-118

LA RÉVOLUTION SOPHISTIQUE

L'accueil fait aux sophistes fut à peu près l'inverse de celui ménagé à Socrate : très appréciés de leur vivant (à certaines réserves près), ils furent vilipendés par la postérité, au point que le mot « sophiste », qui ne signifiait rien de plus que « spécialiste », « détenteur d'une sagesse ou d'une compétence », devint en grec, à cause d'eux, un terme péjoratif, ce qu'il est encore aujourd'hui dans les langues modernes. Platon a beaucoup contribué à la mauvaise réputation des sophistes, en dénonçant inlassablement leurs prétentions et en les opposant constamment à Socrate (avec d'autant plus de vigueur que Socrate n'était pas sans présenter des points communs avec eux, au moins superficiellement). Sans former un mouvement cohérent et organisé, les sophistes introduisirent des idées nouvelles à Athènes et apportèrent de grands changements en matière éducative, en créant pour la première fois un enseignement de niveau supérieur, de contenu intellectuel, à finalité généraliste, dispensé par des professionnels et adressé aux jeunes gens les plus fortunés. La « révolution sophistique » intervint dans la seconde moitié du Ve siècle avant J.-C., époque à laquelle appartiennent les personnages évoqués ici. Après quoi, la profession de sophiste continua d'exister, avec des inflexions, jusqu'à la fin de l'Antiquité.

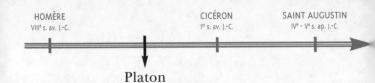

HOMÈRE
VIIIe s. av. J.-C.

CICÉRON
Ier s. av. J.-C.

SAINT AUGUSTIN
IVe - Ve s. ap. J.-C.

Platon

Avec son ironie coutumière, Socrate feint de s'extasier devant les succès des sophistes, en laissant entendre que ces succès reposent sur le mensonge.

L'IMPOSTURE DES SOPHISTES

SOCRATE. – À la bonne heure. Je vois maintenant que tu es homme à tenir conseil avec moi sur le cas de notre hôte, Ménon. Voilà longtemps, Anytos, qu'il me répète combien il est désireux d'acquérir ce talent et cette vertu qui font qu'on gouverne bien sa maison et sa cité, qu'on honore ses parents, qu'on sait recevoir des concitoyens ou des étrangers et prendre congé d'eux comme il convient à un honnête homme. Vois, je te prie, à qui nous devons l'adresser pour qu'il acquière ce talent : n'est-il pas évident, d'après ce que nous venons de dire, que c'est aux hommes qui se donnent pour des maîtres de vertu et qui offrent leurs leçons indistinctement à tous les Grecs désireux de les recevoir, moyennant un salaire fixé et perçu par eux ?

ANYTOS. – Et quels sont donc, Socrate, les hommes que tu veux dire ?

SOCRATE. – Ce sont, comme tu le sais certainement toi-même, ceux qu'on appelle les sophistes.

ANYTOS. – Par Héraclès, Socrate, veille sur ton langage ! Fassent les dieux qu'aucun de mes parents, de mes proches, de mes amis, qu'il soit notre concitoyen ou qu'il soit étranger, ne devienne jamais assez fou pour aller se faire empester par ces gens-là, car ils sont vraiment une peste et un fléau pour quiconque les approche !

SOCRATE. – Eh quoi, Anytos ? Ceux-là seuls, entre tant de gens qui se targuent de savoir se rendre utiles, seraient tellement différents des autres que non seulement ils ne seraient pas, comme eux, utiles à ce qu'on leur confierait, mais qu'en outre ils en causeraient la ruine ? Et c'est pour ce genre de service qu'ils oseraient ouvertement réclamer un salaire ? Je ne puis le croire, quant à moi. Ce que je sais, c'est que Protagoras, à lui seul, a gagné plus de richesses avec ce talent que Phidias, l'auteur incontesté de tant de chefs-d'œuvre, et dix autres sculpteurs mis ensemble ! Quelle chose étrange et prodigieuse tu nous racontes ! Un raccommodeur de vieilles chaussures, un ravaudeur de vêtements ne resteraient pas trente jours avant de se trahir s'ils rendaient les chaussures et les vêtements en plus mauvais état qu'ils ne les avaient reçus, et, à faire ce métier, ne seraient pas longs à mourir de faim ; et Protagoras, au contraire, aurait pu dissimuler à toute la Grèce qu'il gâtait ceux qui l'approchaient, qu'il les renvoyait pires qu'il ne les avait pris, et cela pendant plus de quarante ans ! Car il est mort, si je ne me trompe, à près de soixante-dix ans, après quarante ans d'exercice de sa profession ; et durant tout ce temps, jusqu'à ce jour même, sa gloire n'a jamais faibli. Il n'est pas le seul, d'ailleurs ; bien d'autres ont fait de même, quelques-uns avant lui, d'autres après, et qui vivent encore. Dirons-nous qu'ils savaient ce qu'ils faisaient quand ils gâtaient, comme tu dis, et trompaient la jeunesse, ou l'ont-ils fait sans le savoir eux-mêmes ? Croirons-nous qu'ils aient été fous à ce point, eux qui passent aux yeux de quelques-uns pour les plus habiles de tous les hommes ?

ANYTOS. – Ils sont loin d'être fous, Socrate : les fous, ce sont les jeunes gens qui les paient, et encore plus les parents qui leur livrent leurs enfants ; mais plus que tous, et de beaucoup, les cités qui les accueillent, quand elles devraient chasser sans exception tout individu qui fait ce métier, citoyen ou étranger.

Ménon, 91a-92b

Nouveau persiflage: Hippias estimant qu'il y a eu un progrès dans l'art d'enseigner la sagesse, Socrate fait semblant d'apporter de l'eau à son moulin, en montrant que ce progrès a consisté, pour les sophistes, à gagner infiniment plus d'argent que leurs prédécesseurs, grâce à leurs cours et à leurs conférences. Hippias fait chorus avec autant de vanité que de naïveté.

SOMMES FABULEUSES

SOCRATE. – Je puis apporter mon témoignage en faveur de ton opinion et certifier qu'en effet votre art a fait de grands progrès dans l'habileté à concilier le soin des affaires publiques avec celui des intérêts privés. Gorgias, par exemple, le sophiste de Léontium, venu ici comme ambassadeur de son pays et choisi comme le plus capable de défendre les intérêts des Léontins, s'est montré dans l'assemblée du peuple excellent orateur, et en même temps, par ses séances privées et ses entretiens avec les jeunes gens, a su ramasser de fortes sommes qu'il a remportées d'Athènes. Si tu veux un autre exemple, mon ami Prodicos, parmi beaucoup d'ambassades en divers lieux, vient tout récemment d'être envoyé ici par ses concitoyens de Céos et, en même temps que son éloquence devant le conseil des Cinq-Cents le couvrait de gloire, il donnait des auditions privées et des entretiens pour les jeunes gens qui lui valaient des sommes fabuleuses. De tous les fameux sages d'autrefois, il n'en est pas un seul qui ait cru devoir faire argent de sa science ni donner des auditions devant des foules étrangères. Tant il est vrai qu'ils étaient assez naïfs pour ignorer la valeur de l'argent! Les deux derniers, au contraire, ont tiré plus de profits de leur art qu'aucun artisan n'en a jamais tiré du sien, quel qu'il fût; et de même Protagoras avant eux.

HIPPIAS. – Tu es mal informé, Socrate, sur les grands exploits en ce genre. Si tu savais combien j'ai gagné moi-même, tu serais émerveillé. Une fois notamment (je passe les autres sous silence), j'arrivai en Sicile tandis que Protagoras s'y trouvait, déjà en plein succès et plus âgé que moi : malgré cette grande différence d'âge, en un rien de temps, je fis plus de cent cinquante mines, dont plus de vingt dans une misérable bourgade, à Inycos. Chargé de ce butin, je rentrai chez moi et le donnai à mon père, qui fut, ainsi que tous nos concitoyens, rempli d'admiration et de stupeur. Je crois avoir, à moi seul, récolté plus d'argent que deux sophistes quelconques mis ensemble.

SOCRATE. – Voilà certes, Hippias, de beaux exploits, et qui font assez voir combien ta science et celle de nos contemporains l'emportent sur celle des anciens.

Hippias majeur, 282b-283a

Protagoras, le plus ancien des sophistes, et celui que Socrate/Platon traite avec le plus de ménagements, promettait de donner à ses étudiants les moyens de réussir dans la vie, en leur enseignant la « vertu politique », c'est-à-dire la capacité d'exercer au mieux leurs responsabilités de citoyen, dans la conduite des affaires tant publiques que privées.

PROTAGORAS,
PROFESSEUR DE VERTU POLITIQUE

S'il m'est plus agréable de causer avec toi qu'avec un autre, c'est que je te crois plus capable que personne de m'aider à élucider toutes les questions auxquelles s'intéressent les honnêtes gens, et spécialement celle de la vertu.

Qui pourrait en effet y réussir mieux que toi ? Tu ne te contentes pas de te donner pour un honnête homme, comme tant d'autres qui le sont effectivement pour leur compte, mais qui seraient incapables de former les autres à l'honnêteté ; toi, au contraire, tu es à la fois vertueux personnellement et capable de rendre les autres vertueux ; et tu as une telle confiance en toi que, contrairement à tant d'autres qui dissimulent leur science, tu vas partout à visage découvert proclamant ton savoir dans toute la Grèce, arborant le nom de sophiste, te donnant pour maître en éducation et en vertu, et osant le premier réclamer un salaire en échange de tes leçons ! Comment pouvais-je, dans une recherche de ce genre, ne pas faire appel à tes lumières, t'interroger et te communiquer mes idées ? C'était impossible.

[...]

Eh bien, réponds-nous, quand nous te demandons, ce jeune homme et moi : « À supposer qu'Hippocrate fréquente Protagoras, où tendra et sur quoi portera cette amélioration journalière, ce progrès continu qu'Hippocrate en retirera chaque soir[1] ? »

Protagoras, à cette question, répondit : « Tu interroges comme il faut, Socrate, et de mon côté, quand on m'interroge comme il faut, j'aime à répondre. Eh bien, Hippocrate n'aura pas à redouter dans ma compagnie l'inconvénient qu'il aurait trouvé auprès d'un autre sophiste. Les autres, en effet, assomment les jeunes gens. Alors que ceux-ci cherchent à fuir les sciences trop techniques, les sophistes les y ramènent de force, en leur enseignant le calcul, l'astronomie, la géométrie, la musique – et en disant ces mots il lançait un coup d'œil vers Hippias –, tandis qu'auprès de moi sa seule étude portera sur ce qu'il y vient chercher. L'objet de mon enseignement, c'est la prudence pour chacun dans l'administration de sa maison, et, quant aux choses de la cité, le talent de les conduire en perfection par les actes et la parole. – Si je te comprends bien, repris-je, c'est de la politique que tu veux parler, et tu t'engages à former de bons citoyens ? – C'est cela même, Socrate, et tel est bien l'engagement que je prends. »

Protagoras, 348d-349a, 318c-319a

---

1. Socrate est venu trouver Protagoras (qui séjourne à Athènes) accompagné d'un jeune homme nommé Hippocrate, lequel voudrait être accepté comme élève par le célèbre sophiste.

Spécialisé dans la « rhétorique » ou art du discours, Gorgias exerçait les étudiants au moyen de travaux dirigés et prononçait lui-même des discours modèles. Lorsqu'il se produisit à Athènes, son éloquence, au style particulièrement recherché, impressionna fortement les auditeurs. Il était en même temps philosophe et homme politique.

GORGIAS, PROFESSEUR DE RHÉTORIQUE

SOCRATE. – Gorgias, dis-nous toi-même quel art tu exerces et comment en conséquence nous devons t'appeler.

GORGIAS. – Mon art est la rhétorique, Socrate.

SOCRATE. – Par conséquent, nous devons t'appeler orateur?

GORGIAS. – Et bon orateur, Socrate, si tu veux me nommer d'après ce que « je me vante d'être », comme dit Homère.

SOCRATE. – C'est tout ce que je désire.

GORGIAS. – Appelle-moi donc ainsi.

SOCRATE. – Et nous dirons en outre que tu es capable de former des disciples à ton image?

GORGIAS. – Telle est en effet la prétention que j'affirme, non seulement ici, mais partout ailleurs.

Gorgias, 449a-b

Hippias, qui était doué d'une mémoire prodigieuse, se voulait un esprit universel, dominant non seulement les lettres, mais aussi les sciences et les techniques. La multiplicité de ses centres d'intérêt, et donc de ses exigences, effrayait certains étudiants.

HIPPIAS OU LE SAVOIR ENCYCLOPÉDIQUE

SOCRATE. – Hippias, tu es le plus habile des hommes dans toutes les sciences également. Ne t'ai-je pas entendu t'en vanter, quand tu énumérais la variété vraiment enviable de tes aptitudes sur la place publique, près des comptoirs des banquiers ? Tu disais que tu étais venu un jour à Olympie, n'ayant rien sur ta personne qui ne fût l'œuvre de tes mains. Et d'abord l'anneau que tu portais au doigt – c'est par là que tu commençais –, c'était toi qui l'avais fait, car tu savais ciseler un anneau ; et aussi ton cachet ; puis ton étrille et ton flacon d'huile ; tout cela était ton œuvre. Tu ajoutais que tes chaussures même, tu les avais fabriquées, et que tu avais tissé aussi ton manteau et ta tunique. Mais, ce qui étonnait le plus tous tes auditeurs, ce qui fit ressortir ton extraordinaire habileté, ce fut de t'entendre affirmer que la ceinture de ta tunique était identique à celle des plus riches femmes de la Perse et que tu l'avais tressée toi-même. En outre, tu annonçais que tu apportais des poèmes, épopées, tragédies, dithyrambes, que sais-je encore ? beaucoup de discours en prose de toute espèce. Tu ajoutais, à propos des sciences dont je parlais à l'instant, que tu t'y entendais mieux que personne, ainsi qu'aux rythmes, aux modes musicaux, à la grammaire, et à quantité d'autres choses, si je m'en souviens bien. Ah ! j'oubliais, je crois, la mnémotechnie, dont tu te fais le plus d'honneur ; et combien d'autres choses, sans doute, qui ne me reviennent pas !

Hippias mineur, 368b-d

HOMÈRE
VIIIᵉ s. av. J.-C.

CICÉRON
Iᵉʳ s. av. J.-C.

SAINT AUGUSTIN
IVᵉ - Vᵉ s. ap. J.-C.

Isocrate

Par leurs prétentions injustifiées, les sophistes ont discrédité l'enseignement de la philosophie.

PARADOXES ET FAUSSES PROMESSES

Si tous ceux qui s'occupent d'éducation voulaient bien dire la vérité sans faire de promesses supérieures aux résultats qu'ils doivent obtenir, ils auraient moins mauvaise réputation auprès du grand public. Mais les gens qui ont l'audace de se vanter avec trop d'irréflexion ont fait qu'on croit trouver de plus sages résolutions chez ceux qui décident de ne rien faire que chez ceux qui s'occupent de philosophie.

Contre les sophistes, 1

HOMÈRE
VIIIᵉ s. av. J.-C.

CICÉRON
Iᵉʳ s. av. J.-C.

SAINT AUGUSTIN
IVᵉ - Vᵉ s. ap. J.-C.

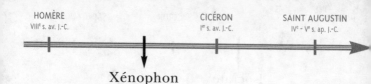

Xénophon

Réquisitoire méthodique, ne reprochant aux sophistes rien de moins que leurs paradoxes, leur immoralité, leur superficialité et leurs tromperies.

LES TORTS DES SOPHISTES

Je m'étonne que les hommes que l'on appelle sophistes soutiennent qu'ils conduisent en général les jeunes gens à la vertu, alors qu'ils les conduisent à l'opposé, car non seulement nous n'avons vu nulle part un homme à qui les sophistes d'aujourd'hui aient donné l'honnêteté, mais encore ils n'apportent point d'écrit qui oblige à l'honnêteté. Ils ont au contraire beaucoup écrit sur des sujets vains, qui donnent peut-être aux jeunes gens des plaisirs superficiels, mais où ne règne pas la vertu. À ceux qui avaient espéré apprendre d'eux quelque chose, ils fournissent l'occasion de perdre pour rien leur temps ; ils les détournent d'autres occupations utiles et leur enseignent le mal. Par suite, je ne les blâme que plus durement de leurs graves torts ; quant à leurs écrits, je les blâme de rechercher des mots, jamais les pensées justes de nature à former les jeunes gens à la vertu.

Pour moi, je suis peut-être incompétent, mais je sais que le mieux est de chercher l'enseignement de l'honnête dans sa propre nature, à défaut, chez ceux qui ont véritablement quelque connaissance de l'honnête, et non pas chez ceux qui détiennent l'art de la parfaite tromperie.

L'Art de la chasse, 13

INTELLECTUELS, GOUROUS
ET DIRECTEURS DE CONSCIENCE

Dans le domaine de la philosophie, la notion d'école a une prégnance particulière, parce qu'elle définit une tendance doctrinale et l'adhésion à des principes partagés. Platonisme, aristotélisme, épicurisme et stoïcisme furent les principales écoles philosophiques de l'Antiquité, auxquelles s'ajoutaient encore le pythagorisme, le cynisme, le scepticisme, etc. Embrasser la philosophie impliquait de choisir une école, d'en assimiler la doctrine, d'en révérer le fondateur, d'en adopter les valeurs et le mode de vie, sous la conduite de maîtres qui étaient, à bien des égards, des guides spirituels.

HOMÈRE
VIIIᵉ s. av. J.-C.

CICÉRON
Iᵉʳ s. av. J.-C.

SAINT AUGUSTIN
IVᵉ - Vᵉ s. ap. J.-C.

Aulu-Gelle

Pythagore (VIᵉ siècle av. J.-C.) fonda en Italie du Sud une communauté qui présentait des aspects de secte religieuse. Les adeptes, soumis à une règle, suivaient un parcours initiatique qui les conduisait, à travers la mystique des nombres et la cosmologie, jusqu'à la purification et à l'espoir de la réincarnation.

L'ÉCOLE DE PYTHAGORE

Voici quelle fut, d'après la tradition, la méthode progressive de Pythagore, puis de son école et de ses successeurs, pour admettre et former les disciples. Tout d'abord, il étudiait par la « physiognomonie » les jeunes gens qui s'étaient présentés à lui pour suivre son enseignement. Ce mot indique que l'on s'informe sur la nature et le caractère des personnes par des déductions tirées de l'aspect de leur face et visage, et de toute la contexture de leur corps ainsi que de son allure. Alors, celui qui avait été examiné par lui et reconnu apte, il le faisait admettre aussitôt dans la secte et lui imposait le silence un temps déterminé, pas le même à tous, mais à chacun selon le jugement porté sur sa capacité à progresser. Celui qui était au silence écoutait ce que disaient les autres, et il ne lui était permis ni de poser des questions, s'il n'avait pas bien compris, ni de noter ce qu'il avait entendu. Personne ne garda le silence moins de deux ans. On les appelait, pendant la période où ils se taisaient et écoutaient, « auditeurs ». Mais lorsqu'ils avaient appris les deux choses les plus difficiles de toutes, se taire et écouter, et qu'ils avaient commencé leur instruction par le silence, alors ils avaient le droit de parler et d'interroger, d'écrire ce qu'ils avaient entendu et d'exposer ce qu'ils pensaient eux-mêmes. On les appelait pendant cette période « mathématiciens », du nom des sciences qu'ils avaient commencé d'apprendre et de travailler, car les anciens Grecs appelaient *mathêmata* la géométrie, la musique et les autres disciplines un peu abstraites. Ensuite, armés par l'étude de ces sciences, ils passaient à l'examen des œuvres de l'univers et des principes de la nature, et on les appelait alors enfin « physiciens ». [...]

Mais il ne faut pas non plus oublier de dire que, dès qu'ils étaient reçus par Pythagore dans la cohorte des disciples, ils mettaient tous en commun ce qu'ils avaient de patrimoine et d'argent, et il se formait une communauté indivise.

Les Nuits attiques, I, 9

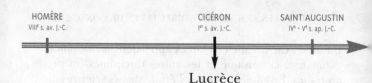

HOMÈRE
VIIIᵉ s. av. J.-C.

CICÉRON
Iᵉʳ s. av. J.-C.

SAINT AUGUSTIN
IVᵉ - Vᵉ s. ap. J.-C.

Lucrèce

Fervent hommage du grand poète épicurien romain au fondateur grec de l'école, qui vécut plus de deux siècles avant lui. Lucrèce considère l'œuvre d'Épicure comme un enseignement légué par celui-ci à la postérité.

ÉLOGE D'ÉPICURE

Du fond de ténèbres si grandes, toi qui le premier sus faire jaillir une si éclatante lumière, et nous éclairer sur les vrais biens de la vie, je suis tes traces, ô gloire du peuple grec, et je pose aujourd'hui le pied sur l'empreinte même laissée par tes pas ; moins désireux de rivaliser avec toi que guidé par ton amour qui m'engage à t'imiter. Que peut prétendre l'hirondelle contre les cygnes ? Et avec leurs membres tremblants les chevreaux pourraient-ils égaler à la course l'élan du cheval fougueux ? C'est toi, ô père, l'inventeur de la vérité : c'est toi qui nous prodigues les leçons paternelles ; c'est dans tes livres, ô maître glorieux, que, semblables aux abeilles qui dans les prés fleuris vont partout butinant, nous allons nous aussi nous repaissant de ces paroles d'or, toutes d'or, les plus dignes qui furent jamais de la vie éternelle.

De la nature, III, 1-13

HOMÈRE
VIIIᵉ s. av. J.-C.

CICÉRON
Iᵉʳ s. av. J.-C.

SAINT AUGUSTIN
IVᵉ - Vᵉ s. ap. J.-C.

Lucien

Lucien imagine, dans un esprit satirique, une vente d'esclaves où les individus proposés aux acheteurs seraient les grands philosophes de l'histoire. Quand vient le tour de Diogène de Sinope (IVᵉ siècle av. J.-C.), le discours qu'il tient est parfaitement en accord avec les principes hardis et provocateurs du cynisme, qu'il a fondé.

LES INSTRUCTIONS DE DIOGÈNE LE CYNIQUE

Acheteur. – Voyons donc ! Et si je t'achète, à quel entraînement me soumettras-tu ?

Diogène. – D'abord, après t'avoir pris en charge, débarrassé de l'esprit de jouissance et réduit à la pauvreté, je te passerai le petit manteau. Puis je t'obligerai à besogner et à souffrir, en dormant à même le sol, en buvant de l'eau, en te nourrissant du tout-venant. Quant à l'argent, si tu en as et si tu m'en crois, tu le jetteras volontairement à la mer. Du mariage tu ne te soucieras point, ni d'enfants ni de patrie, et tout cela sera pour toi des balivernes. Tu quitteras la maison paternelle pour habiter un tombeau ou une petite tour abandonnée, ou encore une jarre. Ta besace devra être pleine de lupins et de livres écrits recto-verso[1]. Si telle est ta conduite, tu pourras dire que tu es plus heureux que le Grand Roi. Et si on te donne le fouet ou si on te met à la question, tu considéreras que cela n'a rien de pénible.

Les Vies des philosophes à l'encan, 9

---

1. Par souci d'économie.

HOMÈRE
VIIIe s. av. J.-C.

CICÉRON
Ier s. av. J.-C.

SAINT AUGUSTIN
IVe - Ve s. ap. J.-C.

Marc Aurèle

Marc Aurèle a eu plusieurs maîtres en stoïcisme, et à la fin de sa vie il a tenu à consigner dans ses Écrits pour lui-même ce qu'il devait à chacun. Apollonius était un professeur réputé, que l'empereur Antonin avait fait venir de très loin pour instruire Marc, à une époque où celui-ci était peut-être âgé de vingt-cinq ans environ.

DETTE ENVERS LE STOÏCIEN APOLLONIUS

D'Apollonius : être libre, ne rien laisser au hasard, sans tergiverser ; ne fixer son regard, fût-ce un seul instant, sur rien d'autre que la raison ; être toujours égal, que ce soit à l'occasion de vives douleurs, de la perte d'un enfant ou de longues maladies ; avoir vu avec évidence, sur un modèle vivant, qu'un même homme peut être très énergique et pourtant détendu ; dans les explications de texte, ne pas s'impatienter ; avoir vu un homme qui, de toute évidence, considérait comme la moindre de ses qualités l'expérience et l'habileté qu'il avait dans l'enseignement des principes théoriques ; avoir appris comment il faut recevoir des amis ce qui passe pour des faveurs, sans se laisser vaincre par ces prévenances, mais aussi sans manquer de délicatesse en les dédaignant.

Écrits pour lui-même, I, 8

HOMÈRE
VIIIe s. av. J.-C.

CICÉRON
Ier s. av. J.-C.

SAINT AUGUSTIN
IVe - Ve s. ap. J.-C.

Julien

Maxime d'Éphèse, philosophe important et spécialiste, entre autres, de la divination, exerça une influence profonde sur Julien et joua un rôle dans son passage du christianisme au paganisme. Plus tard, il le rejoignit, quand celui-ci fut devenu empereur, et l'accompagna dans sa dernière campagne jusqu'en Perse.

L'ENSEIGNEMENT
D'UN NÉOPLATONICIEN ÉMINENT

Je parvins au vestibule de la philosophie pour me faire initier par un homme que je tiens pour le plus éminent de notre temps. Il m'apprit avant tout à pratiquer la vertu et à croire que les dieux sont les principes de tous les biens. A-t-il fait œuvre utile ? C'est à lui de le savoir, et, avant lui, aux dieux rois. Il me fit perdre mon emportement et ma pétulance, et il essaya de me rendre plus modéré que je n'étais. Les avantages extérieurs, comme tu sais, me faisaient pousser des ailes : et pourtant je me suis soumis à mon guide, à ses amis, à mes camarades et à mes condisciples. J'aspirais à me faire l'auditeur de ceux que je l'avais entendu louer, et je lisais tous les livres qu'il avait approuvés.

Contre Héracleios le Cynique, 23

LES AUTEURS DU « SIGNET »[1]

Ammien Marcellin (*c.* 330-400 ap. J.-C.)

Syrien d'origine grecque, né à Antioche, cet officier de l'armée romaine s'attacha à Ursicin, commandant de l'armée d'Orient, puis accompagna l'empereur Julien dans son expédition en Perse. Il est l'auteur d'une *Histoire* en latin qui, prenant la suite de celle de Tacite, traitait la période 96-378 après J.-C. Seule la fin est conservée, couvrant les années 353-378. Ammien Marcellin est un narrateur précis et vigoureux, pondéré dans ses jugements, perspicace, qui va à l'essentiel. Il introduit dans son œuvre des digressions de nature technique, philosophique ou militaire permettant de mieux comprendre les événements relatés.

Anthologie grecque

L'ouvrage est un immense recueil d'épigrammes, composé à l'époque byzantine par la réunion de recueils antérieurs. Rien n'est plus varié que cette collection à l'histoire complexe. Les auteurs, les thèmes et les dates de rédaction sont multiples. Les poèmes présentés dans ce volume sont dus à Ammien (IIe s. ap. J.-C.), Antiphanès (Ier s. ap. J.-C.), Automédon (Ier s. ap. J.-C.), Grégoire de Nazianze (IVe s. ap. J.-C.), Lucien (IIe s. ap. J.-C.), Lucillius (Ier s. ap. J.-C.), Palladas (Ve s. ap. J.-C.) et Straton (IIe s. ap. J.-C.).

Apulée de Madaure (*c.* 125-170 ap. J.-C.)

Né à Madaure, non loin de l'actuelle Constantine, Apulée fait des études d'avocat et se rend à Rome, ainsi qu'à Athènes,

---

1. Certaines de ces notices sont librement inspirées du *Guide de poche des auteurs grecs et latins*, par P.-E. Dauzat, M.-L. Desclos, S. Milanezi et J.-F. Pradeau, Paris, Les Belles Lettres, 2002. Les noms des auteurs de langue grecque sont en caractères droits et ceux des auteurs de langue latine en italique. Beaucoup de dates, inévitablement, sont indicatives.

où non seulement il apprend le grec, mais aussi où il se fait initier à la philosophie et aux mystères. De retour dans sa province, il mène une vie publique de rhéteur et de conférencier
et est choisi comme prêtre du culte impérial. Il a laissé un
roman, *Les Métamorphoses ou l'Âne d'or*, qui relate les mémoires
de Lucius de Corinthe, jeune homme métamorphosé en âne.
Accusé de sorcellerie, Apulée écrivit une *Apologie* dans laquelle
il se défend contre les imputations dont il avait fait l'objet. On
lui connaît aussi des traités philosophiques, notamment un
opuscule sur le démon de Socrate.

Aristide (Ælius) (117 - après 180 ap. J.-C.)

Aelius Aristide est un des plus grands représentants du
mouvement littéraire de la Seconde Sophistique, qui vit des
intellectuels grecs se tailler des positions de célébrité et d'influence dans les cités de l'Empire romain, grâce à leur culture
et à leur art du discours. Aristide enseigna la rhétorique (du
moins à certaines périodes de sa vie), voyagea, prononça des
conférences et des discours et écrivit des traités sur différents
sujets littéraires et moraux. Affligé de multiples maladies, il se
tourna vers le dieu Asclépios et se fit soigner dans le sanctuaire
de Pergame. Maître de l'éloquence d'apparat, il composa
notamment des éloges de dieux (hymnes) en prose. Ses
œuvres les plus célèbres sont les *Discours sacrés*, récit autobio-
graphique centré sur la maladie et sur l'aide apportée par
Asclépios, et l'*Éloge de Rome*, en l'honneur de l'Empire romain.

Aristophane (445-386 av. J.-C.)

Le plus grand poète comique d'Athènes débuta au théâtre
de Dionysos en 427 avec *Les Babyloniens*. Son talent fut très rapidement reconnu et il obtint un premier prix en 425 avec *Les
Acharniens*, puis l'année suivante avec *Les Cavaliers*. Contemporain
de la guerre du Péloponnèse, il évoque dans ses comédies
les souffrances des citoyens et la recherche de la paix *(Les
Acharniens, La Paix, Lysistrata)*. Il critique également la politique
athénienne, dominée par des démagogues qu'il juge corrom-
pus *(Les Cavaliers, Les Guêpes)*. Il excelle à tourner en dérision ce
qui pèche, selon lui, dans la vie publique, du gouvernement
(L'Assemblée des Femmes, Les Oiseaux) à l'éducation *(Les Nuées)* en
passant par la littérature elle-même *(Les Grenouilles, Les
Thesmophories)*. Sa dernière pièce, *Ploutos*, évoque la situation

désastreuse d'Athènes ravagée et humiliée par la guerre. Son humour, acerbe et truculent, n'est jamais vain : par ses caricatures et ses jeux de mots, Aristophane a invité ses concitoyens et ses lecteurs à la réflexion autant qu'à la distraction.

Aristote (384-322 av. J.-C.)

Né à Stagire, ville grecque sous influence macédonienne, en Thrace, Aristote partit se former à Athènes et se fit le disciple de Platon à l'Académie, où il resta une vingtaine d'années (366-348). Après des séjours en Asie Mineure, il fut nommé précepteur d'Alexandre le Grand, puis revint à Athènes et y fonda sa propre école, le Lycée (335). Esprit encyclopédique, Aristote voyait dans la philosophie un savoir total et ordonné, couvrant la logique, les sciences de la nature, la métaphysique, la théorie de l'âme, la morale, la politique, la littérature. Ses œuvres publiées ont presque toutes disparu ; les textes que nous avons conservés (et qui sont nombreux) sont des ouvrages dits « ésotériques », c'est-à-dire qui n'étaient pas destinés à la publication et constituaient des sortes de notes et rédactions préparatoires en vue de la discussion et de l'enseignement à l'intérieur du Lycée ; ils furent édités tardivement, au Ier siècle avant J.-C. La postérité et l'influence d'Aristote furent immenses.

Augustin (saint) (354-430 ap. J.-C.)

Né à Thagaste, en Numidie, d'un père païen et d'une mère chrétienne (sainte Monique), Augustin a relaté, dans ses célèbres *Confessions*, ses études, son activité de professeur de rhétorique, son adhésion à la secte manichéenne, jusqu'à sa décision de se faire baptiser à Milan en 387, sous l'influence, notamment, de sa rencontre avec saint Ambroise. Enfin « réconcilié » avec lui-même, il devient prêtre, puis en 396 évêque d'Hippone (ville de l'Algérie antique). Ce docteur et Père de l'Église est l'auteur de *La Cité de Dieu*, grande synthèse à la gloire d'un État chrétien, ainsi que de très nombreux traités, sermons, lettres et ouvrages de polémique contre les hérésies.

Aulu-Gelle (IIe siècle ap. J.-C.)

Aulu-Gelle, dont la vie est mal connue, est l'auteur des *Nuits attiques*, ouvrage rédigé vers 150 après J.-C. « Attiques », c'est-à-dire cultivées et studieuses : il s'agit d'un recueil de chapitres, généralement brefs, dont chacun évoque quelque curiosité de langage, débusque telle étymologie controuvée, relate telle ou telle anecdote. Puisant à de nombreuses sources grecques et latines, l'auteur aborde toutes sortes de sujets d'érudition, avec des intérêts variés (histoire, géographie, droit, philosophie, littérature...) et une prédilection pour les questions d'archaïsme linguistique et de sémantique.

Aurélius Victor (Pseudo-) (*c.* 400 ap. J.-C.)

Aurélius Victor est un historien du IVe siècle ap. J.-C., auteur d'une présentation abrégée de l'Empire romain, intitulée *Livre des Césars* et allant des origines jusqu'à sa propre époque. L'*Abrégé des Césars*, de son titre exact *Petit traité de la vie et du caractère des empereurs*, est un ouvrage de caractère analogue au précédent, transmis à tort sous le nom d'Aurélius Victor. Il contient une série de biographies impériales, de taille inégale, couvrant la période de 31 avant J.-C. à 395 après J.-C., rédigées vers 400 par un auteur qui reste inconnu.

Basile (saint) (330-379 ap. J.-C.)

Basile, surnommé le Grand, naquit dans une famille chrétienne de Césarée, en Cappadoce. Frère de Grégoire de Nysse et ami de Grégoire de Nazianze, il étudia à Constantinople et à Athènes, visita les communautés monastiques d'Orient et devint prêtre, puis évêque de Césarée. En tant qu'évêque, il lutta contre l'hérésie arienne, prit la défense de sa ville et de sa province et créa des institutions caritatives. Ses principales œuvres comprennent des *Règles* monastiques, des homélies, une correspondance et le célèbre petit traité en forme de lettre *Aux jeunes gens sur la manière de tirer profit des lettres helléniques*.

César (100-44 av. J.-C.)

Jules César prétendait que la famille patricienne à laquelle il appartenait, la *gens* Iulia, descendait de Iule, fils d'Énée, lui-même fils de Vénus. Son génie politique et militaire éclate dans sa carrière, jalonnée par les magistratures, les campagnes (en Gaule, notamment, au cours des années 58-56 et 52-51), et la guerre civile, jusqu'à l'instauration du pouvoir absolu à partir de 49. César sera assassiné aux ides (le 15) de mars 44 par Brutus. Cet homme d'action était aussi un homme de culture, grammairien à ses heures, et auteur de deux récits consacrés aux événements dans lesquels il joua un rôle, *La Guerre des*

Gaules et *La Guerre civile*. Ces ouvrages se présentent comme des « mémoires historiques » *(commentarii)* et cherchent à donner une impression (fallacieuse) d'objectivité. Dédaignant le plus souvent l'anecdote et le pittoresque, César historien met l'accent sur les faits, les chiffres, la géographie, la tactique, les rapports de force, en usant d'une langue extrêmement sobre et pure.

Cicéron (106-43 av. J.-C.)

L'existence du plus fameux des écrivains romains déborde de rebondissements, car cet avocat brillant fut de tous les combats, tant judiciaires que politiques ou philosophiques. Né à Arpinum, dans un municipe éloigné d'une centaine de kilomètres de Rome, Cicéron voit le jour dans une famille aisée de notables. Toutefois, comme Caton l'Ancien, qu'il admire, Cicéron est un « homme nouveau » *(homo nouus)*: il est le premier de sa lignée à parcourir la carrière des honneurs jusqu'à son degré le plus élevé, le consulat, qu'il exerce en 63. C'est lors de ce consulat qu'il dénonce, dans ses *Catilinaires*, une conspiration qui menaçait la République, en employant la formule fameuse « Ô temps, ô mœurs ! » *(O tempora, o mores)*. À la suite des manœuvres de son ennemi juré, le tribun Clodius, il est exilé pendant un an (58-57), pour avoir fait mettre à mort Catilina sans jugement. Malgré le bon accueil qui lui est fait à son retour, son rôle politique ne cesse de décliner dans les années suivantes. Cicéron, l'un des plus fervents défenseurs du régime républicain, finit par rallier le camp de Pompée contre César, juste avant que ce dernier ne l'emporte définitivement. À la mort du dictateur, l'orateur prend le parti de son petit-neveu, Octave, le futur Auguste, pensant pouvoir influencer ce jeune homme de dix-neuf ans. Il le sert en rédigeant les *Philippiques*, dirigées contre Marc Antoine, lequel lui voue dès lors une haine inexpiable. Antoine réclame à Octave la mort de l'orateur dès leur première réconciliation. Abandonné par Octave, Cicéron est assassiné par des émissaires d'Antoine ; sa tête et ses mains seront clouées à la tribune du forum. L'œuvre de Cicéron, qui est très étendue, comprend une riche correspondance, environ cent quarante discours judiciaires ou politiques et de multiples traités de rhétorique et de philosophie ; elle a joué un rôle déterminant dans la tradition culturelle de l'Occident jusqu'à nos jours.

Cornélius Népos (*c.* 100-25 av. J.-C.)

Originaire de Gaule cisalpine, ami de Catulle et de Cicéron, Cornélius Népos se tint à l'écart de la vie politique et se consacra à sa carrière d'écrivain, en cultivant plus particulièrement le genre de la biographie. De son œuvre abondante, la postérité n'a conservé, à part quelques extraits, que la section *Sur les grands généraux des nations étrangères* (vingt vies de Grecs et quelques-unes de rois d'autres pays). Son écriture se veut simple, sans excès d'érudition, pour être frappante, édifiante, et mettre en relief les grands hommes.

Damascius (*c.* 460 - après 530 ap. J.-C.)

Né à Damas, Damascius étudia la rhétorique et la philosophie à Alexandrie et à Athènes. Il fut le disciple de Marinus et d'Isidore, avant de prendre la tête de l'école néoplatonicienne d'Athènes. Il est l'auteur d'un *Traité des premiers principes*, de commentaires de Platon et d'une *Vie d'Isidore*.

Démosthène (384-322 av. J.-C.)

Athénien, Démosthène est le plus important orateur grec. Il plaida en justice, pour lui-même et pour des clients, et surtout fut un homme politique, agissant par la parole, dans le cadre des institutions démocratiques, grâce à ses interventions devant l'assemblée du peuple et les autres organes de décision. La ligne essentielle de sa carrière consista à mettre en garde ses concitoyens contre la menace que Philippe de Macédoine représentait pour la sécurité et l'indépendance d'Athènes ; en cela, il s'opposa souvent à Eschine. On a de lui une quarantaine de discours authentiques ; les *Philippiques*, *Sur l'ambassade*, *Sur la couronne*, entre autres, sont des chefs-d'œuvre d'éloquence puissante et patriotique.

Denys d'Halicarnasse (*c.* 60 av. J.-C. - après 7 av. J.-C.)

Ce Grec d'Asie Mineure s'installa à Rome vers 30 av. J.-C. et y demeura vraisemblablement jusqu'à la fin de sa vie. Son œuvre se compose de deux ensembles. D'une part, *Les Antiquités romaines*, recherche savante dont seule la première moitié, environ, nous est parvenue, retraçaient l'histoire de Rome depuis les origines jusqu'à la première guerre punique (265 av. J.-C.). Grand admirateur des Romains, Denys écrit à leur gloire et invite les lecteurs à partager son admiration, tout en soutenant la thèse des origines grecques de Rome (Romulus et Rémus ayant eu pour ancêtres des colons grecs venus s'établir dans le Latium). D'autre part, les *Opuscules rhétoriques* sont des traités de critique littéraire consacrés aux grands orateurs et à Thucydide, et importants pour la théorie du style.

Diodore de Sicile (Ier siècle av. J.-C.)

Né à Agyrion en Sicile, Diodore voyagea beaucoup et vécut à Rome, sans doute sous César et Auguste. Grand érudit, il est l'auteur de la *Bibliothèque historique*, ensemble de quarante livres visant à relater l'histoire universelle, depuis les temps mythiques jusqu'à la guerre des Gaules (54 av. J.-C.). Les livres I à V et XI à XXII, ainsi que des extraits et des résumés, ont été conservés. L'œuvre de Diodore est précieuse par son information, sa méthode et sa largeur de vue, qui embrasse la mythologie, le monde grec, Rome et les barbares.

Élien (*c.* 175-235 ap. J.-C.)

Claude Élien, affranchi originaire de Préneste, près de Rome, se vantait de n'être jamais sorti d'Italie, mais il écrivit son œuvre en grec. Élève de sophistes et sophiste réputé lui-même, il préféra une vie retirée et tranquille au prestige d'une carrière d'orateur et à la turbulente cour impériale des Sévères. Son ouvrage le plus fameux, l'*Histoire variée*, se présente comme un recueil d'anecdotes, d'aphorismes, de notices et de faits étonnants concernant le passé classique de la Grèce et d'autres contrées. Il composa également un ouvrage *Sur les caractéristiques des animaux*, des *Lettres* et deux traités sur la providence divine. L'œuvre d'Élien témoigne d'un goût de l'époque pour la *poikilia* (« variété ») ainsi que de l'infatigable curiosité de son auteur.

Épictète (*c.* 50-130 ap. J.-C.)

Né en Phrygie (Asie Mineure), Épictète fut esclave, puis bénéficia de l'affranchissement. Ayant suivi les leçons du stoïcien Musonius Rufus à Rome, il ouvrit à son tour une école, à Nicopolis, en Épire, qui était fréquentée par des jeunes gens venus de différents endroits de l'Empire romain, et où il enseigna jusqu'à sa mort. Il n'écrivit rien, mais nous connaissons le contenu de ses leçons grâce à l'un de ses auditeurs, Arrien, historien et homme politique célèbre par ailleurs, qui les mit par écrit sous le titre d'*Entretiens* (auxquels s'ajoute un court *Manuel*). Épictète adhère à la théorie stoïcienne selon laquelle les biens et les maux se mesurent à l'aune de ce qui est en notre pouvoir et le bonheur dépend d'un choix moral guidé par la raison. Il invite ses auditeurs à mettre cette doctrine en pratique par l'exercice spirituel et par l'ascèse, sans hésiter à les rudoyer.

Eschyle (525-456 av. J.-C.)

Né à Éleusis dans une grande famille, Eschyle a vu la chute de la tyrannie et la mise en place des réformes démocratiques à Athènes, et il aurait participé aux batailles de Marathon et de Salamine contre les Perses. Il est pour nous le premier des tragiques grecs. Reconnu dès son vivant, il fit évoluer les règles du théâtre en introduisant un deuxième acteur sur scène. Sur les soixante-treize pièces ou plus qu'il aurait composées, sept nous sont parvenues : *Les Suppliantes*, *Les Perses*, *Les Sept contre Thèbes*, *Prométhée enchaîné* (celle-ci d'authenticité discutée) et la trilogie de *L'Orestie*. L'œuvre d'Eschyle se caractérise par sa puissance, sa profondeur morale, son style grandiose et imagé.

Eunape (*c.* 350 - après 414 ap. J.-C.)

Né à Sardes, en Asie Mineure, Eunape fut formé à la rhétorique et à la philosophie néoplatonicienne. Il étudia à Athènes, puis rentra occuper une chaire d'enseignement de la rhétorique dans sa patrie, tout en restant en relation avec les milieux néoplatoniciens. On a conservé ses *Vies des philosophes et des sophistes*, qui brossent le portrait de vingt-quatre intellectuels importants des IIIe-IVe siècles après J.-C. et en évoquent différents autres ; ce recueil pittoresque est très révélateur de la culture de l'époque. Une *Histoire*, perdue, couvrait les événements de la même période.

Euripide (485-406 av. J.-C.)

Né à Salamine, Euripide semble n'avoir guère participé à la vie politique d'Athènes. De son vivant, il connut une réussite moins éclatante qu'Eschyle et Sophocle et le premier prix lui fut souvent refusé ; son succès a été plus grand auprès de la postérité. Génie du théâtre, Euripide maîtrise les ressorts dramatiques aussi bien que les idées. Nourries de philosophie, de sophistique et de rhétorique, sa pensée et sa langue sont hardies. Il excelle dans la peinture des sentiments, dans les débats sur le vif et dans le recours au *deux ex machina* (intervention impromptue d'un dieu pour conclure une intrigue). Des quatre-vingt-douze pièces qu'il aurait écrites, dix-huit nous sont parvenues, qui retracent des épisodes mythologiques et sont souvent centrées sur des personnages féminins (par exemple Médée, Andromaque, Iphigénie).

Fronton (*c.* 100-165 ap. J.-C.)

Né à Cirta en Numidie (l'actuelle Constantine), Fronton vécut principalement à Rome, où il fut chargé de l'éducation des futurs empereurs Marc Aurèle et Lucius Verus et où il parcourut la carrière des honneurs jusqu'au consulat en 143. Formé à la rhétorique, il excellait comme orateur, mais ses discours ne sont connus que par de pauvres fragments. On possède, en revanche, une partie de sa correspondance, conservée par miracle dans deux manuscrits palimpsestes (c'est-à-dire des manuscrits dans lesquels une première écriture a été recouverte par une seconde ; en l'occurrence, le texte de Fronton se trouve au niveau inférieur, et n'est pas déchiffrable sans difficulté). Les lettres échangées par Fronton et Marc Aurèle, qui constituent la plus grande partie de la collection, révèlent les rapports affectueux qui unissaient l'élève et le maître et fournissent de très utiles éclairages sur l'enseignement de la littérature et de la rhétorique à l'époque.

Galien (129-216 ap. J.-C.)

Né à Pergame dans une famille d'intellectuels, son père et son grand-père étant architectes et passionnés de sciences, Galien reçut une éducation de premier ordre. Il étudia la philosophie et la médecine et fit de nombreux voyages, avant d'embrasser lui-même l'art médical. À vingt-huit ans, il fut nommé médecin des gladiateurs dans sa patrie. Puis il se rendit à Rome, où il passa la plus grande partie de sa vie à partir de 162, exerçant comme praticien, menant des recherches et faisant des démonstrations, devenu très célèbre et jouissant de la protection impériale. À partir de 169, il est le médecin attitré du futur empereur Commode ; la fin de sa vie est moins bien connue. Son œuvre, immense, couvre plus de vingt mille pages et compte des centaines de traités, consacrés principalement à la médecine (anatomie, physiologie, pharmacologie, histoire des idées et des écoles médicales, commentaires d'Hippocrate, manuels pour les débutants), mais aussi à des questions de philologie et de philosophie. Ce vaste ensemble recèle d'importants morceaux autobiographiques et «auto-bibliographiques», ainsi que des confidences et des anecdotes passionnantes sur la culture et la société gréco-romaines de l'époque. Galien est l'auteur d'importantes découvertes sur le système nerveux et sur le cœur. Son influence fut très grande jusqu'à l'époque moderne.

Héliodore (IIIe ou IVe siècle ap. J.-C.)

La personne et les dates précises d'Héliodore nous sont inconnues. Son roman, *Les Éthiopiques*, en dix livres, est le plus long des romans grecs conservés. Conformément aux conventions du genre, il relate les aventures d'un héros et d'une héroïne, Théagène et Chariclée, qui sont pourvus de toutes les qualités physiques et morales, qui s'aiment, et qui traversent différentes sortes d'aventures et de périls avant d'être enfin réunis et de se marier (en Éthiopie, d'où le titre). Le récit est conduit avec beaucoup de subtilité et de brio. Cet ouvrage plaisait à Racine, à propos duquel son fils a conté l'anecdote suivante (*Mémoires sur la vie de Jean Racine*, par Louis Racine) : « Il [Racine] avait une mémoire surprenante. Il trouva par hasard le roman grec des *Amours de Théagène et de Chariclée*. Il le dévorait, lorsque le sacristain Claude Lancelot, qui le surprit dans cette lecture, lui arracha le livre et le jeta au feu. Il trouva moyen d'en avoir un autre exemplaire, qui eut le même sort, ce qui l'engagea à en acheter un troisième ; et pour n'en plus craindre la proscription, il l'apprit par cœur, et le porta au sacristain, en lui disant: "Vous pouvez brûler encore celui-ci comme les autres." »

Héraclite (Ier siècle ap. J.-C. ?)

On ne sait rien de cet Héraclite (qui ne doit pas être confondu avec le célèbre philosophe présocratique Héraclite d'Éphèse). L'ouvrage transmis sous son nom, les *Allégories d'Homère*, analyse des épisodes de l'*Iliade* et de l'*Odyssée* suivant la méthode éprouvée de l'interprétation allégorique, qui consistait à découvrir, dans les récits du poète (surtout ceux qui mettent en scène les dieux), des leçons, exprimées symboliquement, à propos des éléments et des forces de la Nature (exégèse dite « physique »), des vertus et des vices (exégèse « morale »), ou à propos de faits et de phénomènes concrets (exégèse « historique »).

Hermès Trismégiste (*c.* 100-300 ap. J.-C.)

On désigne sous le titre de *Corpus hermeticum* un recueil de traités et de dialogues rédigés dans les premiers siècles de l'ère chrétienne et mis sous le nom du dieu Hermès « Trois fois très grand » (Trismégiste). Ces textes exposent des révélations religieuses sur la nature de l'homme, des dieux et du monde et expriment des idées philosophiques et mystiques influencées par différents courants de la pensée grecque, notamment par le platonisme, et contenant aussi des éléments d'origine égyptienne. Un des traités du recueil, intitulé *Asclepius*, est la traduction latine d'un original grec.

Himérius (*c.* 300-380 ap. J.-C.)

Natif de Bithynie, Himérius fit carrière à Athènes, où il enseigna la rhétorique, prononça des discours et se distingua en particulier dans l'éloquence d'apparat. Ses œuvres sont conservées pour une part intégralement, pour une autre sous forme d'extraits. Elles comprennent notamment des déclamations et des discours de circonstance. Himérius est un styliste et écrit dans une prose influencée par la poésie.

Homère (VIIIe siècle av. J.-C. ?)

Le plus célèbre poète de l'Antiquité est aussi l'un des moins connus. Homère a-t-il seulement existé ? Étaient-ils plusieurs ? une école de poètes et interprètes (« aèdes ») ? Nul ne sait. La version traditionnelle veut qu'Homère ait vécu en Asie Mineure (dans l'actuelle Turquie), au VIIIe siècle av. J.-C., et qu'il ait composé l'*Iliade* et l'*Odyssée*, immenses épopées comptant respectivement autour de 16 000 et de 12 000 vers. Les deux œuvres se réfèrent à la légende de la guerre de Troie. À la suite de l'enlèvement d'Hélène, épouse du roi de Sparte Ménélas, par le prince troyen Pâris, les Grecs partent en expédition contre Troie, riche cité d'Asie Mineure ; après dix ans de siège, la ville est prise, et les chefs grecs reprennent la mer pour de nouvelles aventures. L'*Iliade*, poème de la gloire et de la guerre, relate la colère d'Achille, qui ne veut pas déroger aux valeurs héroïques. Récit de voyage et conte merveilleux, l'*Odyssée* chante les errances d'Ulysse jusqu'à son retour à Ithaque. Tenues pour essentielles dès l'Antiquité, ces deux œuvres sont fondatrices de la culture occidentale.

Horace (65-8 av. J.-C.)

Né à Venouse, dans le sud de l'Italie, Horace était probablement le fils d'un ancien esclave public affranchi. Il commença par séjourner à Rome, avant de poursuivre sa formation à Athènes. Après la période troublée des guerres civiles, où il eut le malheur de prendre sans gloire le parti des assassins de César, il rentra en Italie, et ce fut son talent qui le sauva. Remarqué par Mécène, le ministre d'Auguste, il fut admis parmi ses amis. Peu attiré par l'agitation citadine, il préféra partager son temps entre Rome et la villa de Sabine, en Italie centrale, que lui avait offerte son protecteur. Le chantre épicurien du *Carpe diem* (« Mets à profit le jour présent », car la vie est courte) est fameux pour ses *Satires*, poèmes variés et enjoués, dans lesquels il critique les travers de ses contemporains. Nous possédons également de lui des œuvres lyriques, les *Odes* et *Épodes,* qui explorent ses thématiques favorites, comme l'amour, l'amitié, l'exigence morale aussi, et l'attention au destin de la cité. Enfin, ses *Épîtres* se concluent par la célèbre *Épître aux Pisons*, où Horace définit un art poétique qui servit longtemps de référence aux théoriciens de la littérature (par exemple à Boileau).

Isocrate (436-338 av. J.-C.)

Né à Athènes dans une riche famille, Isocrate eut les moyens de suivre les leçons des sophistes, et il fut également influencé par la pensée de Socrate. Après avoir composé des plaidoyers judiciaires pour des clients, il ouvrit à Athènes une école dans laquelle il enseignait le maniement du discours et qui connut un grand succès. Pour lui, la pratique du discours était la meilleure méthode d'éducation et débouchait sur un idéal moral : celui de l'homme cultivé et du bon citoyen. Son activité se rattachait ainsi à la fois à la rhétorique et, à cause de sa dimension éthique et politique, à la philosophie (c'est cette dernière dénomination qu'il revendiquait). Dans ses discours de politique générale, Isocrate s'éleva contre les guerres que se livraient les cités grecques et les incita à s'unir contre la Perse, sous l'autorité d'Athènes. À la fin de sa vie, il défendit, contrairement à Démosthène, l'idée d'une alliance entre les Macédoniens et les Grecs. Nous possédons de lui vingt et un discours, écrits dans une prose limpide, ample et cadencée (l'un, *À Démonicos*, est d'authenticité douteuse), ainsi que des lettres.

Jérôme (saint) (347-419 ap. J.-C.)

Le célèbre ermite, souvent représenté avec le lion qu'il aurait soigné et apprivoisé, fut un écrivain prolifique. Né près d'Aquilée, en Italie, dans une famille chrétienne, il fut dans sa jeunesse l'élève du grand érudit Donat. Vers 370, sa vocation s'éveilla à la fréquentation des communautés monastiques : il serait lui-même ascète et moine bibliste. Outre sa correspondance parénétique, ses traités polémiques ou apologétiques, ses ouvrages hagiographiques et ses commentaires exégétiques, sa réalisation la plus fameuse reste la traduction de la Bible en latin, à partir des anciennes versions latines, du texte hébreu et du texte grec, qui signait le début de la « Vulgate » destinée à faire autorité pendant des siècles.

Josèphe (Flavius) (37- *c.* 100 ap. J.-C.)

Flavius Josèphe naquit dans une famille sacerdotale de Jérusalem. En 66, il participa à la révolte des Juifs contre Rome ; après s'être rendu au général romain et futur empereur Vespasien, il fut emprisonné, puis libéré. En 70, il servit d'interprète à l'empereur Titus et assista, au côté de celui-ci, à la chute de Jérusalem et à la destruction du Temple. Il est l'auteur de *La Guerre des Juifs* et des *Antiquités juives*, deux amples ouvrages historiques, d'un pamphlet *Contre Apion*, ainsi que d'une *Autobiographie* dans laquelle il justifie ses prises de position, notamment vis-à-vis des Romains.

Julien (331-363 ap. J.-C.)

Né à Constantinople, Julien appartenait à une dynastie qui avait compté plusieurs empereurs, et qui était devenue chrétienne ; il était le neveu de l'empereur Constantin. Son père fut assassiné dans une intrigue de palais alors qu'il était un petit enfant, et il grandit en résidence surveillée, s'adonnant à l'étude et à la lecture. À vingt ans, il s'écarta du christianisme pour embrasser le paganisme, « abandon » (apostasie) qui lui a valu le surnom de Julien l'Apostat ; mais il ne révéla pas tout de suite son changement de conviction religieuse. Revenant en grâce, il reçut le titre de César, mena des campagnes militaires en Gaule (victoire de Strasbourg sur les Alamans en 357) et fut proclamé empereur, avec l'appui de l'armée, pour succéder à son cousin germain Constance II, mort en 361. Monté sur le trône, Julien entreprit une politique de restauration officielle du paganisme, mais, après un an et demi de règne, il mourut au combat pendant une expédition en Perse, et ses successeurs rétablirent le christianisme comme religion officielle. Au cours de sa vie pleine et fulgurante, Julien trouva le temps de composer, en grec, de nombreux discours, traités et lettres, qui accompagnaient les étapes de sa carrière. Son œuvre militante traite de problèmes politiques, en rapport avec la conduite de l'empire, et de sujets philosophiques et religieux reflétant son adhésion au néoplatonisme, son mysticisme et son désir de promouvoir la culture païenne.

Juvénal (*c.* 60-130 ap. J.-C.)

D'origine modeste, Juvénal, natif d'Aquinum, en Campanie, se plut à opposer, aux mœurs chastes et droites des anciens Romains de la République, la dépravation de son temps. Après s'être consacré à la rhétorique, il commença à composer des satires vers l'âge de quarante ans, lorsque l'accession au pouvoir de Trajan, puis d'Hadrien, lui permit de dénoncer les abus dont il avait été le témoin sous le règne de leur prédécesseur Domitien. Ses *Satires* sont politiques, mais aussi sociales : flagorneurs, rimailleurs, ripailleurs, coquettes et avares, toutes les couches de la société, tous les vices de Rome font l'objet de son courroux.

Libanios (314-393 ap. J.-C.)

Né à Antioche, Libanios s'absenta de sa patrie de 336 à 353 pour étudier à Athènes, puis commencer à exercer le métier de professeur de rhétorique, notamment à Constantinople. Une fois revenu à Antioche, il ne quitta plus la ville, où il jouit d'une position influente en tant que professeur aimé et écouté, talentueux orateur et notable politique. Intellectuel païen dans l'Empire chrétien, défenseur de la tradition hellénique, il fut parfois en butte aux soupçons et aux menaces ; le règne de son ami et héros l'empereur Julien fut pour lui trop court. Son œuvre, très vaste, comporte des discours (diatribes sur des thèmes moraux, autobiographie et apologies personnelles, éloges, interventions politiques adressées aux autorités municipales d'Antioche et aux autorités romaines), des œuvres scolaires (arguments des discours de Démosthène, exercices préparatoires, déclamations) et une ample correspondance.

Longus (IIᵉ ou IIIᵉ siècle ap. J.-C.)

On ne sait rien sur l'auteur du plus célèbre des romans grecs, *Daphnis et Chloé*. L'action se déroule sur l'île de Lesbos, dans une atmosphère pastorale et idyllique qui doit beaucoup à la tradition de la poésie bucolique. Le héros et l'héroïne sont deux adolescents qui font ensemble leur éducation sentimentale, dans la nature, en suivant le rythme des saisons ; on découvrira à la fin qu'ils ne sont pas fils de bergers, mais qu'ils avaient été abandonnés à la naissance et que leurs parents sont en réalité des aristocrates de la ville. À la fois frais et leste, ce roman a toujours beaucoup plu ; en France, il a été servi par la traduction qu'en a donnée Amyot (traducteur également, dans un autre genre, de Plutarque).

Lucien (*c.* 120-180 ap. J.-C.)

Lucien est un des auteurs les plus spirituels de l'Antiquité. Né à Samosate, sur l'Euphrate, il fut formé à la culture grecque. Après une première période de sa vie consacrée au métier d'orateur conférencier et de professeur itinérant, il se tourna vers la philosophie, avec une prédilection pour l'épicurisme et le cynisme. Son œuvre considérable (plus de quatre-vingts opuscules) se rattache à différents genres : notamment la déclamation, l'éloge, le dialogue, l'autobiographie, la nouvelle, le pamphlet, l'essai sur des thèmes littéraires, historiques ou philosophiques. Esprit satirique, Lucien excelle à tourner en dérision les prétentions des hommes de lettres, les fausses gloires, la comédie sociale et les religions. Les *Dialogues des morts* figurent parmi ses œuvres les plus célèbres.

Lucrèce (*c.* 95-50 av. J.-C.)

On ignore à peu près tout de l'auteur du poème *De la nature* (*De natura rerum*). La seule indication est une lettre de Cicéron, montrant que celui-ci fut si admiratif devant l'ouvrage de Lucrèce qu'il entreprit de l'éditer. Les six chants s'inscrivent dans la doctrine du philosophe grec Épicure et en exposent les principes. Aucun préjugé ne résiste à la démonstration : le poète s'en prend successivement aux croyances, à la religion, aux peurs, aux superstitions et aux mythes amoureux. Dans une langue imagée et harmonieuse, l'ouvrage développe une physique atomiste, une théorie de la connaissance et une morale de la liberté.

Marc Aurèle (121-180 ap. J.-C.)

Protégé par Hadrien, adopté par Antonin, Marcus Annius Verus (Marc Aurèle) était dès sa jeunesse destiné à devenir empereur, ce qui advint en 161. Au cours d'un règne marqué par des difficultés de tous ordres, il associa au pouvoir son frère adoptif Lucius Verus, mena des campagnes victorieuses contre les barbares aux frontières de l'Empire, maintint l'autorité impériale et la force de l'administration. Mais cet empereur fut aussi un lettré et un philosophe, comme en témoignent sa correspondance avec Fronton et surtout les *Écrits pour lui-même*. Ce dernier ouvrage, appelé également *Pensées*, et écrit en grec, est un recueil de souvenirs, de méditations et d'injonctions à soi-même ; dans un style fragmentaire et incisif, d'une force extraordinaire, l'empereur fait inlassablement son examen de conscience et se répète les principes du stoïcisme, pour mieux s'en pénétrer.

Marinus (*c.* 440-? ap. J.-C.)

Né à Néapolis en Palestine (aujourd'hui Naplouse), Marinus fut formé à la rhétorique et enseigna la philosophie. Disciple de Proclus, il succéda à celui-ci, en 485, à la tête de l'école néoplatonicienne d'Athènes, et compta Isidore et Damascius parmi ses disciples. Il écrivit des commentaires sur Aristote et Platon et s'intéressa aux mathématiques. On a conservé de lui un éloge funèbre de son maître, intitulé *Proclus ou Sur le bonheur*, qui démontre que Proclus fut heureux grâce à sa pratique des vertus philosophiques ; ce texte constitue un document exceptionnel sur l'enseignement philosophique et la vie intellectuelle à Athènes au vᵉ siècle après J.-C.

Martial (*c.* 40-104 ap. J.-C.)

Martial naquit dans la province d'Espagne sous le règne de Caligula. Il se rendit à Rome, où il fut bien accueilli par les autres Romains d'Espagne, Quintilien, Sénèque et Lucain. Mais ces relations lui portèrent préjudice lors de la conspiration de Pison, dans laquelle ses amis furent impliqués. C'est pour subvenir à ses besoins que Martial, homme de lettres peu fortuné, dépendant de ses « patrons », pratiqua le genre de l'épigramme, poésie brève et de circonstance, dans lequel il excella. Les quinze livres d'épigrammes, qui composent toute son œuvre, reflètent une production qui s'étala sur plus de vingt ans, raffinée, ingénieuse, riche en flagorneries certes, mais aussi en traits d'esprit et en allusions grivoises, remplie d'attaques, de suppliques, de railleries et de louanges. Martial finit par rentrer dans son pays natal, où il s'ennuya et regretta Rome.

Panégyriques latins

On appelle *Panégyriques latins* un recueil de onze discours d'apparat prononcés par des orateurs gaulois à la fin du IIIᵉ et au IVᵉ siècle après J.-C. Les auteurs étaient des professeurs de rhétorique et de hauts fonctionnaires de l'administration impériale ; à travers le langage codé de l'éloge, ils expriment d'intéressants messages politiques et idéologiques. Les passages présentés dans ce livre sont extraits des discours V : *Discours d'Eumène pour la restauration des écoles d'Autun* (298 ap. J.-C.) et VII : *Panégyrique anonyme de Constantin* (310 ap. J.-C.).

Perse (34-62 ap. J.-C.)

Issu d'une riche et austère famille d'Étrurie, Perse fut marqué par ses études de rhétorique et par l'enseignement du philosophe stoïcien Cornutus. Mort jeune, Perse a laissé en tout et pour tout six minces satires, qui développent des thèmes moraux et expriment une aspiration intransigeante à la pureté, non sans détails pittoresques, dans un style riche, heurté et parfois obscur.

Pétrone (mort vers 66 ap. J.-C. ?)

L'homme demeure un inconnu. On l'identifie le plus souvent au Pétrone dont parle Tacite, un voluptueux insouciant et raffiné, surnommé « l'arbitre des élégances », qui sut entrer à la cour de Néron, avant d'en être évincé et d'être contraint au suicide – mais non sans avoir pris le temps de composer un récit des débauches de l'empereur, qu'il lui fit parvenir. Reste l'œuvre, insolite et éclectique, intitulée *Le Satiricon*, « histoires satiriques » ou « histoires de satyres », le premier « roman réaliste », bien différent des romans grecs contemporains centrés sur une intrigue plus idéalisée. Nous ne possédons de cette œuvre que de larges extraits, qui paraissent se situer sous le règne de Claude ou de Néron. Accompagné de son ami Ascylte et du petit esclave Giton, Encolpe, le narrateur, vole d'aventure en aventure, autant d'occasions de savoureuses descriptions de la société romaine et de parodies pleines d'humour et de grivoiserie. Trois temps forts rythment le récit : le repas chez Trimalcion, un « nouveau riche », l'anecdote de la veuve d'Éphèse et le séjour à Crotone, paradis des vieillards encore verts et des captateurs d'héritages.

Pindare (518-438 av. J.-C.)

Né en Béotie dans une famille aristocratique, Pindare est le plus important représentant de la poésie lyrique grecque. Des dix-sept livres dans lesquels les Anciens avaient recueilli ses poèmes, quatre sont conservés (non compris les fragments) : ils contiennent les « épinicies », odes triomphales en l'honneur des sportifs victorieux aux concours d'Olympie, de Delphes, de Corinthe et de Némée. Dans ces poèmes étincelants, où les images abondent, Pindare célèbre les vainqueurs en comparant leurs prouesses à des épisodes de la mythologie et en vantant la cité de laquelle ils sont issus. Pindare obtint vite une grande réputation et composa pour de nombreux commanditaires – aristocrates, souverains et cités. S'il eut des rivaux, comme Simonide et Bacchylide, il n'eut guère de successeurs.

Platon (427-347 av. J.-C.)

Le célèbre philosophe grec était citoyen athénien, issu d'une des grandes familles de la cité. Alors que sa noble origine, sa richesse et son éducation pouvaient le destiner à devenir un dirigeant politique, il se mit en retrait de la vie publique athénienne et choisit la philosophie. La fréquentation de Socrate, dans sa jeunesse, exerça sur lui une influence déterminante, et tout au long de sa vie il continua d'entretenir le souvenir de ce maître. Vers l'âge de quarante ans, il fonda à Athènes une école de philosophie, l'Académie, où les élèves (au nombre desquels Aristote) venaient suivre ses leçons aussi bien que celles de prestigieux savants invités. Son œuvre comprend près de trente dialogues authentiques, dont certains sont très longs, comme *La République* et *Les Lois*, et quelques let-

tres. Pour le contenu comme pour la forme, l'œuvre platonicienne est d'une richesse éblouissante et son importance est
capitale non seulement pour l'histoire de la philosophie, mais
pour toute la culture occidentale.

Plaute (c. 255-184 av. J.-C.)

Né peut-être en Ombrie, venu à Rome pour faire carrière
dans les milieux du théâtre, Plaute aurait été acteur, se serait
lancé dans les affaires, se serait ruiné et aurait fait divers
métiers avant de se mettre à écrire des comédies. Vingt et une
pièces lui sont attribuées. Conformément au goût de son époque, Plaute puisa l'argument de ses pièces chez les auteurs
grecs de la « Comédie Nouvelle », tout en adaptant profondément ses modèles au goût du public latin, friand d'allusions et
de jeux de mots sur la situation contemporaine. L'usage du
prologue où un personnage s'adresse directement au public, le
développement des parties chantées, le « théâtre dans le théâtre », les créations verbales font partie de ses innovations les
plus délectables. Après sa mort, Plaute eut un tel succès que
beaucoup de pièces circulèrent sous son nom. Molière s'est
inspiré de son talent et de ses sujets, notamment dans
Amphitryon et dans *L'Avare*.

Pline le Jeune (61/62 - 113 ap. J.-C.)

Né à Côme dans une famille de notables, Pline le Jeune
perdit son père de bonne heure et fut confié aux soins de son
oncle, Pline l'Ancien, l'auteur de l'*Histoire naturelle*, qui se chargea de son éducation et lui donna d'excellents maîtres. Pline
le Jeune mena de front une carrière d'avocat, spécialisé dans le
droit privé, et une carrière politique sous Domitien, Nerva et
Trajan. Il fut l'ami de Tacite. On a conservé un de ses discours,
le *Panégyrique de Trajan*, prononcé à l'occasion de son entrée en
charge comme consul, et une ample correspondance, pleine
de charme, très instructive sur la vie littéraire, sociale et politique de l'époque. Les lettres adressées à des parents et à des
amis sont réparties en neuf livres. Le dixième livre, de ton tout
différent, contient la correspondance officielle échangée par
Pline et l'empereur Trajan lorsque Pline fut légat en Bithynie,
dont deux lettres particulièrement fameuses (96-97) sur les
communautés chrétiennes que Pline eut à connaître dans le
cadre de ses fonctions.

Plutarque (*c.* 45-125 ap. J.-C.)

Né à Chéronée, en Béotie, Plutarque était issu d'une famille de notables. Il étudia à Athènes, fit des voyages et séjourna à Rome, avant de revenir dans sa patrie, où il se consacra à l'écriture, à sa famille et à ses amis ; il se rendait fréquemment à Delphes, où il exerçait des fonctions politiques et sacerdotales en relation avec le sanctuaire d'Apollon. Son œuvre est composée de deux massifs : les *Vies parallèles*, recueil de biographies de grands hommes de l'histoire, présentées presque toutes par paires (un Grec étant mis chaque fois en parallèle avec un Romain) ; les *Œuvres morales*, ensemble très varié de traités et de dialogues consacrés non seulement à des questions de philosophie morale (d'où le titre de l'ensemble), mais aussi à des sujets littéraires, politiques, scientifiques, religieux. En philosophie, l'auteur se rattachait à l'école de Platon (l'Académie), non sans inflexions et écarts doctrinaux. D'une érudition prodigieuse, l'œuvre de Plutarque est un trésor de connaissances, de faits et d'idées. Dès l'Antiquité, elle a exercé une influence considérable, et parmi les très nombreux esprits que Plutarque a marqués on relève Shakespeare, Montaigne ou encore Rousseau.

Quintilien (*c.* 30 - après 95 ap. J.-C.)

Quintilien, né à Calagurris (aujourd'hui Calahorra) en Espagne, enseigna la rhétorique dans sa province avant d'être remarqué par l'empereur Galba, qui le fit venir à Rome. Il commença alors une brillante carrière d'avocat et de professeur titulaire d'une chaire impériale, avant d'être choisi par Domitien pour prendre en charge l'éducation des deux petits-fils de l'empereur. Outre un traité perdu *Sur les causes de la corruption de l'éloquence*, Quintilien composa dans les dernières années de sa vie son œuvre majeure, l'*Institution oratoire* (titre calqué sur le titre latin, qui signifie en fait « L'Éducation de l'orateur »). Somme de l'expérience de toute une vie, rempli de culture et d'humanité, ce vaste ouvrage, en douze livres, est un cours complet, qui expose les principes, les méthodes et les contenus, depuis les rudiments jusqu'à l'achèvement de la formation. L'*Institution oratoire* est le meilleur panorama existant de la rhétorique antique et le principal ouvrage qu'il convient de lire si l'on veut comprendre en profondeur cette discipline.

Sénèque (*c.* 1 av. J.-C. - 65 ap. J.-C.)

Le « toréador de la vertu », selon le mot de Nietzsche, est né à Cordoue, en Espagne. Si le nom de Sénèque est, à juste titre, associé à la pensée stoïcienne, sa vie et son œuvre ne se résument pas à cela. La carrière politique du philosophe fut tout aussi brillante que sa carrière littéraire, même s'il connut des disgrâces, un exil et échappa à une première condamnation à mort sous Caligula. Précepteur de Néron, exerçant dans l'ombre une influence sur l'Empire, on lui attribue neuf tragédies, dont *Œdipe*, *Hercule furieux* et *Médée*, qui représentent les ravages des passions dénoncées dans ses traités philosophiques. Ces derniers, consacrés notamment à la tranquillité de l'âme, à la clémence, au bonheur ou à la constance, invitent au souci de soi et évoquent les avantages de la retraite : le sage ne veut pas occuper une responsabilité mesquine et disputée dans la cité, mais sa juste place dans l'ordre de l'univers. Cependant, Néron au pouvoir se méfie de son ancien maître et tente de le faire empoisonner. Retiré à Naples, par crainte de l'empereur, le penseur stoïcien mène une existence érudite et tranquille, et compose les *Lettres à Lucilius*. Sa fin est exemplaire : impliqué dans la conspiration de Pison, Sénèque se suicide, rejoignant dans la mort choisie plusieurs autres figures emblématiques du stoïcisme, dont Caton d'Utique, disparu au siècle précédent.

Sidoine Apollinaire (*c.* 430-487 ap. J.-C.)

Né à Lyon dans une famille de l'aristocratie gallo-romaine, Sidoine Apollinaire épousa la fille d'Avitus, qui devint empereur peu après (455-456) et dont il prononça le panégyrique. Après la déposition d'Avitus, Sidoine poursuivit sa carrière politique jusqu'à être nommé préfet de Rome en 468, puis il devint évêque des Arvernes et organisa la défense de l'Auvergne contre les Wisigoths. Excellent prédicateur, au dire de ses contemporains, il a laissé une œuvre importante, qui comprend un recueil de poèmes et des lettres.

Sophocle (*c.* 497-405 av. J.-C.)

Dès l'Antiquité, Sophocle fut considéré comme le modèle de l'homme heureux. Il s'imposa vite sur la scène tragique et connut un succès qui ne se démentit pas par la suite. Sa carrière dura plus d'un demi-siècle et fut jalonnée par vingt-quatre victoires lors des concours dramatiques. Il joua également un rôle politique de premier plan à Athènes, exerçant plusieurs magistratures et participant à l'introduction du culte d'Asclépios (le dieu de la médecine). Poète de génie, Sophocle apporta nombre d'innovations décisives au théâtre, comme l'introduction du troisième acteur ou le rôle accru des décors. Sept de ses tragédies (sur un nombre total de cent trente ou cent vingt-trois) sont conservées : *Ajax, Antigone, Électre, Œdipe roi, Œdipe à Colone, Philoctète* et *Les Trachiniennes,* chefs-d'œuvre inépuisables, aujourd'hui encore régulièrement portés à la scène.

Stace (*c.* 45-96 ap. J.-C.)

Né à Naples, Stace fut de bonne heure initié aux lettres grecques et latines par son père. Il se voua à la poésie et composa une épopée, intitulée la *Thébaïde,* qui relate la lutte livrée par Polynice pour reprendre le trône de Thèbes, détenu par son frère Étéocle. Après cette œuvre, qui lui demanda douze ans de travail, il entreprit l'*Achilléide,* consacrée à l'enfance d'Achille, qui resta inachevée. À partir de 92, Stace publie également des poésies mêlées, les *Silves,* où il célèbre les puissants, se livre à des célébrations de circonstance, et chante aussi des faits personnels, comme les paysages de son pays natal, la côte sorrentine, le mariage d'un proche ou la carrière de son père décédé.

Suétone (70 - après 122 ap. J.-C.)

Des très nombreux ouvrages que composa Suétone, deux seulement sont parvenus jusqu'à nous, les *Vies des douze Césars* et le traité *Grammairiens et rhéteurs.* L'auteur appartenait à l'ordre équestre et fit carrière comme haut fonctionnaire, notamment grâce à Pline le Jeune, qui était son ami et qui l'aida de son influence. Ses *Vies,* tant par les empereurs qu'elles évoquent que par le talent et l'érudition qu'elles déploient, sont un monument de la littérature latine, tandis que ses *Grammairiens et rhéteurs,* moins connus, offrent une présentation sans équivalent des professeurs les plus marquants de Rome.

Tacite (*c.* 55/57 - 116/120 ap. J.-C.)

Servi par un brillant talent oratoire et un mariage avantageux, Tacite, né dans une famille de rang équestre de la Gaule narbonnaise, devint consul en 97, puis proconsul d'Asie en 112-114. Il disparaît ensuite, à peu près en même temps que son grand ami Pline le Jeune, et meurt sans doute au début du règne d'Hadrien. Sa carrière d'écrivain commence par un essai consacré à la rhétorique, le *Dialogue des orateurs*, où il s'interroge sur les causes de la décadence de l'art oratoire et sur l'utilité des discours publics dans un régime où l'empereur détenait la plupart des pouvoirs. Suivent deux brèves monographies : une vie de son beau-père, Agricola, et un essai ethnographique sur la Germanie. C'est ensuite que Tacite écrit ses grandes œuvres, les *Histoires*, qui retracent les destinées de Rome de 69 à 96 après J.-C., et les *Annales*, qui remontent plus haut dans le passé, de 14 à 68 après J.-C. S'appuyant sur une documentation de première main et visant à l'impartialité, Tacite cherche à pénétrer le secret des âmes pour mieux mettre en lumière les ressorts de l'histoire. Il est célèbre pour ses scènes et pour ses discours. Pessimiste, il ne dédaigne pas de tirer des leçons de morale, dans un style personnel, cultivant les raccourcis et les dissymétries.

Thucydide (*c.* 460-400 av. J.-C.)

Athénien, fils d'Oloros, Thucydide avait, par sa famille, des attaches avec la Thrace et comptait probablement Miltiade et Cimon, deux grands hommes d'État, parmi ses ascendants. En 430, il fut atteint par l'épidémie qui sévissait à Athènes. En 424, il exerça les fonctions de stratège et fut chargé d'un commandement, aux abords de la Thrace précisément : ayant essuyé un échec, il fut exilé d'Athènes, où il ne revint qu'en 404. Dès le début de la guerre du Péloponnèse, qui opposa Athènes et Sparte (431-404 av. J.-C.), il avait conçu le projet d'écrire l'histoire des événements qui étaient en train de se produire et il s'était mis au travail, travail qu'il continua jusqu'à la fin de sa vie. Son ouvrage monumental, *La Guerre du Péloponnèse*, analyse les causes du conflit, puis relate la période 431-411 ; il est inachevé, sans doute parce que l'auteur mourut avant d'avoir pu le terminer. Xénophon prendra la suite, en faisant commencer ses *Helléniques* exactement en 411. L'œuvre de Thucydide a bénéficié à la fois de l'expérience politique de son auteur et des idées nouvelles qui se répandaient à Athènes, et dont il avait connaissance (sophistique, rhétorique, médecine). Elle marque une étape décisive dans le genre historique et, encore aujourd'hui, elle force l'admiration par l'étendue de l'information, la rigueur scientifique, la recherche des explications rationnelles – ce qui n'empêche pas des choix personnels de la part de l'historien (par exemple son respect pour Périclès) et une mise en forme littéraire, notamment au moyen des discours. En une formule célèbre, Thucydide a défini l'histoire comme « une acquisition pour toujours ».

Xénophon (426 - après 355 av. J.-C.)

Issu d'une riche famille athénienne, Xénophon prit part à la défense d'Athènes pendant la guerre du Péloponnèse. En 401, il s'engagea avec un groupe de Grecs au service de Cyrus le Jeune, lequel cherchait à renverser le roi de Perse son frère ; Cyrus étant mort, les Grecs firent retraite à travers l'Asie, en pays hostile, et réussirent à regagner leur patrie, exploit que Xénophon raconte dans l'*Anabase*. Condamné pour sympathies prospartiates, Xénophon resta longtemps exilé, avant de rentrer à Athènes à la fin de sa vie. De sa fréquentation de Socrate, qu'il connut dans sa jeunesse, Xénophon a tiré des discours et des dialogues, dans lesquels le philosophe est mis en scène : les *Mémorables*, le *Banquet*, l'*Apologie de Socrate* et l'*Économique* (dialogue sur la « maison », *oikos*, c'est-à-dire sur ce que doivent être la vie d'un ménage et la gestion d'un domaine). Son œuvre d'historien se compose de l'*Anabase*, et aussi des *Helléniques*, où il poursuit le récit de la guerre du Péloponnèse en reprenant là où Thucydide s'était interrompu. Outre des traités sur la cavalerie, l'équitation, la chasse, il est encore l'auteur d'opuscules politiques et d'une histoire romancée de la vie de Cyrus l'Ancien, la *Cyropédie*. L'œuvre de Xénophon, qui n'a pas toujours été appréciée à sa juste valeur (elle a souffert du parallèle, inévitable, avec ces grands génies que furent Thucydide et Platon), est importante pour la connaissance de nombreux aspects de la civilisation grecque ; fine et variée, elle est novatrice dans l'emploi des genres littéraires.

LES TRADUCTEURS DU « SIGNET »

Les textes de ce volume, extraits des collections Belles Lettres,
ont été traduits par :

H. Ailloud
J. Aubonnet
R. Aubreton
V. Bérard
M. Bizos
L. Bodin
J. Bompaire
H. Bornecque
V. Boudon-Millot
A. Boulanger
É. Brémond
L. Brisson
F. Buffière
A. Cartault
M. Casevitz
É. Chambry
P. Chantraine
P. Collart
L.-A. Constans
E. Courbaud
Y. Courtonne
J. Cousin
A. Croiset
M. Croiset
É. Delebecque
É. Des Places
A. Diès
L.-A. Dorion
A. Ernout
A.-J. Festugière

M. Festy
R. Flacelière
P. Fleury
J. Fontaine
V. Fromentin
E. Galletier
A.-M. Guillemin
P. Hadot
B. Haussoullier
R. Henry
J. Irigoin
H. J. Izaac
A. Jagu
F. Jouan
M. Juneaux
J. Laborderie
J. Labourt
P. de Labriolle
C. Lacombrade
R. Langumier
A. Loyen
A. Lukinovich
C. Luna
J. Maillon
P.-L. Malosse
R. Marache
J. Martha
J. Martin
G. Mathieu
P. Mazon

L. Méridier
A.-F. Morand
H. Noblot
F. Ollier
M. Patillon
A. Pelletier
P. Petit
F. Préchac
A. Puech
G. Rochefort
J. de Romilly
H.-D. Saffrey
E. de Saint-Denis
J. Schnäbele
B. Schouler
A.-Ph. Segonds
J. Sirinelli
J. Souilhé
G. Soury
M.-C. Vacher
P. Vallette
H. Van Daele
H. Van Looy
P. Vicaire
J.-R. Vieillefond
F. Villeneuve
J.-L. Vix
P. Waltz
P. Wuilleumier

POUR ALLER PLUS LOIN

BÉLIS A., *Les Musiciens dans l'Antiquité*, Paris, Hachette, 1999.

BOULOGNE J., DRIZENKO A. (dir.), *L'Enseignement de la médecine selon Galien*, Lille, Université Charles-de-Gaulle - Lille III, 2006.

CRIBIORE R., *Gymnastics of the Mind. Greek Education in Hellenistic and Roman Egypt*, Princeton, Princeton University Press, 2001.

—, *The School of Libanius in Late Antique Antioch*, Princeton-Oxford, Princeton University Press, 2007.

DELORME J., *Gymnasion. Étude sur les monuments consacrés à l'éducation en Grèce*, Paris, De Boccard, 1960.

DETIENNE M., *Les Maîtres de vérité dans la Grèce archaïque*, Paris, Maspero, 1967; nouv. éd., Paris, Pocket, 1994.

GASTI F., ROMANO E. (dir.), *Retorica ed educazione delle élites nell'antica Roma*, Pavie, Ibis - Collegio Ghislieri, 2008.

HADOT I., *Arts libéraux et philosophie dans la pensée antique*, Paris, Études augustiniennes, 1984.

—, « Der philosophische Unterrichtsbetrieb in der römischen Kaiserzeit », *Rheinisches Museum*, 146, 2003, p. 49-71.

HAINES-EITZEN K., *Guardians of Letters. Literacy, Power, and the Transmitters of Early Christian Literature*, Oxford, Oxford University Press, 2000.

HOURDAKIS A., *Aristote et l'éducation*, Paris, Presses universitaires de France, 1998.

HUGONNARD-ROCHE H. (dir.), *L'Enseignement supérieur dans les mondes antiques et médiévaux*, Colloque de Paris, 2005 (actes à paraître).

JACOB C. (dir.), *Lieux de savoir. Espaces et communautés*, Paris, Albin Michel, 2007.

KASTER R. A., *Guardians of Language. The Grammarian and Society in Late Antiquity*, Berkeley - Los Angeles, University of California Press, 1988.

KENNELL N. M., *The Gymnasium of Virtue. Education and Culture in Ancient Sparta*, Chapel Hill - Londres, University of North Carolina Press, 1995.

LEGRAS B., *Éducation et culture dans le monde grec, VIIIᵉ s. av. J.-C - IVᵉ s. ap. J.-C.*, Paris, Armand Colin, 2002.

MARROU H.-I., *Histoire de l'éducation dans l'Antiquité*, Paris, Éd. du Seuil, 1948; 6ᵉ éd., Paris, Éd. du Seuil, 1964.

PAILLER J.-M., PAYEN P. (dir.), *Que reste-t-il de l'éducation classique ? Relire « le Marrou »*, Toulouse, Presses universitaires du Mirail, 2004.

PERNOT L., *La Rhétorique dans l'Antiquité*, Paris, Livre de Poche, 2000.

PERRIN-SAMINADAYAR É., *Éducation, culture et société à Athènes. Les acteurs de la vie culturelle athénienne (229-88): un tout petit monde*, Paris, De Boccard, 2007.

PETIT P., *Les Étudiants de Libanius. Un professeur de faculté et ses élèves au Bas-Empire*, Paris, Nouvelles éditions latines, 1957.

ROMILLY J. DE, *Les Grands Sophistes dans l'Athènes de Périclès*, Paris, De Fallois, 1988.

STENUIT B., « Horace et l'école », *Latomus*, 37, 1978, p. 47-60.

TOO Y. L. (dir.), *Education in Greek and Roman Antiquity*, Leyde-Boston-Cologne, Brill, 2001.

INDEX DES AUTEURS ET DES ŒUVRES

TABLE DES MATIÈRES

Ce volume,
le quatrième
de la collection « Signets »,
publié aux Éditions Les Belles Lettres,
a été achevé d'imprimer
en août 2008
sur les presses
de la Nouvelle Imprimerie Laballery
58500 Clamecy, France

Dépôt légal : septembre 2008.
N° d'édition : 6755 - N° d'impression : 808054

Imprimé en France